0至3歲教保課程

適性發展實踐觀點

周淑惠————著

目錄

第三章 ┃ 嬰幼兒教保課程實質作法與樣貌： 適性發展實踐觀點　　　77

作者簡介

周淑惠

現任：臺灣清華大學幼兒教育學系／所榮譽退休教授

學歷：美國麻州大學教育博士（主修幼兒教育）

美國麻州大學教育碩士（主修幼兒教育）

政治大學法學碩士

經歷：新竹教育大學幼兒教育學系／所教授

新竹師範學院幼兒教育系／所主任

新竹師範學院幼兒教育中心主任

美國麻州大學客座學者

澳門大學客座教授

美國內布拉斯加大學客座教授

美國北克羅拉多大學研究學者

新加坡新躍大學兼任教授

澳門大學「托兒所幼兒導師文憑」顧問

臺灣托嬰中心訪視督導、幼兒園評鑑委員

行政院農業發展委員會薦任科員

考試：臺灣公務人員高等考試（普通行政）及格

證照：美國麻州家庭托育證照

獎勵：臺灣教育部師資培育典範獎（課程與教學）

國科會研究獎勵（甲種）三次

序

　　我的研究興趣主要集中在幼兒階段的課程與教學，年齡段含括 0 至 6 歲。雖然多年來大部分的精力置於 3 至 6 歲的課程與教學，出版多本專書與發表諸多期刊文章，基於對 0 至 3 歲嬰幼兒的著迷，曾獲美國家庭托嬰證照的我，20 多年前學成回國後，陸續擔任臺灣托嬰中心訪視督導及澳門大學托兒所幼兒導師文憑顧問，並且撰寫與翻譯 0 至 3 歲嬰幼兒階段的期刊文章與課程教學相關書籍，例如《嬰幼兒STEM 教育與教保實務》、《嬰幼兒教保環境與互動實務》。

　　本書書名為《0 至 3 歲教保課程：適性發展實踐觀點》，適性發展實踐簡稱 DAP，它出自於全美幼兒教育協會（NAEYC）所發表的立場聲明，經筆者廣泛分析各國相關文獻，發現或多或少都呈現此一觀點，而且內政部（現改隸衛生福利部）也發布《托嬰中心嬰幼兒適性發展活動實務指引》，顯示它是當前嬰幼兒教保的主流觀點。鑑於臺灣托嬰中心既存相關問題與大陸托育制度及機構正在起步，在出版社邀約與激勵下，遂著手將往日逐漸積累的研究加以整合與撰寫，期待此書出版能對托育實務有所助益。

　　本書的特色有五，第一，將理論與實務結合，不僅提出嬰幼兒適性發展實踐的架構，揭示理論根基、運作基礎、課程關注焦點、核心實踐等重要理念，而且有大量的環境照片、活動示例、主題課程示例、教學鷹架實例等，以與理念間相互輝映。第二，DAP 強調以主題整合課程，提供嬰幼兒有意義的學習，然而國內尚無以主題統整的參考範例，多是提供活動實例，本書既提供活動，也提供主題示例，以供實務工作者參考。第三，DAP 強調遊戲／探索即課程，嬰幼兒在遊戲中探索，也在探索中遊戲，所以本書相當著重課程與活動的遊戲／探索特性，期望嬰幼兒在活動中能思考、探究，玩出遊戲的深廣度或解決遊戲中的問題，並與當今各國大力提倡的 STEM 教育接軌。第

四，揭示嬰幼兒教保課程與保育作息、環境規劃（尤其是多元區角）間的密切關係，即教保課程不僅涉及課程與教學面向，尚且關聯保育作息與環境規劃方面，必須三者一起考量，否則教保課程無法獨自運作。第五，本書鎖定在 0 至 3 歲的教保課程，而非臺灣法令托育年齡的 0 至 2 歲，目的在反映坊間托嬰中心的現實收托狀況，以供托育人員參考；也可惠及幼兒園 2 至 3 歲幼幼班；更重要的是它包含活動與主題示例，足以作為 0 至 3 歲教保課程之重要參考資源。

　　這本書之所以完成，過程中要感謝許多人。首先要特別感謝此次提供大量托育環境照片的三家托育機構，讓本書增色不少：臺北市明倫公共托嬰中心（吾幼吾家社團法人辦理）、臺北市潭美社區公共托育家園、新北市建國公共托育中心（國際全齡照護暨托育協會辦理），特別是與這些機構有關的引薦人翠鳳、金蓮老師的大力協助。其次要感謝提供部分照片的過往研究場域，尤其是新竹園區某公司附設托嬰中心，感謝林園長的大力支持與安排；其他提供照片者尚有愛空間托嬰中心、科園幼兒園（幼幼班）、田園嘉托嬰中心等，感謝符園長、鄭園長、李園長。特別值得一提的是，有兩位好朋友佩娟、詩好的 1 歲多嬰幼兒小旻、小暉（化名）也參與書中部分活動的試做，提供了鮮活的活動照片。當然也要感謝我的先生李文政教授不厭其煩的修稿協助，不僅加速完稿，而且也潤色文筆許多。最後感謝心理出版社總編輯林敬堯與主編高碧嶸等人的大力協助，讓本書最佳呈現並得以及早問世。

淑惠　寫於新竹
2023 春日

嬰幼兒適性發展實踐
基本認識

　　本書書名為《0 至 3 歲教保課程：適性發展實踐觀點》，顧名思義是探討在「適性發展實踐」觀點下嬰幼兒時期的課程。首先說明為何採用此一觀點，嬰幼兒課程有很多，如蒙特梭利、華德福、瑞吉歐等，適性發展實踐可以說是當前的主流觀點，它出自於全美幼兒教育協會（National Association for the Education of Young Children, NAEYC）所發表的立場聲明，經廣泛分析各國嬰幼兒教保相關文獻，發現這些文獻或多或少都呈現此一觀點，而且內政部兒童局（現改隸衛生福利部社會及家庭署）也發布了《托嬰中心嬰幼兒適性發展活動實務指引》。其次要說明的是，本書鎖定在 0 至 3 歲的教保課程，而非 0 至 2 歲，目的在反映坊間托嬰中心的現實收托狀況，以供托育人員參考；而且力倡以主題整合課程，並提供教保課程與活動示例，也可惠及幼兒園 2 至 3 歲幼幼班，足以作為 0 至 3 歲教保課程之重要參考資源。

　　適性發展實踐既為本書的觀點與架構，因此作為開宗明義的第一章「嬰幼兒適性發展實踐基本認識」，主要目的在探討嬰幼兒適性發展實踐的樣貌與要素，以為後續各章節的依歸。本章共有兩節，第一節說明適性發展實踐的由來與意涵，在廣為分析文獻後，據以提出適性發展實踐的理念架構；第二節則接續探討適性發展實踐理念架構之重要內涵，如課程關注焦點、核心實踐、運作基礎與理論根據，期能對適性發展實踐有基本的認識，以開啟嬰幼兒教保課程理解之門。值得注意的是，嬰幼兒教保課程涉及層面甚廣，其教學面向通常依賴遊戲／探索環境的規劃加以落實，如多元區角、溫馨如家等，而且也自然地在生活作息中學習，很難與保育生活切割；亦即對教保課程而言，課程、環境、保育作息三者密切關聯，將在本書中陸續探討。

第一節　適性發展實踐之由來與意涵

　　本節旨在說明適性發展實踐此一語詞的由來，並探討適性發展實踐的意涵是什麼，以揭開讀者對嬰幼兒適性發展實踐的理解之門。

一、適性發展實踐的緣起

　　「適性發展實踐」（Developmentally Appropriate Practice, DAP）一詞最早出現於 1987 年全美幼兒教育協會所發表的《出生至 8 歲幼兒教育適性發展實踐》（*Developmentally Appropriate Practice in Early Childhood Programs: Serving Children from Birth through Age 8*）立場聲明書（Bredekamp, 1987），至今共歷經四次的修訂，每次修正大都透過與發展及學習相關的文獻探討與公開的研討形式，以集結幼兒教育界的多方意見並尋求共識。2020 年第四次修正，NAEYC 定義適性發展實踐為：「透過基於優勢、遊戲的快樂、投入式學習，促進每個孩子的最佳發展和學習的方法。」（NAEYC, 2020, p. 5），顯然地，促進發展與學習是 DAP 的關鍵。雖然歷年以來 DAP 立場有所轉變，不過吾人仍可從英文語詞直接窺知其要義──「在發展上合適的實務」，而此語詞在翻譯上則呈現多樣：「合宜發展的實務」、「發展合宜性實踐」、「適性發展實踐」、「符合發展的實務」等，其實以上都顯示教學實務要符合幼兒的「發展特性」，這也是適性發展實踐最主要特徵。

　　誠如《適性發展實踐的基本：為嬰兒與學步兒教師的介紹》（*Basics of Developmentally Appropriate Practice: An Introduction for Teachers of Infants and Toddlers*）一書首頁指出，適性發展實踐意味著在教導嬰幼兒時，要符合其所呈現的發展狀態，在發展上是合宜的實

踐，含個別差異與年齡共通的發展上的合宜，並且在挑戰及可實現的目標下支持嬰幼兒，以助其持續發展與學習（Copple et al., 2011）。職是之故，適性發展實踐不僅必須適合既定年齡的發展狀況，包括目前發展與潛能發展，而且也須關注發展上所顯現的個別差異。而除了做到年齡合宜、個別合宜之外，文化合宜也是適性發展實踐的核心考量，因為每個嬰幼兒都成長於不同的社會文化中，教保實務考量孩子的社會文化並與家庭建立關係，以利了解與促進嬰幼兒發展，也是必要的，所以以上三種知識——既定年齡發展與學習、個別發展、嬰幼兒家庭文化，是決定教學是否為適性發展實踐的主要成分（Copple et al., 2011; Copple et al., 2013）。

　　進一步探究適性發展實踐歷次的修正，以了解其演變與當代意涵。1987年NAEYC第一版的適性發展實踐，主張幼兒教育應該符合幼兒的發展年齡與個別發展上的差異，而且認為幼兒試圖理解周遭世界，其學習具有建構性（Bredekamp, 1987; Kostelnik et al., 1993）；基本上此版較受Piaget建構主義的影響，提出「以幼兒為中心」的教學觀點。其後Vygotsky理論興起，學界出現不同聲浪，NAEYC調整立場，在協會出版的《實現潛能：轉化幼教課程與評量》（*Reaching Potentials: Transforming Early Childhood Curriculum and Assessment*）一書中，針對幼教教學實務一向呈現的以幼兒為中心、以教師為主導的兩極化觀點，將教學行為視為連續體狀態，在兩端間有不同程度的八種行為——指導、示範、共同建構、鷹架、支持、促進、身教、贊同，主張教師應彈性運用這八種教學行為，完全依賴某種方式是無效的（Bredekamp & Rosegrant, 1995）。以上這兩個DAP版本似乎較著重教學符合孩子的現階段發展，較未考量幼兒的潛能或未來發展與社會文化的影響。

　　2009年第三版做更大的修正，其教學決定核心考量除原有的孩子

發展與學習及個別差異兩項外，明白地加入孩子所處之社會文化情境，認為發展與學習受多元社會與文化情境的影響；而另一核心考量則是提供挑戰與可實現的經驗，明白指出鷹架幼兒學習的必要性，因為當幼兒被挑戰超越現有能力並在成人鷹架支持下時，其發展與學習向前躍進。此版如前二版，也非常重視遊戲的價值，認為遊戲是發展自我管理及促進語言、情緒、社會能力的重要工具，不過強調「高品質遊戲」，而為支持幼兒玩出高品質遊戲，教師宜積極扮演鷹架角色以協助之。總之，此版關注幼兒的現在與潛能發展，認為適性發展教學實踐應是在成人主導與幼兒主導的經驗間，保持最佳平衡（Copple & Bredekamp, 2009）；基本上，不再執著於以幼兒為中心、以教師為中心的兩極化區分，認為不管是幼兒導向或教師導向的經驗，只要能讓幼兒心智深深投入，才是具重大意義的教育經驗，幼兒也有可能深深投入於良好計畫的教師主導活動中（Copple et al., 2013）。

到了 2020 年適性發展實踐已是第四版的修正，大體上仍追隨第三版的社會文化觀點，重視遊戲的價值，然而更加確認依據發展狀況訂定目標的「有意圖教學」（intentional teaching）的必要性，以促進每位幼兒的最佳發展與學習（NAEYC, 2020）。綜上，在美國幼兒教育界佔有龍頭地位的 NAEYC 所揭櫫的前後版本 DAP，其實歷經學術派點轉移的觀點修正——從自我建構的「建構論」到社群中共構的「社會建構論」（人類發展的社會文化論），即從較以幼兒為中心、自由遊戲的觀點，轉到較為重視教師角色、高品質遊戲的師幼共構觀點（周淑惠，2013；Copple & Bradekamp, 2009）；在適性發展實踐內涵上，雖然還是重視幼兒的發展與學習、發展上的個別差異，但是也重視幼兒的潛能持續發展，即未來發展，因此才有提供挑戰性經驗、搭建鷹架、實施有意圖教學的一些主張。圖 1-1-1 呈現 NAEYC 適性發展實踐歷年修訂版本的重要內涵。

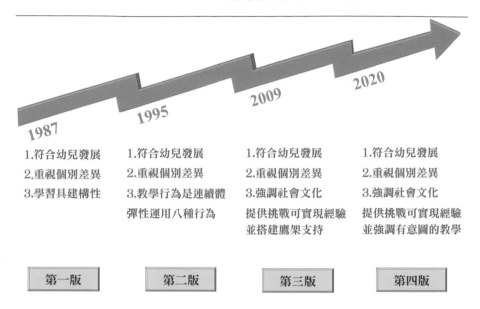

○ 圖 1-1-1.　NAEYC 適性發展實踐歷年修訂版本

1987	1995	2009	2020
1.符合幼兒發展	1.符合幼兒發展	1.符合幼兒發展	1.符合幼兒發展
2.重視個別差異	2.重視個別差異	2.重視個別差異	2.重視個別差異
3.學習具建構性	3.教學行為是連續體	3.強調社會文化	3.強調社會文化
	彈性運用八種行為	提供挑戰可實現經驗	提供挑戰可實現經驗
		並搭建鷹架支持	並強調有意圖的教學
第一版	第二版	第三版	第四版

　　在強調發展深受家庭、文化影響的社會文化論基礎上，NAEYC 根據詳實的文獻與理論探討，提出 0 至 8 歲發展與學習的九項原則，是適性發展實踐的主要依據：(1)發展與學習是反映孩子生理特性與環境的複雜交互作用的動態歷程；(2)孩子發展的所有領域與學習方式都很重要，每個領域間相互支持；(3)遊戲促進快樂學習，培養自我管理、語文、認知、社會能力與各學科內容知識，對所有 0 至 8 歲孩子都很重要；(4)雖然發展與學習的大致進程可以辨識，因著文化情境、經驗、個別差異所形成的變異，也必須考量；(5)孩子從出生後就是積極活躍的學習者，經常透過與人關係、與環境互動、所有經驗去汲取與組織資訊，以創造意義；(6)當學習環境強化歸屬感、目的性與能動性，孩子的學習動機增加了，且學習經驗連結孩子的家庭與社區，則對孩子大有益處；(7)孩子以跨學科領域整合方式學習，教育者需要學科領域知識、每個學科的學習進程與教學方法知識；(8)當孩子面臨超

越當前發展的挑戰，而且有許多機會反思與練習新獲技能時，發展與學習向前躍進；(9)運用回應與有意圖、科技與互動的媒體，是支持孩子發展與學習很有價值的工具（NAEYC, 2020, pp. 8-13）。

　　而針對 0 至 3 歲嬰幼兒階段的教學實踐，同樣也是 NAEYC 出版的《適性發展實踐：聚焦嬰兒與學步兒》（*Developmentally Appropriate Practice: Focus on Infantsand Toddlers*）則提出嬰幼兒發展與學習的十二項原則，大體上類同於 2020 年最新版的九項原則：(1)各發展領域間相互影響、密切相關；(2)發展與學習許多方面是遵循一定的順序，後續知能築基於已獲知能；(3)發展與學習有個別差異性，甚至有個體內在領域發展的差異；(4)發展是先、後天持續互動結果；(5)早期經驗對後期發展與學習有深遠的影響；(6)發展是朝更複雜、自我調節和表徵的方向前進；(7)當孩子與成人有安全穩定關係，及有機會與同儕建立正向關係時，他們的發展最好；(8)發展與學習發生於多元社會文化情境並深受其影響；(9)孩子具有建構探索特性並以多種方式學習；(10)遊戲是促進孩子各領域發展與自我調節能力的重要方法；(11)當孩子面臨超越當前發展的挑戰，且有許多機會練習新獲技能時，發展與學習向前躍進；(12)孩子的經驗如堅持、主動與彈性形塑其學習動機與方法，結果影響學習與發展（Copple et al., 2013, p. 5）。其中第六項明白指出嬰幼兒發展方向，第七項強調與嬰幼兒間的關係，第二、五、十二項則指出早期經驗、知能對後續或後期發展與學習的深遠影響，予吾人嬰幼兒教保課程重大啟示。

　　上述嬰幼兒適性發展實踐文獻進一步指出，作為優秀的嬰幼兒教師是高度有意圖的，所有的教學作為如規劃環境、安排學習經驗等都是有目的與深思熟慮的，其角色有五個面向，也就是有五項教學指引，這五項教學指引乃相互關聯、不可分割，有如五角星芒體（Copple et al., 2011; Copple et al., 2013）。筆者以為這五項教學指引也是嬰幼兒

適性發展實踐的整體關注焦點。

（一）創建一個關愛的學習社群

　　第一項指引是建立一個所有參與者都認為對彼此的幸福與學習有所貢獻的關愛群體，每個人都具有歸屬感及感到安全與重要，並能在一起共同探索、學習與解決問題。其具體作法包括了解每個嬰幼兒的特性與其家庭文化，將家庭文化帶入教保場域，與每位嬰幼兒發展溫暖與正向的關係，創設豐富、有趣的可探索環境，具有可預測且具彈性的日常作息等。

（二）教學旨在強化發展與學習

　　基本上，托育人員在教學安排上是有意圖與目的的，即在促進嬰幼兒的發展與學習。她（他）必須在多元教學策略中思考何種策略與方法是最有效的，以作任何的教學決定，這些多元教學策略有認同、鼓勵、明確回饋、示範、提問、挑戰、提供訊息、指示等。此外也是很重要的，托育人員必須鷹架嬰幼兒的學習，在嬰幼兒已知、已能基礎上，提供挑戰性經驗，使其在成人協助下得以向前延伸知能；至於鷹架有許多的形式，例如提問、指出差異處、暗示嬰幼兒所忽略處、以圖像提示、匹配同儕使其形成鷹架協助等，這些策略最終目的都在讓嬰幼兒獲得獨立掌握的知能，促進其發展與學習。

（三）計畫合適的課程

　　托育人員必須計畫具有重要目標的課程，而這代表學習與發展成果的目標是必須被清楚定義的，而且也必須是相關人員均理解的；也就是無論是什麼樣的嬰幼兒課程，都要關注嬰幼兒的各領域發展，將之訂為課程目標。此外，也必須發展一組連貫整合的學習經驗，與其

生活經驗或已知作有意義的連結，並能對特定議題或技能容許充分學習時間，好讓嬰幼兒達成這些訂定的目標；亦即嬰幼兒的學習經驗必須是有意義、整合與深度的。

（四）評量孩子的發展與學習

評量可掌握嬰幼兒的發展與學習狀況，特別是辨識嬰幼兒是否受惠於某項教保服務或作為，是確認嬰幼兒是否達成課程目標很重要的方式，其結果不僅可作為與家長溝通的內涵，以期邁向共同合作，而且可作為課程計畫與調整的重要依據，以符嬰幼兒之需。至於評量的方式最直接的是觀察嬰幼兒的表現，其他尚有檢視嬰幼兒的作品、與嬰幼兒進行延伸對話了解其想法、訪談嬰幼兒的家庭成員等；不過，評量措施也一定要關注嬰幼兒的年齡發展、個別發展與文化合宜性。

（五）與家庭發展平等互惠關係

家長對於嬰幼兒了解甚多，是非常寶貴的資源，為了充分了解嬰幼兒，以規劃適性教保課程，同時也讓園家理念謀合，以齊心邁向教保目標，托育人員必須與其家庭建立關係。最重要的作法是，要讓家庭感受到歡迎感與參與感，其次要創造能經常開放對話、正向與雙向溝通的關係，也就是營造一種平等、尊重、溝通的互惠關係。如果從共同為嬰幼兒謀取最大福祉的角度言，園家關係應該有如一種夥伴關係，彼此溝通、分享重要決定，共同教保嬰幼兒。

綜合以上五項教學指引，雖然看起來僅有第二、三項和課程與教學直接相關，但是其他各項如創造一個關愛的社群、與嬰幼兒及其家庭建立關係、評量嬰幼兒的發展與學習狀態，則是支撐嬰幼兒教保課程的重要元素，必須綜合運用，缺一不可。很清楚地，從這五項教學指引可以看出，嬰幼兒適性發展實踐確實是植基於社會文化論。

　　從以上 DAP 相關文獻回顧中，筆者發現嬰幼兒適性發展實踐極為關注嬰幼兒的身心發展狀況，含括現在與潛能發展、個別差異發展，例如嬰幼兒適性發展實踐三項核心考量的第一項即是「了解孩子的發展與學習」，將其視為教保課程的核心，以利開展嬰幼兒教保課程（Copple et al., 2011; Copple et al., 2013）。又嬰幼兒適性發展實踐也非常強調照顧者與嬰幼兒間，必須建立親密互動關係或依附關係，甚且必須與嬰幼兒家庭建立夥伴關係，將其視為適性發展實踐的基礎，以利實現各項教保實踐。例如所舉嬰幼兒適性發展實踐示例七個面向的第一個面向即是「照顧者與孩子間的關係」，第六個面向是「與家庭的平等互惠關係」（Copple et al., 2013）（註：其餘各面向依序為環境、探索與遊戲、時間作息安排、日常生活保育、行政政策）。

　　其實在《適性發展實踐：聚焦嬰兒與學步兒》一書中所提出的專業工作輔導原則，就充分反映對發展的關注與對關係的重視：(1)了解多元影響情境下的嬰幼兒；(2)尊重與支持孩童與其家庭；(3)在照顧孩童時與其家庭充分合作有如夥伴；(4)投入於關照文化的照顧中；(5)尊重兒童的權利；(6)整個情境均投入於關愛與支持性的關係中；(7)迅速與敏銳地回應孩童（Copple et al., 2013）。很顯然地，DAP 在重視嬰幼兒發展的基礎上，也納入社會文化的考量，顯示年齡合宜、個別合宜與文化合宜是 DAP 的三項重要成分。

二、其他文獻反映適性發展實踐

　　在其他的 0 至 3 歲教保課程文獻探討歷程中，筆者發現許多文獻內涵，也非常強調以上適性發展實踐所重視的了解嬰幼兒發展與建立關係，反映 DAP 年齡、個別與文化合宜的三項重要成分。例如：提出 3R 互動（尊重、回應與關係）的《嬰兒、學步兒與托育人員：以尊重、回應與關係為基礎的教保課程》（*Infants, Toddlers, and Caregi-*

vers: A Curriculum of Respectful, Responsive, Relationship-Based Care and Education）（Gonzalez-Mena & Eyer, 2018）；同樣也提出 3R 互動（尊重、反思與關聯）與「創設以關係為基礎的課程」的《嬰兒、學步兒發展與回應性教保計畫：關係取向》（*Infant and Toddler Development and Responsive Program Planning: A Relationship-Based Approach*）（Wittmer & Petersen, 2018）。以上兩本專書如同書名所標示的──以關係為基礎、關係取向，都非常重視托育人員與嬰幼兒、家庭的關係，而且均以各領域發展與學習作為教保課程的依歸與架構，課程內涵均圍繞與關注於嬰幼兒各領域的發展及學習。

此外，尚有一些文獻也是非常重視嬰幼兒的發展與建立關係，反映 DAP 年齡、個別與文化合宜的三項核心考量。例如強調回應性照護的《回應性照護活動：嬰兒、學步兒與 2 歲嬰幼兒》（*Activities for Responsive Caregiving: Infants, Toddlers, and Twos*），此書明白指出高品質的早期教保機構的幾項重要特徵為：孩子與托育人員享受持續的滋養關係、活動符合年齡與階段發展、孩子享有能建立所有發展領域技能的經驗、教保服務人員以文化敏感方式與父母溝通與合作等（Barbre, 2013）。又提出建立成人與嬰兒間依附關係、強調「情緒環境」的《嬰幼兒教保環境與互動實務》（*Creating a Learning Environment for Babies & Toddlers*），除了強調嬰幼兒的發展外，也是非常重視與家長建立夥伴的關係（周淑惠譯，2014）等。

各國政府發布的課程文件，也都非常關注孩子的發展，提出以關係為基礎的教保實務，反映 DAP 的三項合宜重要成分。例如：澳洲政府的出生至 5 歲最高法定文件《歸屬、現狀和形成：澳洲幼年學習框架》（*Belonging, Being & Becoming: The Early Years Learning Framework for Australia*），簡稱 EYLF，提出反映當前理論與研究的五個學習與教學原則，其中第一項就是與孩子建立安心、尊重與平等關係，

其他原則依次為與家庭維繫夥伴關係共同教保、保持高度期望與公正、尊重家庭文化的多元差異、持續學習與反思實踐；而反思的重點包括自己對每位孩子的理解、所持的教保服務理論或理念、當採用某種方式之受惠與受害者等，即關乎幼兒發展與學習面向（Australian Government Department of Education, Skills and Employment, 2019）。以上五個教學原則很顯然是基於社會文化論——幼兒是在社會文化中成長，社會文化對幼兒的發展與學習影響深重。

又英國教育部頒布 5 歲前幼兒階段教育之最高法規《幼年基礎階段法定架構：出生至五歲孩童的學習、發展與照顧標準》（*Statutory Framework for the Early Years Foundation Stage: Setting the Standards for Learning, Development and Care for Children from Birth to Five*），簡稱 EYFS，從其提出的四項幼教實務總體指導原則中，也可見其重視孩子的發展與關係的建立：(1)每個孩子都是獨特的，是經常學習、能幹、自信的；(2)孩子透過正向關係學習著強壯與獨立；(3)孩子學習與發展是在一個成人支持與教學下的賦能環境，是回應其個別需求的環境及與父母和照顧者間建立夥伴關係的環境；(4)孩子的發展與學習很重要，他是以不同速率及方式發展與學習的（UK Department for Education, 2021a）。再從教育部頒布的《發展至關重要：幼年基礎階段的非法定課程指引》（*Development Matters: Non-statutory Curriculum Guidance for the Early Years Foundation Stage*），更明顯可見其珍視孩子的發展，是課程與學習的關注焦點（UK Department for Education, 2021b）。

在臺灣為協助托育人員提升托育服務品質，2007 年由內政部兒童局委託楊曉苓、段慧瑩教授的「0-2 歲嬰幼兒適性發展學習活動綱要之研究」，綜合探討美國、澳洲、英國等各國相關文獻後，《托嬰中心嬰幼兒適性發展活動實務指引》應運而生。此適性發展活動實務指

引按體能動作、語言溝通、認知探索、情緒社會、生活自理五大發展領域與年齡段別，設計出諸多適性發展活動；其指導原則包括：孩子在發展上是有個別差異的，每個孩了的各領域發展也有差異，適當引導尚待發展的能力，讓孩子適情適性健全的發展，成人順應發展輕鬆以對。很顯然地，孩子的各領域發展構成適性發展活動的目標。又2017 年衛福部社會及家庭署委託葉郁菁教授編印《托嬰中心教保活動指引》，其設計理念也是強調適齡適性。

　　綜合上述嬰幼兒教保文獻，吾人發現當代 0 至 3 歲教保實務不僅關注嬰幼兒的發展狀況，以為教保課程的核心；而且也強調以關係為基礎（含與嬰幼兒的關係及與其家庭的關係），以利各項實踐的運作，其實這就是對社會文化影響嬰幼兒發展的體認。再且，這些教保文獻的諸多實踐內涵也或多或少贊同於 NAEYC 所提出適性發展實踐的其他觀點，如重視遊戲與探索、提倡挑戰性經驗暨鷹架以延伸孩子的發展、強調有意圖的教學等。例如《嬰兒、學步兒發展與回應性教保計畫：關係取向》一書指出，托育人員的八項重要責任之一就是提供個別、文化及年齡合宜的玩教具與遊戲機會（Wittmer & Petersen, 2018）；英國 EYFS 指出，有效教與學三項原則的第一項就是遊戲與探索（UK Department for Education, 2021a），以及四項幼教實務總體指導原則第三項指出，孩子的學習與發展是在成人支持與教學下的賦能環境；澳洲的 EYLF 提出的八項教學策略中就有：意識孩子的身、心、靈是連結的，以及學習是統整的，透過遊戲並採多元策略支持孩子學習，實施有意圖教學並以鷹架延伸孩子的學習等（Australian Government Department of Education, Skills and Employment, 2019）。換言之，適性發展實踐其實也是其他 0 至 3 歲教保實踐或課程文獻的重要論點，是當前嬰幼兒教保課程的中心主張（周淑惠，2018）。總之，0 至 3 歲嬰幼兒教保實踐或課程必須是適合發展特性的，包含年齡、

個別與文化合宜。

三、適性發展實踐的意涵

　　承上所述，適性發展實踐緣起於美國 NAEYC 有關幼兒教育的 DAP文件，隨著學術派典轉移，歷經數版的修正，2009 年起正式引入社會文化論觀點。重要的是，具社會文化論視角的DAP，也反映於當代嬰幼兒教保重要文獻中，可以說適性發展實踐是 0 至 3 歲教保實務或課程的重要觀點，也是當代嬰幼兒教保趨勢。本書在綜合文獻的基礎上，發現嬰幼兒適性發展實踐是由一組相嵌理念所共構的框架所組成，如圖 1-1-2 所示。

○ 圖 1-1-2.　嬰幼兒適性發展實踐架構

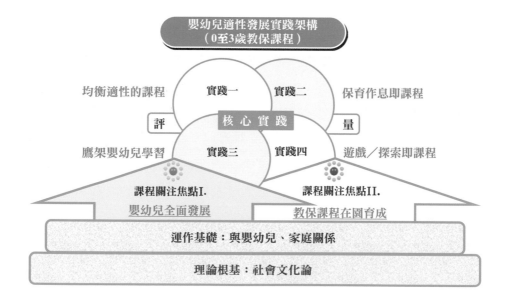

　　進一步說明之，整個架構的理論根基是社會文化論，而架構的運作必須墊基於與嬰幼兒建立親密關係及與其家庭建立夥伴關係，方得以理解每位嬰幼兒的發展特性，並彼此同心地在托育機構發展與實施合宜的課程，以促進嬰幼兒的全面與最佳發展。適性發展實踐整體關注焦點有五，已如上述，本書專注於 0 至 3 歲教保課程，提出兩個課程關注焦點——首先是「嬰幼兒全面發展」，包括現階段發展與潛能持續發展，其次是「教保課程在園育成」，以期發展並調修成本托育機構合宜的嬰幼兒課程。而在這兩個關注下，適性發展實踐有四項彼此關聯的核心實踐內涵——均衡適性的課程、保育作息即課程、遊戲／探索即課程、鷹架嬰幼兒學習。這四項實踐其實也是 0 至 3 歲嬰幼兒教保課程的重要指導原則；然而這四項實踐是有賴持續評量嬰幼兒的發展與學習狀況，方能實質有效地運作，也就是評量支撐著四項核心實踐。

　　因此本書將嬰幼兒適性發展實踐定義為：**立基於社會文化論，在與嬰幼兒及其家庭建立關係的基礎上，關注嬰幼兒身心全面發展與教保課程在園育成，並在持續評量措施下，運用均衡適性的課程、保育作息即課程、遊戲／探索即課程、鷹架嬰幼兒學習等核心實踐方式，以達促進每位嬰幼兒最佳發展與學習的目的。**總之，適性發展實踐是由一組彼此相嵌的理念所構成，缺一不可，整個架構反映出年齡發展上的合宜、個別發展上的合宜與文化上的合宜。最重要的是，嬰幼兒的教保課程必須是適性的，適合嬰幼兒的發展，含現階段發展與潛能持續發展，以促進每位嬰幼兒的最佳發展。下一節即在探討此一由相嵌互扣理念所組成的 DAP 架構。

第二節　適性發展實踐之理念架構

　　上節提出適性發展實踐是由一組相嵌的理念所組成的架構，本節

旨在進一步探討架構中的各重要理念。首先是針對適性發展實踐的課程關注焦點，予以說明；其次是就整個架構的四項核心實踐，予以敘述；接著是針對適性發展實踐的運作基礎——與嬰幼兒、家庭關係，加以探討；最後是就適性發展實踐的理論根基——社會文化論，加以論述，讓讀者得以完全理解嬰幼兒適性發展實踐的要義。

一、適性發展實踐的課程關注焦點

　　適性發展實踐的第一項重要理念是教保課程兩項關注焦點：「嬰幼兒全面發展」與「教保課程在園育成」，茲說明如下。

（一）嬰幼兒全面發展

　　在早期階段萌發的情緒、體能健康、社會技巧與認知語文能力，對後續在學校、工作場所及社會中的成功表現，都是很重要的先決條件（National Scientific Council on the Developing Child, 2007），關注嬰幼兒發展是必要的。又因為各發展領域間的相互影響性，培養完整兒童（the whole child）或全人各方面均衡發展，是幼兒教育一向服膺的重要信念，世界各國幼兒教育重要文件均揭示，各發展領域的密切相關，或全人發展是幼兒教育的最高宗旨。例如前述美國 NAEYC 最新版的 DAP 立場聲明第二項，就指出每個領域的相互支持與影響（NAEYC, 2020, p. 9）；英國 EYFS 認為發展與學習有七個領域，他們都很重要並且是相互連結的（UK Department for Education, 2021a, p. 7）；澳洲的 EYLF 指出身、心與靈的連結性，即著眼各方面的發展（Australian Government Department of Education, Skills and Employment, 2019, p. 16）。簡言之，嬰幼兒全面發展或均衡發展是 0 至 3 歲教保課程的重要目標。

　　嬰幼兒的教保課程要關注嬰幼兒的全面發展，首先意指了解嬰幼

兒目前各領域的發展狀況——情緒社會、體能動作、語言、認知，即嬰幼兒發展「橫貫」面向。每一個發展領域都有其發展特性與趨勢，托育人員必須加以了解，例如語言領域的發展特性顯現，接收性語言（聽、會意）是表達性語言的基礎（Gonzalez-Mena & Eyer, 2018; Wittmer & Petersen, 2018），嬰幼兒在不斷接收、試圖會意與模仿下，從牙語、模仿重複音節，歷經單字句、雙字句期，到日益複雜的造句期、複句期。這樣的發展方式與特性給予吾人嬰幼兒語文教學的重要提示，所以關注嬰幼兒發展，自然也會關注嬰幼兒是如何學習以及相對應的教學策略。其次，托育人員絕對不能忽視每個發展領域間是相互作用與影響的，全人均衡的發展是嬰幼兒教保課程的重要目標，在計畫課程時，不可偏廢或偏重某些領域。最後，托育人員在關注嬰幼兒各領域全面發展的同時，也要關注嬰幼兒目前身處哪一個發展階段，了解該階段發展所顯現的特性，即嬰幼兒發展「縱貫」面向，俾利教保課程的運作，因為每一個發展階段都有其焦點需求。例如 9 個月到 18 個月的學步期嬰幼兒開始會移動軀體，急於四處探索理解世界，其發展需求自然有別於新生嬰兒階段，教保課程內涵與方法當然不同。

全面發展的關注除了嬰幼兒橫向與縱向發展特性外，也要關注潛能持續發展或未來發展，因為發展是連續無法分割的；更要關照嬰幼兒的個殊性，因為每位嬰幼兒在發展上均顯現個別差異；同時也需關注嬰幼兒的文化情境，因為每位嬰幼兒均生長於不同的家庭文化中，受文化影響至深且鉅，發展結果自然不同。職是之故，適性發展實踐除了必須適合嬰幼兒年齡發展與學習的共通特性，即具備嬰幼兒發展與學習知識外；也必須符合個別發展上的差異，了解什麼是個別適性的教保；同時也必須適合影響發展的社會文化情境，理解嬰幼兒家庭的文化、價值觀與期望（Copple et al., 2013; NAEYC, 2020），這是擔

任托育人員或嬰幼兒照護工作者的「必要條件」。

（二）教保課程在園育成

　　其次嬰幼兒的教保課程要關注課程的在園育成，正因為適性發展實踐的三項核心考量，教保課程在托育園所內育成，方能發展與調修成符合本機構嬰幼兒共通發展、個別性發展與在地文化的課程，即適性發展的嬰幼兒教保課程。在此首先探討幼兒課程的制定考量，以利讀者理解教保課程在園育成的必要性。如圖 1-2-1 所示，課成制定基本上有四大基礎考量：心理、哲學、歷史、社會，心理基礎係指幼兒發展與學習特質，哲學基礎乃指園所教育哲學與目標，歷史基礎即指課程歷史經驗與園所在地歷史及文化特色，社會基礎是指時代進展趨勢與整個社會教育目的（周淑惠，2006；歐用生，1993；Ornstein & Hunkins, 2017）。各個園所在制定課程前均須綜合考量這四項基礎，適度地調和四大基礎的分量，以形塑有特色的課程，這樣的課程才是一個符合園所本位、較為適性發展的課程，托育園所也是一樣。

○ 圖 1-2-1.　幼兒課程決定的基礎考量

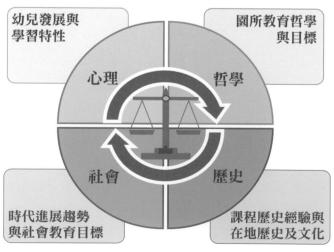

　　進一步說明之，各個托育園所要有自己堅信的教育理念，參與開園人員在具備紮實的嬰幼兒發展與學習知識下，兼而考量園所在地文化與特色，以及時代進展趨勢與整個社會所持培育目標，於園所成立之際共同擬定教保課程與活動，然後在園實際生成與發展。而生成與發展課程之具體作法為透過持續觀察與評量嬰幼兒、與嬰幼兒對談了解其想法、進行教學研討專業對話、與家庭成為夥伴交流資訊等多元方式，蒐集嬰幼兒發展與學習的結果，並依據這些資料將開園初擬課程加以調整、修正，並再付諸實施與調整，如此循環不已，使課程逐漸發展成熟，這樣才能趨近適性發展的教保課程，真正地符合園所嬰幼兒所需。

　　若是採用現成課程模式如蒙特梭利、華德福、瑞吉歐等的托育園所，則要容許這些課程有機會在園發展育成，因為每種課程都有其各殊的教育哲學與時空發展背景，貿然移植到完全不同的文化情境中，勢必經過一段關乎存活的成長調適過程，有如外來植物移植般。例如蒙特梭利模式當初是基於關心貧下階層兒童基本生活技能的考量，在與環境互動的理念下，設計各種固定操作步驟的教具，以助孩童發展這些技能；而瑞吉歐教學信奉社會文化論與信任幼兒的能力，在當地非常強調社群共構的社會氛圍下，設法讓孩子綻放多元創意表徵的「一百種語言」；華德福模式則非常崇尚自然與秉持天地人合一理念，運用現代方法教導傳統美德或價值。如此基於各殊教育理念的課程，若要成功地移植於不同的環境，是有相當程度的挑戰的。

　　筆者深切以為，托育中心必須具備紮實的嬰幼兒發展與學習知識，並且秉持堅信的教育理念，如果無法自行研發教保課程，必須仰賴購買或採用坊間現成課程，則首須全園認同並了解這個課程，在確認該課程與園方教育理念相近下，於園內積極研討、學習該課程理念與實務，以期真正理解。因為教育理念與知識形塑教學實踐，外來課

程移植入園時，相關托育人員若無相應的理念與知識，極易形成「畫虎畫皮難畫骨」的現象。例如若是沒有重視個別探索的「學習區」（learning area）教學理念，在原本灌輸主導的教學習性下，很可能把分隔學習區域的櫃架推到牆邊，讓區角完全消失，因為這些櫃架妨礙了大團體傳授方式。於認同、真正理解並採用某種現成課程後，接著必須透過觀察與評量嬰幼兒表現的多元方式，蒐集該課程的學習結果，經過專業研討確認後，據以調整、修正該課程或相關教學策略，讓外來課程在園內調適，得以落地生根且符合園所嬰幼兒所需，否則很容易形成精神、內涵與原課程樣貌完全不同的「表面課程」（Bussis et al., 1976）或「掛羊頭賣狗肉」現象，甚至整個課程形同夭折狀態。綜上，制度與課程是必須在托育園內培育與發展的，非由外移植而來即可存活（周淑惠，2006）。而整個培育與發展課程的歷程與作為，其實也等於在自己的托育園生成課程，前者是外來設計的課程，後者是本園設計的課程，二者皆須經過生長育成的過程。

二、適性發展實踐的四項核心實踐

在課程關注嬰幼兒全面發展與教保課程在園育成的理念下，適性發展實踐有四項重要的實踐——均衡適性的課程、保育作息即課程、遊戲／探索即課程、鷹架嬰幼兒學習，這四項重要實踐是適性發展實踐的核心，形同嬰幼兒教保課程的指導原則。其意涵與緣由說明如下。

（一）均衡適性的課程

所謂「均衡適性的課程」係指：嬰幼兒教保課程要關注每位嬰幼兒的全面發展（含現在發展與潛能發展），因此課程內涵要均衡地包含各發展領域的活動，不可偏重或偏廢某些領域，同時也要納入具有挑戰性的活動，以激發嬰幼兒的潛能發展；其次也要關注嬰幼兒發展

的個別差異，著重區角個別遊戲／探索與小組活動；此外，也須考量影響嬰幼兒發展的文化元素，將家庭文化、語言適度地含納於課程中，以期呈現年齡合宜（現在與潛能發展）、個別合宜與文化合宜的均衡適性課程。至於吾人提倡均衡適性的課程，主要是基於發展上的實質考量，嬰幼兒的生理、心理、智能等各領域發展是彼此相互支持、交互影響的，每一個發展領域均很重要，有如前述嬰幼兒全面發展中之各國教保課程文獻所指；再加上腦神經科學研究的啟示——人的腦部是高度相互關聯的器官，並以相當協調方式而運作的，認知、情緒與社會能力是必然地交織（National Scientific Council on the Developing Child, 2007），所以教保課程必須均衡並重各發展領域。

（二）保育作息即課程

所謂「保育作息即課程」意指：保育生活事項如換尿布或如廁、飯前飯後清潔與收拾、睡覺或午休、餵食或用餐、外出前後穿脫衣鞋、入離園道安與道別等，是教育學習的自然時刻，托育人員與嬰幼兒間宜親密對話、互動，讓教育自然發生；此外，生活作息中總難免有一些突發事件，也是教育學習的大好時機，托育人員宜善用生活中學習的價值。至於為何保育作息即為課程，乃基於幾個理由：(1)生活保育事項與時段是嬰幼兒生活的主要部分，托育照護的重要工作，純粹的教保活動時段究竟有限，在保育作息當下親密對話、互動，或者因應突發事件而施以隨機教學，均十足反映「生活中學習」的理念；(2)保育作息時段的互動可建立親密關係，促進嬰幼兒情緒穩定，使其具安全、信任感，成為探索周遭環境的有利基礎；(3)可促進嬰幼兒各領域發展，例如不斷對話互動可增進語言發展，且在耳濡目染下，最終習得保育事項的相關知能，並養成與人合作共同完成任務的習慣等。

（三）遊戲／探索即課程

　　所謂「遊戲／探索即課程」乃指：遊戲、探索是嬰幼兒學習的主要方式，也是教保課程的主要內涵，嬰幼兒教保課程中宜充滿遊戲、探索的成分，包括戶內外遊戲／探索環境的規劃（尤其是保育活動室內多元區角）、適性發展玩教具的提供、區角與分組遊戲／探索活動的設計與實施等。至於為何提倡遊戲／探索即課程，乃基於以下考量：(1)順應嬰幼兒的遊戲需求與探索建構發展特性——遊戲、探索是嬰幼兒認識世界的主要方式，嬰幼兒在遊戲中探索，也在探索中遊戲，二者交織難以劃分；(2)遊戲促進嬰幼兒的各方面發展——例如語文、情緒社會能力、認知等（周淑惠，2013；Copple & Bredekamp, 2009）；(3)可培養未來世代賴以維生的重要的能力——未來世代高度動盪與競爭，且須與人工智慧機器人競爭，具備探究力、創造力與合作共構力是個體生存的重要能力（周淑惠，2017，2020，2022），在此重要的是，嬰幼兒探索建構後常伴隨著創造行為，激發創造力發展（Cecil et al., 1985; Wood & Attfield, 2006）。

（四）鷹架嬰幼兒學習

　　所謂「鷹架嬰幼兒學習」是指：托育人員在照護與教保活動的互動中，於著眼現階段發展的同時，也針對嬰幼兒潛能發展，提供挑戰性經驗並從中施予各樣支持與協助，使嬰幼兒正在發展中的能力或潛能得以提升，有如房屋建築時之鷹架搭建作用。至於為何主張鷹架嬰幼兒學習，乃基於幾個理由：(1)嬰幼兒具有「近側發展區」（zone of proximal development, ZPD），乃指現在的實際心理年齡層次（現在的發展表現），與在他人協助下所表現的解決問題層次，二者間的差距區段（Vygotsky, 1991），即嬰幼兒存在著正在成熟過程中的能力（如

示意圖 1-2-2），在較有能力同儕與成人的協助與支持下，此區段能力得以延伸發展；(2)嬰幼兒的發展具連續性與漸進性，今日的發展與明日發展不可分割，尤其是在具有潛能下，宜適當地促其發展成熟；(3)嬰幼兒的特性有賴成人搭建鷹架引導，例如嬰幼兒在專注力、記憶力、思考力等均較為脆弱，不甚穩定，有賴成人引起注意力、提示關鍵點、組織經驗、調節資訊難度等，以助其發展與學習（NSTA, 2014），其實這就顯示近側發展區的存在與成人協助的必要性。

○ 圖 1-2-2.　近側發展區示意圖

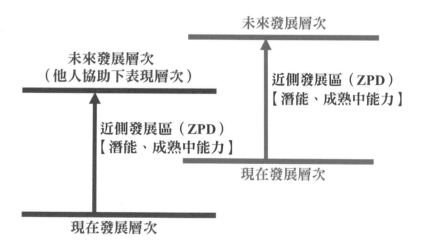

三、適性發展實踐的運作基礎──與嬰幼兒、家庭關係

適性發展實踐的第三個重要理念是關乎整個架構的運作，是架構運作的基礎，即兩個運作基礎，首先是與嬰幼兒的親密關係，其次是與嬰幼兒家庭的平等互惠或夥伴關係。

（一）與嬰幼兒關係

　　托育人員必須與嬰幼兒建立親密關係，以利適性發展實踐的運作。從嬰幼兒角度言，在早期生命階段與照顧他的成人建立關係，特別顯得重要，是健全發展與學習的基礎（Copple et al., 2011; Shonkoff & Phillips, 2000）。在此特別指的是「依附關係」，係指嬰幼兒自出生始與照顧者建立的親密情感連結關係，此情感連結讓嬰幼兒在面對壓力時獲得緩解與安慰，也讓彼此情緒愉悅（林美珍等，2007）；簡言之，它是指嬰幼兒與照顧者間的一種身心相連、相互依賴的親密關係。而這種關係是透過嬰兒尋求互動的伊呀發聲、哭聲、表情與姿勢來傳達，成人接收後，也以同樣的發聲與動作回應著，是一種「給予與回應」（serve and return）式的互動而建立的關係（National Scientific Council on the Developing Child, 2004, 2007）。換言之，是一來一往地回應彼此需求的「互惠社會化」（reciprocal socialization）循環過程（Feldman, 2012）；也是彼此「同步互動」（interactional synchrony）相互回應、共享正向情緒的「情緒上共舞」（emotional dance）歷程（Gonzalez-Mena & Eyer, 2018），讓嬰幼兒與照顧者形成情感上的緊密連結。

　　根據研究，與照顧者有較佳關係的 1 歲半嬰幼兒，即嬰幼兒的照顧者具敏覺性，經常與其有語言互動，則嬰幼兒較易產生利社會行為，如分享、幫助（Newton et al., 2016）。Berk（2001）綜合研究指出，在 1 歲時被敏銳回應悉心照顧的嬰兒，相對於較少被回應或延遲回應的嬰兒，他們對外在世界的探索是自信的、堅持的，較少哭泣，較多可能運用肢體與語言去表達他們的想法。這種愛的關係是鼓勵更成熟行為的情境，建立許多能力的跳板，例如自信、順從與合作、知道他人需求與願望、同理與同情等，可為孩子的未來能力與自主力鋪

路。又與照顧者間有較佳關係的嬰幼兒，其實質影響延伸至成年階段，吾人皆知依附關係有四種型態，最理想的「安全依附型」是把主要照顧者視為安全感來源，研究顯示，安全依附型的 1 歲小男嬰較之於其他類型男嬰，長大後較少有心理方面的困擾，且較具正向的社會性發展（Feldman, 2012）。Sroufe 等人的研究發現，嬰兒時期建立安全依附關係的學前兒童，相較於表現較多行為問題的對照組，有較高的自尊、社會技巧及同理心；後續追蹤研究到小學、青少年與成年時，發現他們有較成熟的社會技巧，能與人有穩定與滿足的親密關係，並且教育水準通常也較高（引自 Berk, 2013）。

　　情緒與社會性發展息息相關，飢渴冷熱等生理與心理需求受到照顧者的經常回應與關愛互動，讓嬰幼兒感覺快樂與可預期的愛，而愛是人際關係的黏膠，隨著嬰幼兒成長，將逐漸以健康方式建立人際間的連結與世界觀；反之照顧者的回應經常是難以預期或表現出冷漠、粗魯等，長久之後嬰幼兒憤怒、悲傷等情緒難以調節與恢復，就會形成負面的世界觀或扭曲的心理狀態，影響與人交往能力（康學慧譯，2022）。腦神經科學方面的研究也指出，經常遭受壓力的嬰幼兒，例如被忽略、威脅、虐待、暴力以對、拋棄等，經過腦部掃描在大腦結構上有很大的洞眼出現，他們形成暴力、戰鬥傾向，無法與人建立健康的關係；而且腦部的洞無法自行修復，在成人仍然存在，可以說出生幾年，成長狀態已定（Brownlee, 2017），可見與嬰幼兒建立親密關係是何等的重要。

　　的確，嬰幼兒的語文與學習、社會發展與自我管理的表現或成就，都發生於父母或照顧者的親密關係情境中（Shonkoff & Phillips, 2000）；又與可信任成人的強烈、愛的關係，提供了嬰幼兒探索世界的安全堡壘，對認知發展有所影響（Copple & Bredekamp, 2009）。從腦部發展而言，它是靠基因與經驗的交互作用而發展的，在嬰兒與父

母及照顧者間的給予與回報式的親密互動中，腦中的神經網絡結構逐漸連結與形成。因為腦部是高度相互關聯的器官，必須以協調的方式運作，情緒上的安和狀態與社會能力提供認知能力萌發的一個有力基礎，他們共同形成人類發展的根基（National Scientific Council on the Developing Child, 2007）。也就是說，嬰幼兒是以關係情境來體驗他們的世界，而這些關係實質地影響著他們各方面的發展。綜言之，早期安全的依附關係對於嬰幼兒階段與後來廣泛能力的成長，皆有所裨益，包含自信自在感、學習心、正向的社會技巧、成功的多元關係，以及通情達理地理解情緒、承諾、道德與其他面向的人際關係。同樣地，在托育情境中托育人員的溫暖與支持，影響孩子重要能力的發展，包括在學齡階段較大的社會性能力、較少的行為問題、較強的思考與推理能力（National Scientific Council on the Developing Child, 2004）。

（二）與家庭關係

基於社會文化論的適性發展實踐主張，托育人員必須與家庭建立平等互惠的關係，甚至是夥伴協作關係，因為社會文化論認為家庭在孩子學習過程中，具有持續影響與整合的重要角色，因此園家合作乃為必要（Daniel, 2011）。嬰幼兒來自不同文化背景的家庭，其發展與學習深受家庭的影響，教保實踐必先了解嬰幼兒的發展水準，也要考量不同的文化情境。對於初到托嬰中心的嬰幼兒，最直接了解嬰幼兒與家庭的管道，就是得之於家庭成員的提供，因為父母對嬰幼兒的了解程度，相較於托育人員而言，他們就是專家。托育人員可向父母了解嬰幼兒個人的重要訊息，例如喝奶習慣、如廁狀況、睡覺習慣、過敏物、喜歡的玩具、喜歡的副食品、喜歡聽的音樂等；以及了解嬰幼兒家庭方面的重要資訊，例如文化、風俗習慣、價值觀、成員組成與

關係等。以上的舉措讓父母感到安心與放心地將嬰幼兒交托至托育中心，再加上托育人員定期提供嬰幼兒的學習與發展紀錄，更讓父母感受用心與愛心，定能促使家長願意分享及相互合作等。

　　每個家庭有其文化背景，托育人員宜秉持平等、尊重與互惠立場，重視家庭文化差異，誠心地與家長溝通教養觀點，期能達成共同理解與平衡觀點，甚至成為夥伴協作關係。建立夥伴關係的理由是，托育中心各項教保實務或課程都必須獲得家庭的關注與密切合作，方能發揮成效，例如生活自理技能的培養，像是自行進食、穿脫衣物、如廁訓練等；再如常規訓練或習慣的養成，像是遊戲時輪流與等待、遊戲後收拾、均衡飲食不偏食等；又如輔食（副食品）的添加、問題行為的輔導等，比比皆需雙方合作。如果兩方要求不一致，嬰幼兒無法適從或迎合對其有利者，致使事倍功半永遠都無法進步或養成習慣，所以與家庭建立合作的夥伴關係是非常必要的。因此，每日除了以書面方式聯繫外，早晚接送時以口語交換資訊，或是透過電話、通訊軟體聯繫等，也是必要措施，因為從中雙方得以分享孩子的發展成就、新學到的小技能、需要彼此配合的事項，有利適性教保實踐的落實等。吾人以為 Scully 等人（2015）所言甚是，幼教機構與專業人員秉持「以家庭為基礎的理念」（a family-based philosophy），與家庭建立正向互惠關係，雖然是一個高遠的目標，卻應成為關注的焦點。

四、適性發展實踐的理論根基——社會文化論

　　適性發展實踐的第四個重要理念是社會文化論的理論根基。DAP 歷經數度修正，顯示人類發展與學習學術派典從 Piaget 建構論轉移到 Vygotsky 社會文化論，基本上認為人類生存於大社會文化情境中，其學習與發展受社會文化的影響深遠至鉅。詳言之，人類的心智生活是起源於社會，知識與思考是根源於社會文化，高層次的心智功能源自

於社會與社會互動的結果，即在社會互動中透過親密關係與語言的溝通橋樑作用，達到相互主體性（intersubjectivity）或共享理解（shared understanding）境界，最後形塑個體的心智思維（Berk, 2001; Vygotsky, 1978）。也就是說，吾人的認知大多是從家庭與社會文化的活動與經驗中演化而來的，是情境化的（Berk & Winsler, 1995）；而語言是主要的心智工具，是外在社會與個體內在心智的橋樑，它對於心智的作用，猶如機械工具對於身體的作用一樣（Bodrova & Leong, 2007）。

　　Vygotsky 社會文化論雖然也看重探究是獲得知識的一個樞紐元素（Zuckerman et al., 1998），但是所強調的是「兒童與成人共同地建構知識」，是在整個社會文化中與人互動，並且是在以語文為橋樑的鷹架中而發展與學習的；相對於 Piaget 之建構論，其重點是置於「兒童與環境互動，自我活躍地建構知識」，強調兒童獨立建構，是有所不同的（Fleer, 1993），這就是人類發展與學習學術派點的轉移。既然人類的心智發展是在社會文化中形成的，在課程與教學上自然強調在社會文化情境中建構，適性發展實踐確實立基於社會文化論，而社會文化論的教學面向即為社會建構論，因此適性發展實踐指出社群共構或建立關愛社群的學習方式（Copple et al., 2011; Copple et al., 2013）。

　　Vygotsky 除了指出社會文化對發展的影響外，又提出近側發展區的概念（Vygotsky, 1991），用白話說是目前仍在胚胎醞釀或潛能狀態，於明日即將成熟的能力區段。Vygotsky 認為教學唯有走在發展之前，喚醒並激發生命中正在成熟中的功能，才是好的（Vygotsky, 1978），誠如 Berk（2001）指出，對 Vygotsky 而言，教育的目的就是在提供位於孩童近側發展區間的經驗，這些經驗雖然具有挑戰性，但卻可以在成人引導下完成。職是之故，教學不僅在符合兒童當前的發展狀態，而且也在創造兒童的近側發展區，提升其認知發展層次。上述的論點確實挑戰幼教界一向所持的黃金假定——開放自由的遊戲對

幼兒是最合宜的，以及教師在幼兒遊戲中扮演不干預角色（Edwards et al., 2010; Fleer, 2010），所以立基於社會文化論的適性發展實踐，才會主張高品質遊戲、鷹架、有意圖的教學等師幼共構的觀點。

筆者綜合社會建構論的主要觀點為：(1)共同建構——幼兒雖然具有建構知識的能力，但卻是生長於社會文化中受社會文化的影響，在社會中與人共構而獲得知識，即人類心智生活源起於社會；(2)鷹架引導——幼兒具有潛能發展的可能區段，即近側發展區，教學必須提供挑戰經驗與鷹架引導，以創造幼兒的近側發展區，進而激發其潛能發展；(3)語文心智工具——語文為個人內在與社會間之心智橋樑，即溝通、表徵與探究的工具，仲介嬰幼兒的學習（周淑惠，2017）。圖 1-2-3 是社會文化論的示意圖。

◯ 圖 1-2-3.　社會文化論示意圖

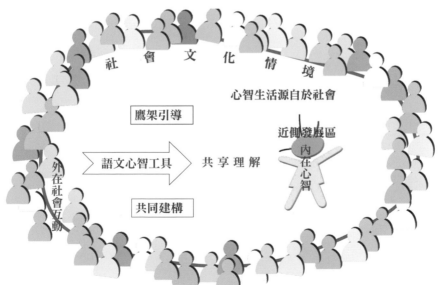

　　最後筆者強調的是，適性發展實踐是綜合多方理論與文獻，雖然較基於社會文化論，但其他各種兒童發展理論或多或少也能解釋一些發展與學習的現象。例如 Bronfenbrenner（1979）的「生態系統論」指出，孩子是受到一系列巢狀結構的各層環境所影響，尤其是最裡層的托育人員、老師、父母的互動關係，以及托育中心、幼兒園、家庭的連結關係，啟示吾人：老師、父母對嬰幼兒的發展扮演重要角色，托育中心、幼兒園與家庭合作是至關重要的（周淑惠，2006）。總之，每一個發展與學習理論對於嬰幼兒發展的理解，或多或少均有裨益，因此本書於必要處，也會適當地援用相關理論。

CHAPTER

2

嬰幼兒發展概況與
教保原則

　　在適性發展實踐框架下，提供嬰幼兒教保課程，是本書的宗旨，重要的是，嬰幼兒全面發展是嬰幼兒適性發展實踐的課程關注焦點，教保課程設計的目標，也是四項核心實踐的中心考量，無論是均衡適性的課程、保育作息即課程、遊戲／探索即課程，或是鷹架嬰幼兒學習，均需以嬰幼兒發展為念，方能有利教保課程的落實。在充分探討教保課程四項核心實踐之具體實施前，必先加以理解。所以本章前四節旨在依次探討嬰幼兒各領域的發展概況（發展橫貫面）——情緒社會、體能動作、認知、語文的概況，並於第五節探討各重要階段的發展焦點（發展縱貫面），因各節均提出對應的教保原則，第五節最後則綜合、分析這些發展領域之教保原則，以期更加理解發展的面貌與相應教保策略，裨利嬰幼兒教保課程的具體落實。

　　本書將發展分為四個領域，在此大致說明各領域的範疇。首先情緒社會領域即從自我看法、自我情緒與調節，到與人發生關聯、利社會行為，進而到人際社會關係。其次是體能動作領域，包含大肌肉的粗大動作與小肌肉的精細動作能力，也包含身體健康狀態，本書將附著於生活情境中涉及許多精細動作、衛生保健習慣的生活自理能力，如自我進食、洗手、潔牙、如廁、穿脫衣鞋等，歸於體能動作領域內，有賴日常作息中自然地逐漸養成。至於認知係指人們如何獲取知識與運用知識的過程，是資訊或知識進入個體，經過心智處理，其後運用、解決問題的完整歷程，包括感覺與知覺、記憶與思維、解決問題、概念發展、想像等，都是屬於認知領域的範疇。最後是語文領域，它與認知是分不開的，有些學者將其歸於認知領域，的確，語文一向被視為心智工具，語文表徵讓人類的思緒越發清晰；又語文領域層面很廣，包含表達性語文、接收性語文，涉及聽說讀寫能力。

　　以下各節各領域發展的探討，乃基於嬰幼兒發展相關文獻（王珮玲，2013；林美珍等，2007；周淑惠，2018；葉郁菁等，2016；龔美

娟等，2012；Berk, 2001, 2013; Copple et al, 2013; Feldman, 2012; Gonzalez-Mena & Eyer, 2018; Shonkoff & Phillips, 2000; Wittmer & Petersen, 2018）的綜合與分析。又適性發展實踐雖是較基於社會文化論，實質上它也綜合歸納多種理論與文獻，各種理論或多或少也能解釋一些發展的現象，因此筆者將適當地援用一些合宜的理論，來解釋發展上可能的影響因素。不過此處僅著重於後天影響的面向，尤其是環境與人為力量。

第一節　情緒社會領域發展概況與教保原則

本節分為兩個部分，先是探討情緒社會領域的發展概況，再提出相對應的教保原則。而在探討情緒社會領域的發展概況時，將針對發展的趨勢或方向、發展的影響因素加以敘述，以作為提出相對應教保原則之依據。

一、情緒社會領域之發展概況

（一）發展的趨勢

嬰幼兒自出生後首先接觸照顧者，日久後逐漸與照顧者情感連結，形成依附關係。在情感連結的依附過程中，嬰幼兒直接表達其情緒，需求滿足則快樂、愉悅，反之則悲傷、憤怒；在發生不可預期的情境如遇陌生人、照顧者離開，則顯出恐懼、害怕的情緒。大約在6、7個月大時，嬰幼兒開始出現「陌生人焦慮」情緒，繼而出現不滿與依附對象分離的「分離焦慮」情緒，這種現象在1歲以後至近2歲時達到最高峰。根據研究，如果這個階段建立最理想的安全依附關係，對他以後的社會發展有所助益。至於在同伴關係上，6個月以上小嬰

兒會對彼此發生興趣，1 歲左右至 2 歲偶爾會出現將玩具給同伴玩的行為，但還不是真正的合作行為。也就是嬰幼兒社會性的發展方向與趨勢，是先由與照顧者的關係再到同伴身上，無怪乎 Feldman（2012）認為，嬰幼兒時期最重要的社會發展，就是與主要照顧者情感連結依附關係的形成。

從遊戲的社會性亦可看出嬰幼兒在社會領域的發展趨勢，根據 Parten，2 歲至 2 歲半較常出現「單獨遊戲」狀態，2 歲半到 3 歲半出現形體接近但無交集的「平行遊戲」；其後是 3 歲半到 4 歲半出現有點類似、關聯但無合作事實的「聯合遊戲」，至於真正有交集、目標的「合作遊戲」則發生在 4 歲半以後（Isenberg & Jalongo, 1997）。再具體地從扮演遊戲的角度看社會性發展，大約 2 歲前至 3 歲這個時期出現扮演遊戲（或稱假扮遊戲、戲劇遊戲），然而彼此協商劇情發展、以人為取向的高階社會戲劇遊戲，要到 3、4 歲後才出現（Fein & Schwartz, 1986; Smilansky & Shefatya, 1990）。也就是嬰幼兒的遊戲是由獨自狀態、經與人逐漸發生關聯，到與人合作狀態，0 至 3 歲嬰幼兒大約發展至身體接近但彼此無交集的平行遊戲狀態，才開始要萌發社會性戲劇遊戲。表 2-1-1 是嬰幼兒情緒社會發展趨勢表。

（二）發展的影響因素

嬰幼兒的情緒體驗與發展源自於與照顧者的關係，社會性發展也是由照顧者關係再發展到同伴，可見與照顧者的關係影響著嬰幼兒的情緒社會發展。的確，當嬰幼兒有生理、心理需求感到壓力時，一個關愛、頻仍回應的照顧者讓他得以滿足需求、緩解壓力，也讓他感受充滿可預期、很安全與可信任的氛圍，為他奠下情緒調節、管理的根基，帶來好的世界觀與正向的人際關係（康學慧譯，2022）。而當嬰幼兒哭泣但屢屢遇到不加理會狀況時，因為需求一直無法滿足，可能

● 表 2-1-1　嬰幼兒情緒社會發展趨勢

0至1歲	1至2歲	2至3歲
★建立特定依附關係，過程中直接表達情緒→陌生人焦慮、分離焦慮（6、7個月開始出現）→	★分離焦慮最高漲	
★對同伴發生興趣（6個月以上）	★單獨遊戲（偶爾出現將玩具給同伴玩）	★單獨遊戲→平行遊戲（形體接近但無交集）
	★開始出現扮演遊戲（2歲前）	★由戲劇遊戲開始走向社會性戲劇遊戲

註：「→」符號代表發展方向或趨勢，即往「→」右邊文字的方向發展。資料整理自多元文獻。

會習得無助感；也有可能在歷經激動、憤怒甚至抓狂的強烈情緒下，才得到照顧者的理會，反而增強嬰幼兒以負面情緒反應與面對任何壓力的行為，很難學習如何調節、平靜自己的情緒，也很難引導他去學到重要的能力（Berk, 2001）。誠如第一章第二節探討適性發展實踐運作基礎時提及，建立情感連結的關係，不僅影響著嬰幼兒的情緒發展及與人互動的社會性發展，而且對於後來廣泛能力的成長，實有助益（National Scientific Council on the Developing Child, 2004）。所以照顧者與嬰幼兒的情感連結關係或照顧回應方式，在情緒社會發展上特別顯得重要。

　　又當嬰幼兒在面臨不確定、不熟悉情境時，多會仰賴照顧者的情緒表達或臉部表情，來評估情境並引導自己的行為，這就是所謂的「社會性參照」（social referencing）（林美珍等，2007；Berk, 2013; Feldman, 2012），例如是否可在草叢中翻滾、這個不熟的人可否接近、這個新奇遊具是否安全可玩、是否把玩具分享來訪的小朋友等。

以上這些都在在說明照顧者與嬰幼兒的情感連結關係，對嬰幼兒的情緒發展及如何待人處事的社會發展，扮演舉足輕重角色，也足以說明它是適性發展實踐的運作基礎。

二、情緒社會發展領域之教保原則

　　綜上所述，嬰幼兒的情緒體驗與社會性發展源自於關愛社群中與照顧者的關係，然後才擴及於同伴；重要的是，照顧者與嬰幼兒的情緒連結關係或回應照顧方式，影響嬰幼兒的情緒調節與情緒發展，也會影響人際關係與世界觀，甚至是日後多元能力的成長。再且當嬰幼兒面臨不確定與不熟悉狀況時，多仰賴照顧者臉部表情的社會性參照，以引導自己的情緒表現或行為。針對情緒社會發展的特性與影響因素，筆者提出以下幾項有利情緒社會發展的教保原則。

（一）以愛敏捷與愉悅地回應及互動

　　托育人員首需與嬰幼兒建立情感連結的關係，因為親密或依附關係是發展情緒社會技巧的主要因素（Gonzalez-Mena & Eyer, 2018），其具體作法是當聽到嬰幼兒有任何動靜時，敏銳地覺察其可能的需求，並迅速合宜地回應、愉悅地互動，即使只是咕咕輕叫，也輕聲細語地回應與互動。亦即托育人員宜秉持愛心關注與投入嬰幼兒的一舉一動中，適當地以肢體或語言回應，讓嬰幼兒在有來有往的情緒共舞中，被滿滿的愛包圍著，感受溫暖與可預期的愛，產生安全、信任的感覺，以利嬰幼兒情緒調節與人際社會的發展。當然先決條件是，托育人員要有意識地建立關愛的社群，讓每位嬰幼兒都有歸屬感與幸福感，誠摯地經營愛的關係，方能敏捷與愉悅地回應及與嬰幼兒互動。

（二）創設可抒發情緒的情境

　　有利情緒發展的情境包含規律但不失彈性的作息時間，讓嬰幼兒可以預期事件的發生，減少誘發不良情緒，也包含物理環境中具有情緒抒發功能。它不僅是環境布置溫馨如家、整潔舒適，讓嬰幼兒情緒安和，而且是具有抒解情緒的區角與相關玩教具。又根據研究，嬰幼兒聆聽歌聲，比聆聽說話的時間，約為二倍之久，因為歌聲具有規律節奏與旋律，能抑制憂傷、維持平靜狀態較久（Corbeil et al., 2015），因此托育中心可經常播放歌曲音樂；或設有具背景歌聲的「情緒區角」、「心情角落」，內附有可抒解情緒的抱枕、豆袋、填充娃娃等；或者是角落置有由紙箱或帳棚所布置的溫馨小空間，讓情緒失調的嬰幼兒可以在此轉換情緒。無多餘空間的托育中心，則可將繪本故事區布置得溫馨舒適，備有柔和的燈光、大抱枕或填充娃娃等，讓情緒不佳的嬰幼兒也可在此緩解。

（三）示範與協助調節情緒

　　嬰幼兒是靠社會性參照來引導自己的情緒與行為，加上嬰幼兒的超強模仿能力，所以托育人員隨時隨地都要注意自己的情緒狀態，表現合宜的情緒與示範情緒表達、調節方式。至於協助嬰幼兒調節或管理情緒的方式很多，包含：引導嬰幼兒接受情緒與自己的感受；協助嬰幼兒運用語言命名與描述當下情緒；以敲打物體如黏土、沙袋等，來抒發情緒；以轉移注意力方式如玩喜愛的玩具，來轉換情緒；以聆聽音樂或歌聲方式，來舒緩情緒；以給予選擇方式，來緩解情緒。以上這些技巧都可透過鷹架支持與引導，協助嬰幼兒日漸自行調節情緒。

（四）安排與人發生關聯經驗

　　與人發生關聯是人際關係的第一步，托育人員可以安排讓嬰幼兒間發生關聯或平行遊戲的經驗。例如將兩個平常很少互動的嬰幼兒安排在一起，指著身上都有同樣圖案的衣服談論，以引發彼此注意；安排可一起遊戲的區角情境，像是倒出一桶積木讓嬰幼兒共玩，或是擺放兩端均可穿串的串珠教具，或是提供如第四章四面都可玩的「戳插樂」教具，或是拉著一個比較害羞的嬰幼兒進入積木堆中，與其他嬰幼兒平行共玩等。再如在較大嬰幼兒的扮演遊戲中，可透過成人的鷹架或中介，將兩組嬰幼兒的不同劇情刻意地融合或擴展，像是將看病與餐廳結合，成為看完病後到餐廳用餐的劇情，不僅與人關聯，也藉機引導邁向社會性戲劇，提升遊戲的層次。

　　此外，透過刻意設計的小組活動，亦可達嬰幼兒間發生關聯目的，如「小兔子來拜訪」、「球球旅行記」等活動，圍成小圈的嬰幼兒們隨著故事情境，將小兔子玩偶或皮球從一位傳送到另一位，自然地引發彼此間關聯。第四章各領域活動中的「送小熊寶貝回家」活動，除設法安慰小熊外，也涉及將小熊傳遞給下一位嬰幼兒，使嬰幼兒間彼此發生關聯。再以「寶貝籃」活動為例，當圍坐在籃邊的嬰幼兒拿出物件探索或把玩時，托育人員可順勢地穿針引線，引發其他嬰幼兒注意他人手中的共同特色物件，如小鈴鼓與手搖鈴等（都可以發出聲音）、齒梳與排梳（都可以梳頭髮），並且鼓勵嬰幼兒們分享共玩。與人發生關聯的更高層次是與人合作，2至3歲嬰幼兒在遊戲中，已經開始出現合作行為跡象（圖 2-1-1a、圖 2-1-1b），因此托育人員宜多設計活動或安排情境，引發嬰幼兒合作完成任務。

○ 圖 2-1-1a.　2 至 3 歲嬰幼兒合作行
　　　　　　　為（園區托嬰中心）

○ 圖 2-1-1b.　2 至 3 歲嬰幼兒合作
　　　　　　　行為（園區托嬰中心）

（五）鼓勵與示範利社會行為

　　輪流、等待、分享、感謝、同理、同情等利社會行為，是促進人際關係的觸媒劑。托育人員要在生活作息與遊戲情境中自然地示範利社會行為，即以身作則讓嬰幼兒在耳濡目染下，能進一步模仿。例如有人送你東西時，大聲說出謝謝或給予擁抱；有學步兒不小心跌倒時，給予同情的安慰。再如當扶著嬰幼兒走學步梯橋時，對她說：「米亞也想玩，你跟希真已經玩很久了，我們下去讓他上來，輪流玩喔！」頗值得注意的是，嬰幼兒非常在意成人的想法或認可，當他表現利社會行為時，成人要大大地誇讚，以強化該類行為，例如：「很棒喔！君君跟欣欣分享玩具、一起玩。」「剛剛欣欣哭了，我看到米亞安慰他，真棒呀！」

⭕ 圖 2-1-2.　嬰幼兒常會發生爭搶玩具

（六）鼓勵與引導解決社會衝突

　　還在成長中的嬰幼兒很容易發生衝突，例如爭搶玩具（圖2-1-2）、推擠他人等。解決社會衝突是社會發展很重要的部分，不過，解決社會衝突的能力是要成人鷹架引導與協助的。當嬰幼兒發生衝突時，引導他們說出感覺並讓彼此聽到，幫助他們達成協議並誇讚表現。例如當欣欣推倒米亞正在堆疊的積木，米亞生氣地推了欣欣一把，致使欣欣傾趴在地上大哭，托育人員在檢視欣欣有無受傷並安慰後，對著米亞說：「我知道欣欣推倒你辛苦堆起來的積木，你很難過，也很生氣，來！告訴欣欣你的感覺。」轉身也請欣欣告訴米亞他被推倒的疼痛感覺，然後重複說著他們的感覺；接著明白指出雙方行動與行動結果的因果關係，如欣欣推倒積木（因）導致米亞難過（果），米亞推倒欣欣（因）導致欣欣好痛（果），詢問該怎麼辦並引導嬰幼兒做出來（註：雖然嬰幼兒無法清楚地表達，成人可以運用第四章活動示例的「對話補說」策略，在旁協助其口語表達；或在嬰幼兒間穿針引線，以肢體語言助其表徵疼痛、生氣的感覺及說對不起等）。

第二節　體能動作領域發展概況與教保原則

本節分為兩個部分，先是探討體能動作領域的發展概況，再提出相對應的教保原則。而在探討體能動作領域的發展概況時，將針對發展的趨勢或方向、發展的影響因素，加以論述，以作為提出相對應教保原則之參照。

一、體能動作領域之發展概況

（一）發展的趨勢

嬰幼兒體能動作的發展是有方向與趨勢的，是愈來愈可控制並趨向細緻，是可加預測的。基本上有三個原則：由上而下（頭部至腳部）、由中而外（中心至外緣），由大肌肉群至小肌肉群。由上而下原則是指由上面的頭部逐漸發展到身體下面的其他部位，所以小嬰兒先會控制頭部——抬頭，到坐起、再能站。由中而外原則或稱為由近到遠原則，係指由身體的中心發展到外圍，所以小嬰兒先會控制軀幹再到手部、先會控制手臂再到手指頭。至於精細動作如抓取物品，小嬰兒先是以手臂環抱，剛開始他的手臂動作很大，像是整個手臂橫掃狀，其後則能以手掌握物，約至 1 歲左右才能運用手指夾取物品，充分顯示由大至小肌肉群的發展方向。

表 2-2-1 是嬰幼兒體能動作發展趨勢表。大體而言，嬰幼兒約在 2、3 個月時脖子能挺直，3、4 個月繼而能翻身，接著在 6、7 個月時能自己坐穩，8 個月左右能爬行，而約 10 個月左右可以扶東西站起來走，約 12 個月左右則可以自己走，並能以手指夾取東西。18 個月左右走得很穩，邁向 2 歲時可以自行上下樓梯，也能踢球，並能一頁頁

● 表 2-2-1　嬰幼兒體能動作發展趨勢

0 至 1 歲	1 至 2 歲	2 至 3 歲
★抬頭撐起上半身→翻身→坐→爬→開始走路	★走路→走很穩→能上下樓梯（雙腳同階）	★會跑、雙腳跳→雙腳交替上下樓梯
★→以手指夾取東西	★→能一頁頁地翻圖畫書	★→能模仿別人摺紙

註：「→」符號代表發展方向或趨勢，即往「→」右邊文字的方向發展。資料整理自多元文獻。

地翻圖畫書。2 至 3 歲能不扶物體雙腳同時離地跳起，在大型遊戲結構上能走與攀爬懸吊的有間隙梯階，並能模仿摺紙動作……。值得注意的是，以上發展情形有個別差異現象存在，例如有些 10 個月大的嬰幼兒能自行站起來行走，有些 18 個月的嬰幼兒已經能跑動撿球。只要大致符合發展趨勢或方向即可。

（二）發展的影響因素

　　動作的發展由上而下、由中而外、由大肌肉至小肌肉，這樣的發展方向是成人協助嬰幼兒動作發展的重要參照。近年來，新興的兒童發展理論「動態系統理論」（dynamic systems theory）大量運用於體能動作發展上的研究，認為兒童的身、心、物理與社會形成一整合的系統，此系統是經常變動的，而只要某部分改變，系統內各部分會再度共同運作，致使兒童重組他的行為（Berk, 2013）。根據此理論，體能動作的發展是有賴一些個別能力協調在一起促成的，例如爬行的能力是由踢、移動四肢與碰觸的個別能力融合在一起。又每一個新技能是由多種因素所共同形成的──中樞神經系統、身體動作能力、引發動作的目標與環境對該動作技能的支持程度；在初生期間腦部與頭部、肩膀與上身部位的成長異常重要，之後引發動作的目標與外在環

境支持對動作發展，則扮演關鍵的角色（林美珍等，2007；Berk, 2013; Thelen, 1995; Thelen & Smith, 2006）。簡言之，體能動作是以系統的方式發展，新動作技能是由一些已習得能力的組合與協調而來，非個別動作孤立地發展；而且有多種因素共同影響著嬰幼兒動作的發展。

　　從動態系統理論觀之，嬰幼兒某項體能動作發展之際，經常於技能進進退退間徘徊，呈現不穩定狀態，這是技能走向成熟必經之路，在動作發展歷程中，經常練習是必要的，它會形成腦部新的連結，以掌控動作（Berk, 2013）。例如 12 至 19 個月大的嬰幼兒平均每小時走 2,368 步和 17 次跌倒，投入大量時間與各種練習是嬰幼兒學習走路之道（Adolph et al., 2012）。又剛會走路的嬰幼兒很喜歡來回徘徊、攜帶著物品走著、將物品倒出與放入，就是在練習大、小肌肉動作技能。所以托育中心要有可供自由探索的室內外空間與豐富的各類玩教具，讓嬰幼兒有機會運用他的大、小肌肉動作技能，以促進其更精進發展。

　　除了自發性練習外，引發動作的目標與外在環境的支持至關嬰幼兒的動作發展。所謂動作的目標是指具有誘發嬰幼兒產生動作的標的，這就涉及與認知有關的動機，例如想要拿到無法伸手可及的手搖鈴，就必須發展翻身或爬行技能以取得該物，這是動態系統理論對嬰幼兒動作發展的價值，給予吾人很好的啟示（Feldman, 2012）。又所謂環境支持係指照顧者的鼓勵、安全與可探索的環境、環境中具引人注目的物體等，讓嬰幼兒得以發展這些能力，也予吾人重要啟發。其實嬰幼兒許多的動作發展，都得之於父母或照顧者的支持，吾人常見父母以各種姿勢與嬰幼兒互動，就是明證。例如讓嬰幼兒趴著肚子頭部上仰，並以玩具吸引他拿取；讓嬰幼兒仰臥，並以手將其上身拉起或助其側翻；將嬰幼兒懷抱著左右搖擺，或向上高舉等。以上這些互

動都讓嬰幼兒顯示高度的歡愉感，在這樣親密的互動與支持下，提供了許多動作發展的機會，可見任何的發展都是建立在親密關係的基礎之上。

二、體能動作發展領域之教保原則

　　綜合上述，嬰幼兒體能動作的發展是由上而下、由中而外、由大肌肉至小肌肉，此漸進發展方向可作為協助嬰幼兒動作發展的參照。又嬰幼兒體能動作是以系統的協調方式發展，非個別動作孤立地發展，在動作發展的歷程中，必須經常地練習，以熟稔相互搭配的各項動作技巧。此外，有多種因素影響著嬰幼兒動作的發展，尤其是激發動作的目標（動機）與外在環境的支持等，這些因素都必須建立在嬰幼兒與照顧者的親密關係之上，方有利於體能動作發展。針對動作發展的特性與影響因素，筆者提出以下幾項有益動作發展的教保原則。

（一）在親密關係中以多元姿勢互動並提供練習機會

　　初生嬰幼兒從會抬頭撐起上半身，經翻身、坐起、爬行、走路，到能跑步、上下樓梯等，此期間各個動作能力逐次發展並彼此相依搭配，共同影響著下一個動作發展，所以每一個動作發展都很重要，都需要練習的機會。吾人常見父母以各種姿勢與嬰幼兒歡愉地互動，提供了許多動作發展的機會。例如成人坐著，手拉著站在其腿上、身體外傾的嬰幼兒；成人仰臥四肢朝上，平行對視地撐起嬰幼兒身體；成人手腳著地撐起有如山洞的弓形姿勢，讓嬰幼兒來回地穿梭爬行；嬰幼兒仰臥，成人拉起其上半身舞動著；嬰幼兒爬行，成人拉起其雙腿，使其以手代腳撐著或前行等。

　　在托嬰機構，吾人也樂見托育人員能提供多元姿勢的互動與動作練習機會，例如或站或坐地變換懷抱姿勢（如橫抱搖擺、豎抱舉

高），以玩偶吸引趴著的嬰幼兒爬行撈取，舞動著仰臥的嬰幼兒四肢，側翻仰臥的嬰幼兒助其翻身等。對於較大的學步兒也要在安全無虞的狀況下，以多元姿勢互動並提供不同空間層次與動作的練習機會，例如行進中蹲下撿物、扶著櫃架前行取物、鑽爬蛇籠、扶走階梯或坡道、拉手一起律動、玩滾接球遊戲、踢球與追著球跑等，而成人則順應與配合嬰幼兒的空間高低不同的動作、姿勢，在旁予以鷹架支持。有如第四章各領域活動的「球真好玩！」，成人與嬰幼兒一起滾、接、踢、追、撿球等，涉及不同的動作、姿勢。

（二）提供安全、適度開放的環境與合宜的挑戰

嬰幼兒的動作技能在進進退退中發展著，常出其不意地就會前後蹭動、翻滾，尤其是小年齡段的嬰幼兒，因此托育人員要特別關注小床、尿布檯上的安全。又嬰幼兒必須經常練習與鞏固爬、走、跑、跳等動作技巧，如爬行取物、扶櫃前行、拖拉玩具走著、追著球跑等，因此體能動作發展的先決條件是具有安全、適度開放的環境，可讓嬰幼兒盡情地練習這些動作技巧，又不致於迷失於太開放的環境中。例如地板上沒有導致跌倒的翹起邊角，櫃體平穩固著於地面或牆邊，空間中沒有可能牽絆或纏繞的窗簾拉繩或懸線，地面上沒有引發誤食的細小物件如珠子等。有時太大、過於開放的空間會誘發奔跑、撒潑、太過自由的行為，或是產生感覺上渺小的懼怕、孤寂感。值得注意的是，安全也包含健康層面，因此，環境空間與玩教具的清潔與消毒、空氣的流通與清淨，特別顯得重要。

很重要的是，這適度開放空間也要具備一些挑戰性，讓嬰幼兒有機會延伸自己的動作技能，發展潛在能力。挑戰性的空間包含層次性設計，如空間硬體有高低落差的平台或階梯設計，當然也可借助能自由移動的學步梯橋（有少數階梯、平台和／或滑梯的梯橋結構）（圖

◯ 圖 2-2-1a.　學步梯橋
　　　　　　　（園田嘉托嬰中心）

2-2-1a）、攀爬架體（有階梯或網格的攀爬結構體）、可組合造型的大型積木式體能遊具（圖 2-2-1b、圖 2-2-1c）等。而有時障礙路徑的遊戲設計也是一種挑戰，即遊戲路徑中刻意置有低矮平衡木或平台、鑽龍隧道、階梯或攀爬網架等不同空間層次的障礙物，讓嬰幼兒運用各種動作技能通過。不過這些挑戰要是合宜的，在嬰幼兒近側發展區間的，而且托育人員必須在旁提供合適的鷹架支持。第四章各領域活動的「來找狗兒玩」，就是運用不同空間層次、動作的挑戰性遊戲活動。

◯ 圖 2-2-1b.　大型積木式體能遊具　　◯ 圖 2-2-1c.　大型積木式體能遊具
　　　　　　　（新竹縣托嬰中心）　　　　　　　　　　　（新竹縣托嬰中心）

（三）具備大、小肌肉發展的遊具與玩具

　　首先對於小年齡段的嬰兒，保育室裡具有可清潔的運動地墊很重要，可供趴肚與仰臥時間蹭動、翻身、爬行之用，有益強化軀幹與四肢力量；亦可供較大嬰幼兒練習走動、蹲下撿物、轉身、跑步等動作，有利增進大肢體發展。其次，除上述的扶手梯橋、攀爬架體外，托育人員可依嬰幼兒能力，將可組合造型的大型積木式體能遊具，組合成山洞、階梯、獨木橋、斜坡，甚至是城堡、堡壘等，不僅增加遊戲的趣味性，而且可增進平衡能力、肌力與各種動作技巧。此外，可置於室內或戶外可推拉的學步拉車、學步推車，可騎乘的滑步車等（圖 2-2-2a），以及供操作的大型球體、大型積木（如大泡棉積木、紙質盒狀積木、圖 2-1-1a 與圖 2-1-1b 的大樂高積木等），皆對大肌肉發展有所幫助。

◉ 圖 2-2-2a.　學步拉推車、滑步車等（潭美托育家園）

　　至於小肌肉發展的玩教具也很多，例如可促進手眼協調的小嬰兒運動架（上有懸吊拉環、按鈕、齒輪，供嬰幼兒抓握、按壓、轉動等），能抓握且能舔咬的固齒玩具或手搖鈴，可穿針引線的大串珠，需瞄準的套環或套杯玩具，可隨軌道彎曲而撥動的撥珠台，會彈跳或

滾動的多樣球類（如抓握軟皮球、觸覺球、海灘球、球池中小球、洞洞球、一般皮球等），可敲打的釘錘組，可按壓或敲打的小樂器，可堆疊、鑲嵌或具磁性的各式積木，可拼組或配對的拼圖、立體拼圖與形狀積木配對嵌盒，可揉捏塑形的各式黏土和麵團等，不勝枚舉（圖 2-2-2b 至圖 2-2-2g）。當然以上的玩教具與遊具一定要是安全、具有品質保證與適性的。

◯ 圖 2-2-2b.　小肌肉操作教具
　　　　　　　（建國托育中心）

◯ 圖 2-2-2c.　小肌肉操作教具
　　　　　　　（建國托育中心）

◯ 圖 2-2-2d.　小肌肉操作教具
　　　　　　　（建國托育中心）

◯ 圖 2-2-2e.　小肌肉操作教具
　　　　　　　（建國托育中心）

○ 圖 2-2-2f.　小肌肉操作教具
　　　　　　　（建國托育中心）

○ 圖 2-2-2g.　小肌肉操作教具
　　　　　　　（建國托育中心）

（四）重視每日戶外時間

　　嬰幼兒每日都需有外出甚或接觸大自然的機會，即使是小嬰兒也可以坐著推車出去，在托育中心周邊兜風或散步，到附近公園倘佯或駐足，或僅在托育中心戶外遊戲場休憩或遊戲皆可（圖 2-2-3a 至圖 2-2-3d）。戶外時間可在大自然下呼吸著新鮮空氣，漫步於花草樹林間，於草地爬行、學步、跑步，騎乘三輪車或滑步車、拖拉手推車，攀爬低矮的遊戲結構等，不僅對身體健康、大肌肉發展很有幫助，而且可接觸風、雨、太陽、雲、樹、花、沙、水、鳥、昆蟲等大自然現象與動植物，以及松果、石頭、木頭等可鋪排與造型的「附加零件」（loose parts），對認知、創造力發展亦頗有助益（Wittmer & Petersen, 2018）。更重要的是，從小與大自然接觸，可藉對大自然的享受、欣賞，從中發現人、動物與植物其實是相互關聯的，因而喚醒愛護自然之心與環境保護意識（Honig, 2015）。此外，與大自然相處經驗，是

○ 圖 2-2-3a. 戶外兜風
　　　　　　（潭美托育家園）

○ 圖 2-2-3b. 到社區中庭
　　　　　　（明倫托嬰中心）

○ 圖 2-2-3c. 社區前花園俏佯
　　　　　　（愛空間托嬰中心）

○ 圖 2-2-3d. 社區前花園俏佯
　　　　　　（愛空間托嬰中心）

托育人員與嬰幼兒營造「共同關注」時刻的大好機會，可進行回應性互動，非常裨益於嬰幼兒的語文發展（如第四章「尋花問草」活動）。

（五）強調生活自理技能

　　生活自理技能如自行進食（圖 2-2-4a、圖 2-2-4b）、穿脫衣物、潔牙、清潔、如廁、收拾等，涉及較多小肌肉的運用與發展，在生活中培養最為自然與適切。生活能夠自行處理，可增加嬰幼兒的自信，因此從 1 歲前就要開始與日俱增地培養，及早於保育作息各時段自然與持續地練習與精進，如點心用餐前後的洗手與清潔、外出去回的穿脫衣鞋、如廁的穿脫與清潔等。有關生活自理的小肌肉能力也可透過區角中手眼協調相關教具，加以練習或增進，如扣鈕釦、拉拉鍊的衣飾框，串珠、套套杯、舀豆等操作性玩教具；甚至可於遊戲時間安排小肌肉活動，以增強之，例如「我是點心師傅」的黏土（麵團）塑形活動，「彩糊繽紛」的彩糊作畫活動，「戳戳插插」的手眼協調手指活動（請參見第四章各領域活動）。不過在生活自理能力的培養過程中，托育人員除需具愛心、耐心與溫和堅持的態度外，提供合宜的鷹架支持，也是必要的。

⭘ 圖 2-2-4a.　生活自理能力：自行進食（約 1.5 至 2 歲）（園區托嬰中心）

⭘ 圖 2-2-4b.　生活自理能力：自行進食（約 1.5 至 2 歲）（園區托嬰中心）

（六）鼓勵自由探索並適度地激發引導

　　當嬰幼兒會趴肚蹭動或翻身後，就會試圖以連續蹭動或翻滾來移動自己；當會爬動後，就會四處爬行探索環境；當會扶走後，更是會設法在空間中找尋可扶物體移動身軀。而探索環境是嬰幼兒認識世界的很重要方式，所以只要在安全、適度開放並有豐富設施或玩教具的環境下，宜盡量允許並鼓勵嬰幼兒自由探索，一方面有益認知發展，一方面有助體能動作發展；也就是說我們要把嬰幼兒運用他的身體，視為積極學習的機會（Wittmer & Petersen, 2018），其實這也是動態系統理論所認為的環境支持。另外此理論也重視目標動機，所以適度地引起嬰幼兒動機也很重要，例如對於正在發展翻身或爬行技能的嬰幼兒，可以運用玩偶或玩具，放在他的身旁試圖引起注意，以引發翻身、蹭動、爬行取物動作。職是之故，環境安排也需具有一些挑戰性，或設計挑戰性肢體活動，以激發並延伸嬰幼兒的能力；不過嬰幼兒的身體與動作能力日益變化，托育人員必須隨時關注嬰幼兒的發展狀況，給予合宜的鷹架支持。

第三節　認知領域發展概況與教保原則

　　本節分為兩個部分，先是探討認知領域的發展概況，再提出相對應的教保原則。而在探討認知領域的發展概況時，將針對發展的趨勢或方向、發展的影響因素，加以敘述，以作為提出相對應教保原則之依據。

一、認知領域之發展概況

（一）發展的趨勢

　　「物體恆存」（object permanence）概念是認知發展的重要指標，初始嬰兒不具有物體恆存概念，當玩具蓋上一塊布時，他並不會去找，因為他認為該玩具不再存在了，只有他看得到或摸得到的東西才存在，這就是躲貓貓遊戲讓嬰兒特別興奮的原因，因為不再存在的物體又活生生地出現在他眼前了。而約 8 個月後的嬰幼兒開始出現有意圖性的行為，例如在近 1 歲嬰幼兒面前蓋上玩具時，他會將蓋上的東西推開以抓出玩具；或是當著他面前取走玩具時，他會在原處尋找，初步建立物體恆存概念，但還是不完整的概念。

　　有意圖的行為出現後，約 1 歲以上嬰幼兒開始會以物體做「實驗」，以探索答案或解決問題，例如球從桌上掉下會彈跳，於是將手搖鈴也從桌上推下，觀察其是否會彈跳。而快到 2 歲時嬰幼兒進入心理「表徵」的階段，能象徵性地表達想像中的東西，如以圓柱體積木假裝奶瓶，開始出現假扮遊戲或象徵遊戲。也因為以上實驗與表徵能力的發展，使嬰幼兒約在 2 歲時得以建立完整的物體恆存概念，能到好幾個地點去尋找離開視線時被移走的玩具，亦即即使看不到物體，他們還是認為物體是持續存在的，可以說具備物體恆存概念是人生階段的一個重大成就。由於這個階段不斷地以不同的行動來試驗，因此能理解簡單的因果關係與做出預測，例如將球滾向沙發方向，他會爬到沙發底下去尋找球。

　　2 歲以後的嬰幼兒由於身體更能自由地移動探索，而且伴隨著語言的逐漸發展，在認知上則進步許多；約 2 歲半左右非常喜歡問為什麼，且連番詢問，常令成人無法回答，不過其邏輯思考基本上較受直

觀經驗的影響，較從自我觀點來看待世界。例如 2、3 歲以上幼兒基本上不具有「保留」概念，外在形狀改變就無法保留事物的不變性，如將圓球狀的黏土搓成香腸狀，就不再認為是同一個東西；又如持「泛靈觀」——自然界事物都具有生命或意識的，如被大型遊具絆倒時，會生氣地打它；再如混淆時間與空間地點，即將時間與特定空間地點連結，如在餐桌上吃水果點心就是早上點心時間，躺在小床墊上就是午休中午時間等。

　　從假扮遊戲的角度來看，2 至 3 歲嬰幼兒最重大的改變是心理表徵的進展，Berk（2013）指出，2 至 3 歲嬰幼兒與 1 歲半的嬰幼兒在扮演遊戲上有三大不同之處，這也可看出孩子在認知發展上的重大變化：(1)具有物品或情境取代的能力——較有彈性地運用物體或情境去扮演，不受限於該物品真正用途或特定情境，如長條積木可以是手機、蛋糕或警棍，或將計時器撥響假裝是火警發生；(2)逐漸遠離自我中心——從開始餵自己吃飯進化到餵小熊填充娃娃吃飯，到 3 歲時會讓小熊自己餵食；(3)情節日趨複雜並走向社會戲劇遊戲——1 歲半嬰幼兒還不會結合兩個不同動作或情節，如將吃飯與喝果汁結合，2 歲左右就開始進入社會戲劇遊戲（sociodramatic play），不同動作與遊戲情節愈來愈能結合，也愈趨複雜，並且逐漸與同儕合作扮演。然而高階的社會戲劇遊戲要到 3、4 歲之後才能出現。表 2-3-1 是嬰幼兒認知發展趨勢表。

● 表 2-3-1　嬰幼兒認知發展趨勢

0至1歲	1至2歲	2至3歲
★完全無物體概念→初步形成物體恆存	★不完整的物體恆存概念→完整物體恆存概念	
★無意圖→有意圖行為	★能以實驗驗證想法（1歲開始）	
	★開始出現象徵性表達（2歲前）	★由戲劇遊戲開始走向社會性戲劇遊戲
		★受直觀經驗影響常以自我中心看待世界，如具泛靈觀、無保留概念等

註：「→」符號代表發展方向或趨勢，即往「→」右邊文字的方向發展。資料整理自多元文獻。

（二）發展的影響因素

　　嬰幼兒認知的發展是由簡單思維、無意圖行為，經有意圖行為、心理表徵，到完整的物體恆存概念與複雜思維。又我們都是在社會文化中經由與人互動、共構而成長發展的，亦即人類心智是緣起於社會的；在另一方面，因為嬰幼兒有近側發展區間存在，需要成人或同儕為其搭建鷹架，以助其發展與學習，所以身為托育人員，建立關愛、支持的學習社群，對嬰幼兒的發展顯得特別重要。的確，對非常小的嬰幼兒而言，幾乎所有的事情都是在與成人關係中學習的（Wittmer & Petersen, 2018）；會爬、走的嬰幼兒在與成人關係中感覺信任與舒適時，就會開始探索環境──將熟悉、關愛的照顧者或是運用依附關係，作為對外探索的安全基地，緊待照顧者附近並不時回頭看著，或

探索完回到情感連結的安全基地懷抱中（Berk, 2013; Copple & Brede-kamp, 2009; Wittmer & Petersen, 2018）。而在持續遊戲／探索下得以認識世界，帶來認知等各方面發展，所以促進認知發展的先決條件是建立依附關係（Gonzalez-Mena & Eyer, 2018），在關愛的學習社群中遊戲／探索，並且不時地被成人鷹架支持著。

　　此外也是很重要的，嬰兒與學步兒在與成人關係或學習社群中，也靠模仿而學習，模仿可連結自己與他人，具有社會溝通的功能（Meltzoff, 2011）。腦科學研究指出，大腦內的鏡像神經元（mirror neurons），可讓人觀察到他人行為，就能做出相同的行為（Feldman, 2012; Meltzoff, 2011）；即當腦部知覺到另一個人的行動，另一部分腦會運作以產生相同的行動或表徵行動，如果肌肉控制力夠的話，就給予嬰幼兒模仿的能力，這是與他人連結及學習的最有力程序（Wittmer & Petersen, 2018）。例如當母親張開嘴巴並搖著頭逗弄嬰幼兒後，沒多久嬰幼兒也跟著張開嘴巴並搖著頭，可以說模仿也是嬰幼兒主要的學習方式，所以在探討如何協助嬰幼兒認知發展時，托育人員善用嬰幼兒的模仿能力，也很重要。而嬰幼兒模仿的基礎，是照顧者與嬰幼兒間所建立的親密關係，綜言之，親密關係是嬰幼兒對外探索的安全堡壘及安全感與信心的來源，也是認識世界、認知得以發展的主要方式，照顧者與嬰幼兒間建立關係，特別顯得重要。

二、認知發展領域之教保原則

　　綜上所述，嬰幼兒認知的發展是由簡單思考、無意圖行為，到能驗證、心理表徵的複雜思考，是一個漸進的歷程。至於具有潛能的嬰幼兒發展與學習，則深受社會文化的影響，其心智緣起於社會；又親密關係是嬰幼兒對外探索的安全堡壘，認知得以發展的主要方式，所以讓嬰幼兒在關愛的社群情境中遊戲／探索，托育人員在親密關係中

予以鷹架支持，並且善用其模仿能力與提供適度練習，對嬰幼兒認知發展至關重要。針對認知發展的特性與影響因素，筆者提出以下幾項有利認知發展的教保原則。

（一）與嬰幼兒親密互動以為對外探索安全來源

促進嬰幼兒認知發展的第一項教保原則就是，與嬰幼兒親密互動以建立關係，使其感到安全、安心地對外探索，其實嬰幼兒所有領域的發展，都是源於與照顧者的情感連結關係，它是嬰幼兒發展的平台與進一步發展的跳板，故而不得小覷。而親密關係的建立管道是與嬰幼兒一來一往，以愛進行回應性互動，是在托育人員敏捷與愉悅回應下，所產生的高度情緒共舞的美好時刻。而隨著嬰幼兒日益成長，在原本建立的具關愛的學習社群裡，讓嬰幼兒在互動與共構中發展，也很重要。

（二）提供吸引投入的遊戲／探索環境並允許自由探索

遊戲可促進嬰幼兒各領域發展，其價值無庸置疑；又環境是足以影響教與學的第三位教師（Edwards et al., 2012），所以托育人員宜準備足以吸引嬰幼兒投入的遊戲／探索環境，包含戶內、戶外環境。這遊戲／探索環境在安全、健康的必要考量下，也要營造如家般的溫馨氛圍與美感，而關鍵是要有多元區角規劃，如體能活動區、繪本戲劇區、玩具操作區、娃娃區等，以及具有適性、有趣且有益思考或創造的玩教具，以吸引嬰幼兒駐足與沉浸。吾人要切記自由探索是嬰幼兒認識世界、認知得以發展的主要方式，所以區角玩教具必須開架陳列，容許嬰幼兒自由遊戲／探索，而不是特定時段經由托育人員拿出才得使用，而且區角自由探索的時段盡量要佔整日課程活動時段的大半。

（三）提供有趣且有益思考或創造的經驗以體驗概念

　　玩教具與教保活動經驗的提供除了適性考量外，最主要的是要有趣且可創造或引發思考，讓嬰幼兒體驗各種概念。舉玩教具為例，拼圖、形狀積木配對嵌盒、序列套杯、彩色串珠、形色幾何片、積木、球類、坡軌、齒輪組、樂器等，都是有趣且又能創造或引發思考，以體驗概念的諸多選擇；這些玩教具多半可以激發嬰幼兒探索，進而理解分類、配對、序列、因果關係、空間關係、物體恆存等認知相關概念，嬰幼兒保育活動室宜設置玩具操作區角（2 歲以下）或益智角（較大嬰幼兒如 2 至 3 歲），提供以上相關教具（圖 2-3-1a 至圖 2-3-1d）。以球與玩球經驗為例（如第四章「球真好玩！」活動），嬰幼兒有機會體驗用手推球與球會滾動的「因果關係」，而且可以運用行動驗證與體驗推動力量愈大，球滾得愈遠的「力學現象」；再且因為球在空間中四處滾動、跳動，嬰幼兒必須運用跑步、蹲下、踮腳、趴下、伸手等動作去撿或撿球，得以體驗不同的「空間關係」與「物體恆存」概念。值得注意的是，通常開放性玩教具較能創意運用，如各式積木、黏土、紙張、小石頭、沙、水等，因此保育活動室宜多提供此類教具。

　　而在戶外環境方面，也有許多有趣且具變化的現象或事物可資遊戲／探索，也有益創造或思考，體驗重要的概念，千萬不要忽略戶外環境的學習價值，宜盡量多安排此方面經驗。其實嬰幼兒對自然界的許多事物都有興趣，例如千奇百種、各不相同的植物（圖 2-3-2a、圖 2-3-2b），經歷風霜洗禮、具特性的小石頭（圖 2-3-2c），沙與水、陽光與影子的照射與移動，可致使物體移動的力量（如風、水的壓力、斜坡等）。有時嬰幼兒會自發疑惑，例如果子裡的小種籽怎麼變成高大的植物？為什麼蝴蝶、蜜蜂總是繞著植物飛動或停在植物上？

◯ 圖 2-3-1a.　玩具操作區教具
（明倫托嬰中心）

◯ 圖 2-3-1b.　玩具操作區教具
（明倫托嬰中心）

◯ 圖 2-3-1c.　玩具操作區教具
（明倫托嬰中心）

◯ 圖 2-3-1d.　玩具操作區教具
（明倫托嬰中心）

為什麼早上大樹的影子在這一邊，到了午睡醒後移到另一邊？如果嬰
幼兒未自發疑惑，則有賴成人稍加提示，以引發思考與進一步的探究
行動。

○ 圖 2-3-2a.　戶外探索經驗
　　　　　　（潭美托育家園）

○ 圖 2-3-2b.　戶外探索經驗
　　　　　　（潭美托育家園）

○ 圖 2-3-2c.　戶外探索經驗（愛空間托嬰中心）

（四）示範有益認知發展的行為以引發模仿

　　嬰幼兒的主要學習方式之一是模仿，托育人員可以善加運用，讓嬰幼兒模仿這些有益認知的行為。例如以肢體語言表現出經常閱讀與喜歡閱讀的行為；遇有疑惑時，在嬰幼兒面前查找資料以解答疑惑；表現好奇心，如說：「怎麼會這樣？我們去看看發生什麼事並且想想

辦法。」故意以行動驗證所想，並說出發生的事與所運用策略如：「奇怪？這塊紅色的拼圖怎麼拼不進去？嗯！這裡是草地，是綠色的，喔！我知道了，要拼綠色的拼圖片，而且還要轉個方向對準尖角。」像這樣適度地示範有益認知發展的解決問題方法，在嬰幼兒日益接觸與模仿能力下，自然形塑其行為。值得注意的是，托育人員的示範也要適度與節制，留有一些空間讓嬰幼兒思考、設法解決問題，也是很重要的。

（五）鼓勵好奇、解答疑惑與解決問題

在每日生活作息與教保課程時段，托育人員宜鼓勵嬰幼兒具好奇心並設法尋求解答；或者是遇到問題時，鼓勵其思考、探究與解決問題。吾人皆知約 1 歲左右，嬰幼兒在好奇心下，開始以行動（實驗）驗證其想法或發現答案，例如將金屬湯匙與塑膠玩具分別從高腳餐椅上往地面丟擲，聽聽發出的聲音有何不同；或是將圓口餐碗往地面推送，看看是否像球一樣地會彈跳。也因為經歷這樣的行動驗證，甚至數次驗證後，才得以發現答案或理解因果關係，所以托育人員宜適度容忍這樣的好奇與驗證行動，甚且於嬰幼兒遊戲／探索中，鼓勵這樣的探究或實驗行為。

有時運用與嬰幼兒心中預期不同的事件或物體，可引發嬰幼兒更加地探索那個物體或事件，就像科學家般更努力地去思考、實驗或改變探究方法，提供了學習的契機（Stahl & Feigenson, 2015），這就是吾人熟知的製造「認知衝突」效果，可激發幼兒思考與探究行為，以解答疑惑（周淑惠，2017，2020，2022），實應善加運用。例如玩手影遊戲時，為什麼成人的手那麼大，投影出來的結果跟嬰幼兒的一樣大或甚至更小？然後在適度提示下，如：「我站得比較靠近布幕，你站在哪裡？」容許嬰幼兒繼續探索投影效果並比較，以發現答案（如

第四章「影子變變變」活動）。此外自小在生活中，培養嬰幼兒解決問題的能力，也很重要，例如嬰幼兒玩齒輪組玩具卡住不轉時，宜鼓勵與引導他找出原因解決問題；再如玩球時，不小心把球滾到櫥櫃下或彈到櫥櫃上，宜激勵與引導他思考要怎麼拿到球，並協助其完成。

（六）鷹架嬰幼兒的遊戲／探索使層次提升

托育人員在嬰幼兒遊戲／探索時，宜搭構引導鷹架，鼓勵以不同方式運用玩教具，玩出深廣度；或是從不同面向思考，激發心智發展。藉由挑戰性的經驗並搭配合宜的鷹架，可讓遊戲層次提高。例如嬰幼兒在木板斜坡滾球時，托育人員提出挑戰，問嬰幼兒要怎麼樣才能讓兩顆同樣的球，滾得比較快？引導嬰幼兒思考如何調整木板？又如在 2 歲前嬰幼兒開始出現象徵性表達時，托育人員宜多提供適性、有趣且有益創造或思考的材料，以供其扮演之用，如回收小紙箱可以在扮演中彈性運用為：客廳餐桌、小房子、嬰兒小床、大帽子、車子、浴缸等，實有益於物品取代能力；而這樣的材料提供搭配著挑戰性任務，讓嬰幼兒思考與解決遊戲中問題，即為材料鷹架（如第四章「紙箱扮家家」活動）。重要的是在嬰幼兒遊戲／探索過程中，托育人員宜以提示、暗示、提問等語文鷹架，甚至示範鷹架來協助嬰幼兒，使其更能以物品取代，或是創造出更複雜的扮演劇情。除了上述的材料鷹架、語文鷹架、示範鷹架外，尚有回溯、同儕、架構等鷹架，托育人員可視遊戲／探索情境所需，善加運用，將於第三章第四節「鷹架嬰幼兒學習之實質作法：核心實踐 IV」闡述這些鷹架。

第四節　語文領域發展概況與教保原則

本節分為兩個部分，先是探討語文領域的發展概況，再提出相對

應的教保原則。而在探討語文領域的發展概況時，將針對發展的趨勢或方向、發展的影響因素，加以論述，以作為提出相對應教保原則之參照。

一、語文領域之發展概況

（一）發展的趨勢

出生嬰兒最早接觸的是照顧者的肢體與語言，當父母或照顧者回應他們的各種需求時，會以明顯誇張的肢體動作，並重複大致相同的話語，如：「餓了嗎？想喝奶奶喔！」「尿布濕啦，不舒服嗎？我們來換尿布喔！」嬰幼兒聽到的就是「接收性語言」，是一個由「不能會意到能夠會意」的歷程。基本上接收性語言是「表達性語言」的基礎，孩子在熟悉情境中日復一日聽到同樣的話，自然地就會會意並有所回應；剛開始是模仿地回應所聽到的語音或音調，其後運用情境線索去猜測不熟悉的字詞，就能慢慢地抓住意思，甚而回應其意義，成為表達性語言。所以接收性語言對嬰幼兒很重要，在平日保育照護中，宜敏銳與關愛地回應嬰幼兒需要並親密互動，即當嬰幼兒還未說話前，就必須與之對話，甚至說故事、唱歌、玩手指謠等。

其次在表達性語言方面，它是由新生兒的無意義發聲、模仿，經字詞逐漸加多的表意，到能造句且越發複雜，可以說是由「簡單發聲至複雜表意」的歷程。大體上嬰幼兒 12 個月前先是發出牙牙學語聲、模仿並發出重複音節如 babababa 或 mamamama，為人父母者欣喜萬分，但其實他的發聲是無意義的；到 12 個月左右開始會說出有意義的字如爸爸、媽媽、抱抱、狗狗等，而且其單字有時是表意一個句子，如抱抱可能是「媽媽抱我」，所以稱之為「單字句期」。約 18 個月以後，知道每件東西都有名稱，喜歡問其名稱，稱為「命名期」，而且

進入有如電報語言的「雙字句期」與「多字句期」；而進入 2 歲後則能說出較完整的句子，稱為「造句期」或「文法期」。到了 2.5 至 3 歲是「好問期」，喜歡問為什麼，且語句變得複雜多了，進入「複句期」……。表 2-4-1 是嬰幼兒語文發展趨勢表。

◯ 表 2-4-1　嬰幼兒語文發展趨勢

0 至 1 歲	1 至 2 歲	2 至 3 歲
★不能會意→逐漸能會意	★→透過情境線索較能會意	
★牙語、模仿重複音節→開始說出有意義字	★單字句期→雙字句期、多字句期（命名期、電報語句期）	★造句期或文法期（較完整句子、使用「你」、「我」、「他」代名詞）→好問期、複句期

註：「→」符號代表發展方向或趨勢，即往「→」右邊文字的方向發展。資料整理自多元文獻。

（二）發展的影響因素

　　嬰幼兒語文的發展是由不能會意到能夠會意，由簡單發聲至複雜表意，至於語文的獲得，目前多數研究支持先天條件與後天環境交互作用的觀點（Berk, 2013）。誠如 Gonzalez-Mena 和 Eyer（2018）針對嬰幼兒的語文發展，指出三個發生作用的因素（即三個英文字母「I」）——嬰幼兒具有一些發展語文的心智能力，先天能力（Innate ability）一定存在，而且必須有以回應性方式與他人互動（Interact）的機會，好讓嬰幼兒得以模仿（Imitate），即先天能力、互動、模仿三個因素關乎嬰幼兒語文的發展。在小嬰兒出生時，照顧的成人在關愛中不斷地回應他的各種需求，例如聽到哭聲，成人會說：「怎麼了？肚子餓了，要喝奶奶？」再如聽到咕咕聲，成人會說：「開心

啦！想起來玩是嗎？」在日復一日重複的類似回應下，嬰幼兒從牙語、模仿說出有意義的字詞，表現雙字句與多字句，最後到能複雜表意。因此，能與嬰幼兒建立親密關係的「回應性互動」，是促進嬰幼兒語言發展很重要的方式。實驗研究證實，當母親在未滿 1 歲嬰幼兒面前經常重複輸入（說著）字詞，嬰幼兒於 2 歲時的詞彙表現較佳（Newman et al., 2015）；又 16 至 18 個月嬰幼兒經常有機會在不同的情境或環境中，聽到與練習相同的物體名稱，相對於很少有機會聽到或練習的對照組嬰幼兒，他們學習語詞要來得快（Gershkoff-Stowe & Hahn, 2007）。職是之故，對於嬰幼兒語言學習，經常有機會聽到語詞，以及有機會模仿、練習，顯得很重要，也反映照顧者充滿愛心的「回應性互動」的必要性。

二、語文發展領域之教保原則

綜合上述，從嬰幼兒語文發展方向觀之，從个能會意、逐漸會意，經單、雙字表意，到複雜表意的漸進發展趨勢，顯示接收性語言是表達性語文的基礎，在語文發展上非常重要的啟示是：在嬰幼兒還不會說話時就要與之對話，充分運用日常時刻以肢體及語言回應互動，激發其會意及試圖說話。再從語文發展交互作用觀點言，先天能力、互動與模仿皆有一定作用；歸根究底，在愛中回應性互動，讓嬰幼兒在多聽後得以模仿、練習，對嬰幼兒語文發展至關重要，同時也能與嬰幼兒建立親密關係。針對以上語文發展的特性與影響因素，筆者提出幾項有利語文發展的教保原則。

（一）在親密關係中運用回應性互動技巧

以愛回應性互動是嬰幼兒語言得以發展的主要成因，在平日作息中，有三項實用的小技巧可資運用。第一項技巧是運用「共同關注」

時刻，所謂共同關注（joint attention）係指，托育人員與嬰幼兒同時注意相同的物體或事件，並以語言談論或標示當下的狀況，這樣的共享注意情境，將語詞與物體或事件連結在一起，可促進嬰幼兒的語言發展（Adamson et al., 2004; Berk, 2013; Wittmer & Petersen, 2018）。例如嬰幼兒自行進食的保育作息情境、把玩新玩具的遊戲／探索情境、被圖片吸引的繪本共讀情境、玩手指謠隨謠舞動的歡樂情境、戶外散步巧遇蝴蝶或慶生會的新鮮好奇情境等，都是可以共同關注的情境。第二項技巧是在啟動共同關注後，宜運用注視、肢體接觸、提問、說明等方式持續互動，以引發嬰幼兒回應共舞，即使嬰幼兒還不會說話，仍與其說話互動，嬰幼兒會從托育人員的肢體語言與情境線索中尋求意義，終能逐漸會意。至於第三項技巧是誇讚、鼓勵嬰幼兒的口語表現，並順勢延伸或擴展其語詞，如嬰幼兒指著狗說「狗」，可延伸為：「對！是黑色的狗」或「很棒喔！狗在睡覺！」而以上這三項技巧都必須建立在托育人員與嬰幼兒情感連結的親密關係中。

（二）創設語文豐富的情境

創設語文豐富的情境，可激發嬰幼兒語文的發展，共有兩種作法。

1. 自然地示範語文溝通

此乃意指托育人員在生活中因著溝通需求所致，在嬰幼兒面前自然地示範語文的聽說讀寫，使其了解語文的有效溝通作用。例如當要帶嬰幼兒外出散步前，留守的助理托育人員正在電話上與家長溝通，所以托育人員配合肢體語言告訴嬰幼兒：「秀琪老師正在跟小傑的媽媽講電話，這樣小傑媽媽就會知道今天小傑不舒服，早點來接他回家。現在我要寫字條告訴秀琪老師我們大約什麼時候回來，還有我們回來後要用的東西，讓她可以先準備。」於是當著嬰幼兒的面寫著字

條，並將寫好的字條拿給嬰幼兒觀看；而在嬰幼兒返回時，可請秀琪老師指著字條與顯示準備好的東西，讓嬰幼兒理解語文的溝通作用。再如在拆開新玩具時，先閱讀新玩具的說明書，然後指著說明書告訴嬰幼兒，上面寫著可以怎麼玩，也能加深嬰幼兒對語文溝通功能的理解。

2. 充滿環境文字

讓托育中心的環境中充滿環境文字，也是創設豐富語文環境的重要作法。例如區角名稱標示、教具歸位圖像與標示、個別嬰幼兒名字、張貼照片上的文字說明、班級（如小白兔的家）成員海報、路線指示牌、托育中心招牌等；此外繪本故事區充滿各式繪本並開架陳列，也可成為環境文字的一部分（圖 2-4-1a、圖 2-4-1b），尤其是配合主題課程相關概念的繪本。重要的是，托育人員在合適時機要抱（帶）著嬰幼兒在各種環境文字前，閱讀與談論這些文字是什麼意思，讓嬰幼兒意會文字的溝通作用。

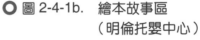

○ 圖 2-4-1a.　繪本故事區　　　　○ 圖 2-4-1b.　繪本故事區
　　　　　　　（愛空間托嬰中心）　　　　　　　（明倫托嬰中心）

（三）保育作息情境中回應互動

　　生活中例行保育作息時段是回應互動的大好時機，有如第三章第二節所舉「保育作息即課程」例子中，蘊儀托育人員帶著姍姍洗手的例子，充滿親密對話與回應互動，其他的保育作息時間如換尿布、自行進食等都可進行回應性互動。再如午餐前當君君見到第一天來上班送餐的廚房阿姨時，跌跌撞撞地撲向托育人員，托育人員抓住這個共同關注時刻，即刻抱起她輕聲安慰著，並指著阿姨與調理台上飯菜重複地說著：「她是做這些飯菜的阿姨喔！阿姨把好吃的飯菜送來了。」、「我們要吃飯囉！要謝謝阿姨喔！」君君望著飯菜，也怯生生地看了一眼阿姨，並咿呀地發出聲音，托育人員又說：「對！是阿姨，要謝謝阿姨喔！」以上現象顯示君君與托育人員間的親密關係，以及托育人員在親密關係中回應互動。

　　如上所述，在共同關注時刻，托育人員如果能運用注視、肢體接觸、提問、說明等方式持續互動著，以期引發嬰幼兒的回應，那是最好不過了，只要嬰幼兒發出聲音或吐出一字或語詞，甚或做出某種肢體動作，托育人員則再回應，就會有一來一往的對話共舞效果。如果托育人員進一步能將嬰幼兒所吐的字或聲，伴隨誇讚下加以延伸或擴展，在逐漸累積下，對嬰幼兒的語文能力將會有所進步。例如上述廚房阿姨送餐的共同關注情境，在托育人員安慰君君與說明後，君君伸出小手指著調理台上的飯菜說：「飯！飯！」托育人員立即回應道：「對！好棒喔！那是飯！要吃飯了！吃飯了！」托育人員指著阿姨配合著揮手又說：「你看！阿姨要走了，說掰掰！阿姨掰掰！」君君望著阿姨，張著嘴巴輕輕吐出掰聲，也揮動一下小手……。

（四）遊戲／探索情境中回應互動

　　其實只要在嬰幼兒遊戲／探索時描述當下所發生的事，就能發生共同關注效果。例如當嬰幼兒在區角玩拼圖時，托育人員指著正在拼的拼圖說：「達達一個人在玩動物立體拼圖喔！嗯，好棒！身體已經拼出來了，還有頭喔，加油！」這樣的互動能將特定語詞和嬰幼兒的操作行動連結，讓語詞是鮮活富有意義的。至於在嬰幼兒遊戲／探索中回應互動的機會很多，最容易運用的是在繪本共讀中的回應互動與歌謠樂舞中的回應互動。

1. 繪本共讀中回應互動

　　研究指出，當成人與 2、3 歲嬰幼兒共讀時，使用積極回饋、正向激勵和提問策略，嬰幼兒則更有可能做出回應（Fletcher & Finch, 2015）。繪本共讀情境是一個很棒的共同關注時刻，因為嬰幼兒與托育人員依偎著或圍坐，充滿溫馨、輕鬆氛圍，很容易激發回應共舞與富有延伸擴展機會。因此，當嬰幼兒指著繪本上貓的圖片說著貓、貓時，托育人員可以配合手勢延伸成：「嗯，是的，是貓，好棒喔！是胖胖的貓、大大的貓。」或擴展成：「胖胖的貓在睡覺。」托育人員也可改以問句方式互動，如：「胖胖的貓現在在做什麼呢？」以邀請嬰幼兒回應。有些繪本帶有操作成分，自然地增加回應互動機會，或者是充滿重複的語詞，可讓嬰幼兒口語參與，激活回應互動成效（如第四章「動物與叫聲」活動）。其次也很重要的是，當嬰幼兒指著圖片時，托育人員也可順勢指著對應的文字，如上述的貓在地毯上睡覺圖片對應著貓在睡覺的文字，讓嬰幼兒知道圖片上的事物，也可以用文字來表示，以了解文字具溝通作用，為未來閱讀鋪路。

2. 歌謠樂舞中回應互動

運用歌謠愉悅時光進行回應性互動，可製造共同關注時刻，增進語文發展。歌聲具有規律節奏與旋律，能抑制憂傷情緒，嬰幼兒可平靜較久（Corbeil et al., 2015）；又唱歌提供發聲練習，而且也沉浸在歌曲的結構、節奏、韻律中，具有促進大腦發育、增加詞彙量和促進未來學業成功的功效（Cooper, 2010）。職是之故，提供歌聲或一起唱歌，對嬰幼兒的語文發展與情緒調節能力，頗為重要。第四章各領域活動中的「合攏張開」、「身體部位玩遊戲」活動，就是運用手指謠、歌謠讓嬰幼兒學到身體部位，而且在互動中也有語詞延伸擴展的機會，如摸摸你的頭、踢踢你的腳，甚或改編歌詞（替換其他身體部位）機會。建議平日多播放兒歌音樂，嬰幼兒重複地聽著，在耳熟能詳後也能模仿跟著唱和、舞動身軀部位；甚至可一起簡單地改編歌詞，這其中有許多共同關注的機會，讓回應持續共舞與延伸擴展，促進語文能力。

（五）新鮮好奇情境中回應互動

在托育情境中，新鮮足以引發好奇的情境，最容易營造共同關注時刻。例如更換或調整環境布置，像是沙發與餐桌位置調整、新掛上的畫、新鋪上的桌布、不同的盆花或新貼上的春聯；更換新的玩教具、繪本、說故事玩偶；在戶外增加新遊具、軟墊鋪排的障礙步道等。托育人員可藉機請嬰幼兒指認環境中的事物：「花在哪裡？」、「和昨天的花有什麼不一樣？」、「畫在哪裡？」、「畫裡面有什麼東西？」在嬰幼兒指認或發聲回答後，則加以延伸擴張，如「紅色的花」、「美麗的花」、「我們坐在沙發上」等。再如變動例行事項或活動，也可營造共同關注時刻，像是一改平日散步路線，到不常去的

公園遊逛；進行充滿氣球與好吃食物的慶生會；邀請說布偶專家到托育中心說故事等。適度地營造新鮮情境，會有意想不到的效果，當然托育人員要善用此時刻，激發嬰幼兒的回應共舞，或者是進一步延伸擴展嬰幼兒發出的聲音、字詞或肢體語言。

（六）適度鷹架支持以延伸語文發展

在以上各項情境，為了要激起嬰幼兒的回應共舞，甚或延伸擴展語詞，其實就形成一種挑戰性情境；托育人員可以適度地運用鷹架以引導嬰幼兒，使其語文能力得以向前延伸。例如在歌謠樂舞回應互動中，托育人員可以提議改編手指謠、歌謠的詞句，提出暗示或明白提示，甚或稍加示範一小段後，請嬰幼兒模仿或接續延伸，以促進嬰幼兒語文發展。實驗研究證實，與 1 歲半、2 歲半與 3 歲半嬰幼兒使用多樣與較複雜的字彙及描述性語詞，於一年後孩子的字彙進步了（Rowe, 2012），所以在嬰幼兒語言發展過程中，延伸、擴展與鷹架都是必要的。再如在繪本共讀情境回應互動中，托育人員可以於共讀過程中提問嬰幼兒，諸如已讀的發生事項？出現的人物或動物？請嬰幼兒「預測」接下來會發生什麼事？並於結束時詢問幼兒有什麼「感覺」？這個過程中都需要為嬰幼兒搭建合宜的鷹架，例如暗示部分情節或訊息，適度示範感覺用語，提出預測的可能結果的選項等。

第五節　嬰幼兒發展與教保結論

第一節至第四節分別探討四個領域的發展概況與相對應的教保原則，這是個體發展橫的面向；此外，托育人員於從事教保實踐時，也要關注嬰幼兒現在是處於哪一個發展階段，思考這個階段有什麼特性，即個體發展直的面向，方能給予符應該階段發展焦點與需求的合

宜教保。果若如此，才能完全掌握嬰幼兒的發展面貌，俾利嬰幼兒全
面發展與教保實踐落實。故而本節首先探討各階段發展焦點與相對應
教保原則；其次則綜合及分析四大領域的發展概況與教保原則，試圖
找出規律或共通性，以利教保課程之具體實施。

一、各階段發展焦點與教保原則

　　能否在空間中移動軀體與自我意識是發展上的大躍進，所以以此
為階段劃分依據，探討出生至 8 個月（會移動軀體前）、9 至 18 個月
（學步期），及 19 至 36 個月（自我意識高漲）三個發展階段的發展
或需求。此三階段的每一階段都有焦點需求亟待滿足，也建立在前一
階段需求滿足與發展之上（Copple & Bredekamp, 2009; Copple et al.,
2013）。

（一）出生至 8 個月階段

　　出生至 8 個月嬰幼兒的發展焦點在尋求心理安全感和信任。對於
不會自行移動身體的小嬰兒，滿足生理與心理需求是特別的迫切，例
如肚子餓了需要有人餵，尿布濕了需要有人換掉，寂寞、害怕時需要
有人撫慰或陪伴。可以說與照顧者建立親密關係，在關愛與可預期氛
圍中成長是最主要的需求，尋求安全與信任感是發展上的焦點。職是
之故，出生至 8 個月階段的教保重點在於：建立照顧者嬰幼兒間親密
情感連結的依附關係，讓嬰幼兒在愛中充分滋養，滿足生理、心理各
樣需求，為情緒社會與其他各項發展奠基。

（二）9 至 18 個月階段

　　9 至 18 個月會行動的嬰幼兒雖然持續尋求安全與信任感，然而其
發展焦點在於熱切地投入環境中探索。8 個月後能爬行，接著開始會

走的嬰幼兒，運用著多元感官與肢體到處遊蕩、探索周遭世界，例如撿拾地上小東西往嘴裡嘗，聽著、注視著環境中的動靜，敲打、丟擲、推拉、按壓物品看它有何反應，攜帶玩具走著、玩著。這一切都在試圖理解世界與建構知識，是發展上的主要需求與任務。職是之故，9 至 18 個月階段的教保重點在於：珍視自由探索的重要性，提供安全、適度開放的環境，與有趣且有益思考或創造的玩教具，以供嬰幼兒盡情遊戲／探索，進而促其建構知識與理解世界。

（三）19 至 36 個月階段

19 至 36 個月的嬰幼兒雖然持續熱切於探索與尋求安全感，然而其發展焦點在於表達想法，積極尋求自我認同，我們常聽到嬰幼兒發出「不要！」、「我的！」、「我要！」聲音，即為此階段的最佳寫照。表達想法、積極尋求自我認同是發展上的主要需求與任務，成人合宜地協助其表達、尋求自我，對於發展是很重要的。職是之故，19 至 36 個月階段的教保重點在於：營造尊重與愛的氛圍的回應性關係，讓嬰幼兒適當地表達想法或抒發情緒，但也適時地解釋常規、限制與要求的原因，在關愛、尊重中溫和而堅持地執行常規或生活自理事項。

二、各發展領域教保原則綜論

嬰幼兒的發展是漸進的，是朝更複雜的方向發展，是可預期的。嬰幼兒是在社會文化中與人互動而發展的，尤其是在與照顧者情感連結的親密關係中成長，所以與照顧者的親密關係是嬰幼兒各領域發展的培養皿或基礎。又嬰幼兒主要是以遊戲／探索的方式來認識世界與學習，但是也會運用其他多元方法──模仿、練習等，例如表達性語言開始時多半是模仿而來的，體能動作則依賴許多的練習。而在嬰幼兒探索、遊戲與學習中，成人的支持引導或搭建鷹架則扮演舉足輕重的角色。筆者綜合與分析四個領域的教保原則，如表 2-5-1 所示。

● 表 2-5-1　各發展領域教保原則之綜合與分析

領域 領域共通與特性原則		情緒社會領域	體能動作領域	認知領域	語文領域
以遊戲／探索為主 模仿、練習為輔	與嬰幼兒 建立關係	以愛敏捷與愉悅地 回應及互動	在親密關係中以多 元姿勢互動並提供 練習機會	與嬰幼兒親密互動 以為對外探索安全 來源	在親密關係中運用 回應性互動技巧
	規劃環境	創設可抒發情緒的 情境	提供安全、適度開 放的環境與合宜的 挑戰	提供吸引投入的遊 戲／探索環境並允 許自由探索	創設語文豐富的情 境
	搭建鷹架	鼓勵與引導解決社 會衝突	鼓勵自由探索並適 度地激發引導	鷹架嬰幼兒的遊戲 ／探索使層次提升	適度鷹架支持以延 伸語文發展
	領域特性 原則	示範與協助調節情 緒	具備大、小肌肉發 展的遊具與玩具	提供有趣且有益思 考或創造的經驗以 體驗概念	保育作息情境中回 應互動
		安排與人發生關聯 經驗	重視每日戶外時間	示範有益認知發展 的行為以引發模仿	遊戲／探索情境中 回應互動
		鼓勵與示範利社會 行為	強調生活自理技能	鼓勵好奇、解答疑 惑與解決問題	新鮮好奇情境中回 應互動

　　表 2-5-1 的分析顯示這些教保原則可分為兩類：領域共通原則與領域特性原則。領域共通原則有三項：(1)與嬰幼兒建立關係——與嬰幼兒形成關係是各領域發展的基礎，四個領域的發展都以此為孕育平台或跳板，而在愛中回應性互動則是建立關係的關鍵；(2)規劃環境——創設或提供領域相關遊戲／探索環境及玩教具，是各領域發展所必要的，呼應環境是第三位教師的意象；(3)搭建鷹架——提供鷹架支持是各領域重要的教保原則，促進相關領域能力的提升。此外各領域有屬於該領域特性的教保原則，例如情緒社會領域的鼓勵與示範利社會行為，體能領域的強調生活自理技能，認知領域的鼓勵好奇、解答疑惑與解決問題，語文領域的保育作息與遊戲／探索情境中回應互動等。不過以上各領域教保原則，都需建立在與家長的夥伴協作關係之上，共同配合相關的教保措施與面對教保問題，例如咬人行為、如廁訓練、偏食問題等的處理，如此托育機構與家庭齊心合作，才能發揮事半功倍之效。

　　綜觀這些領域共通原則與領域特性原則，吾人還發現另一共通原則，那就是嬰幼兒以遊戲／探索為主要學習方式，但也運用多元方式如模仿、練習等，所以托育人員有時必須示範或提供練習、模仿機會。總之，嬰幼兒發展的教保共通原則有四項——與嬰幼兒建立關係、規劃環境、搭建鷹架、以遊戲／探索為主模仿練習為輔。而以上各發展領域的教保原則與四項共通教保原則，可與形同嬰幼兒教保課程指導方針的四項核心實踐相互為用、彼此支援，因為任何的核心實踐都脫離不了對嬰幼兒發展的關注與教保原則的運用，第三章則在探討這四項核心實踐的實質內涵。

嬰幼兒教保課程
實質作法與樣貌：
適性發展實踐觀點

　　第一章揭示適性發展實踐是由一組相嵌理念所組成的架構，包含社會文化論的理論根基、與嬰幼兒及家庭建立關係的運作基礎、嬰幼兒全面發展及教保課程在園育成的課程關注焦點，與形同嬰幼兒教保課程指導方針的四項核心實踐。本書鎖定在適性發展實踐的嬰幼兒教保課程，而課程的兩大關注焦點之一是嬰幼兒全面發展，也是四項核心實踐的中心考量。有關嬰幼兒發展，已於第二章探討其概況與相應教保原則，本章則在此基礎上，分別於第一節至第四節闡述四項核心實踐之實質作法，並且於第五節綜合與分析，以勾勒嬰幼兒教保課程的樣貌，期能拓展讀者對教保課程之理解。

第一節　均衡適性的課程之實質作法：核心實踐 I

　　第一項適性發展核心實踐是：嬰幼兒教保課程必須呈現年齡（現在與潛能發展）、個別與文化合宜之各領域並重的均衡適性課程，以促進嬰幼兒的最佳發展。具體言之，嬰幼兒教保課程要關注每位嬰幼兒的全面發展，課程內涵要均衡地包含各發展領域的活動，不可偏廢或偏重某些領域，並要納入具有挑戰性的活動，激發嬰幼兒潛能發展，以呈現年齡合宜課程；其次要關注嬰幼兒發展的個別差異，著重區角個別與小組遊戲／探索活動，以呈現個別合宜課程；此外，也須考量影響嬰幼兒發展的文化元素，將家庭文化、語言適度地含納於課程中，以呈現文化合宜課程。腦神經科學方面的研究指出：從出生至5歲是腦部發展的最關鍵時期！腦的發展時間雖然是先天基因決定的，但是早期的經驗決定了神經通路的強弱狀態，影響了後續的學習與行為（Gonzalez-Mena & Eyer, 2018; National Scientific Council on the Developing Child, 2007）。職是之故，投入嬰幼兒教育，透過教保課程提供優質的經驗，是極為必要的。以下從課程計畫前、課程計畫當下與課程實施時三方面，分別說明落實均衡適性課程之具體作法。

一、課程計畫前：設法充分了解嬰幼兒發展

托育園所或托育人員在規劃教保課程前，必須充分了解嬰幼兒各領域與階段的發展概況，知曉個別嬰幼兒的發展狀態，以及與家庭建立平等互惠的夥伴關係，方能更加了解嬰幼兒的發展，設計均衡適性的課程，說明如下。

（一）了解嬰幼兒各領域與階段發展

計畫與實施均衡適性課程前，托育機構與托育人員必先了解嬰幼兒情緒社會、體能動作、認知、語文等各個領域的發展概況與趨勢，例如大約何時會翻身、爬行或行走，大約何時出現單、雙與多字句是語言發展蓬勃期，大約何時開始具有分離焦慮感，大約何時能作象徵性表達等；其次也須了解各個領域是如何發展的，即影響發展的因素，方能設計合宜的課程並適當地教保，以形塑發展。此外，托育機構與托育人員還要了解嬰幼兒各重要階段（如 0 至 8 個月、9 至 18 個月、19 至 36 個月）的發展焦點或主要需求，以提供符應當下更為適切的教保課程。更重要的是，托育機構與托育人員必須體認各個領域的交互影響性，例如語言發展遲緩勢必影響認知學習與人際社會關係，甚至造成情緒不佳進而影響生理健康……，方得以設計均衡並重的適性課程。可以說了解嬰幼兒的發展是規劃均衡適性課程的起點，也是均衡適性課程內涵的關注重點。

至於了解嬰幼兒發展的方式，除了在擔任托育人員階段前的學校教保專業學習與托育現場的嬰幼兒教保實務實習外，進入托育機構後

的定期教保專業成長，也是相當必要的，例如參與相關研習培訓、研討會、假日進修、專書閱讀群組等；還有托育機構內的教保專業研討或對話，例如讀書會、教保課程研討、托育實務研討、專家內訓等，也是迫切需求的。此外也很重要的是，托育人員照護嬰幼兒的自我省思或省思日誌的撰寫，亦對專業成長有所裨益，尤其若能將托育機構內外培訓、專書閱讀所得知識，與平日托育工作對嬰幼兒的觀察與互動狀況，相互對照映證，並以含檢討與改善的省思方式呈現，定能對嬰幼兒發展有更深的體認與理解，並於教保實務中修正，俾利均衡適性課程的落實。

（二）了解個別嬰幼兒發展狀態

　　除了認識各發展領域與階段的特性與教保原則（如本書第二章），托育人員了解個別嬰幼兒的發展特性與狀態，如各領域發展強弱概況、當前發展層次、近側發展區段、喜好與需求等，也是規劃均衡適性課程的先決條件，如此不僅能設計鞏固當前發展符合個別所需的合宜活動，而且也能設計促進潛能發展的挑戰性活動。尤其年齡段愈小，嬰幼兒的個別差異性愈大，日常作息愈是要個別化與彈性，課程活動愈需有更多的區角個別性遊戲／探索活動，以符應個別嬰幼兒的興趣、能力與需求。例如有的小年齡段寶寶兩個多小時就需喝奶，熟睡時間很短，而有的小寶寶四個多小時才需喝奶，可以熟睡許久；有的學步期嬰幼兒還不是走得很好時，就急於探索、四處跌撞，有的嬰幼兒則小心翼翼，不敢逕自探索。就此而言，托育人員與個別嬰幼兒親密互動建立關係，從中觀察、評量，以期深入了解嬰幼兒，就顯得相當重要。而在托育機構層面實施「主要照顧者」（key person）制度，由一主要的托育人員負責少數幾個嬰幼兒的所有照護事項，如餵食、換尿布、哄睡、陪同遊戲、共讀等，則為必要措施（Copple et al.,

2013）。此外，托育人員與嬰幼兒的合宜比例、一段期間的持續性照護等措施，都可讓托育人員有較足夠機會與時間，對個別嬰幼兒的發展獲得充分認識與理解。

（三）與嬰幼兒家庭建立夥伴協作關係

　　了解個別嬰幼兒的發展有時得之於家長，反而更為迅速，特別是初送托育中心時，與家庭保持密切關係是非常必要的。而在另一方面，均衡適性的課程也要符合文化情境性，保育相關人員必須秉持誠懇、尊重態度，主動了解嬰幼兒的家庭與文化差異，包含習俗、價值觀、育兒觀與期望等，讓家長感覺是受到尊重與歡迎的，彼此間關係是對等互惠的；同時也要經常分享嬰幼兒表現，交流教保資訊與育兒觀，討論需要雙方配合的教保策略，如偏食問題、咬人問題、如廁訓練等，有如夥伴間協作關係般。果若如此，方能充分了解嬰幼兒並設計與實施合宜課程；讓重要的家庭文化元素與語言，得以自然地納入教保課程中；更可獲得來自家長有關教保課程實施結果的回饋，而有據以調整成更為適性發展的教保課程機會。

二、課程計畫當下：透過主題方式設計年齡、個別與文化合宜的均衡適性課程及遊戲／探索活動

　　以上三項具體作法是計畫均衡適性課程的基礎，了解嬰幼兒的發展愈多及與家長的關係愈好或溝通愈多，愈能規劃均衡適性的教保課程內涵，因此在實質計畫教保課程之前，務必盡量做到。基本上在設計教保課程當下要關注：實施區角、小組遊戲／探索活動並善用生活中學習機會，以主題整合並均衡分配各發展領域活動，著重當前發展也兼顧潛能發展活動，以及將多元文化納入課程中，說明如下。

（一）實施區角、小組遊戲／探索活動並善用生活中學習機會

教保課程最好採行區角、小組活動，而且這些活動多半是具有遊戲／探索特性。區角遊戲／探索活動讓個別嬰幼兒能在多元區角環境中，如教具操作區、繪本故事區、體能運動區等，自由選擇喜愛的教具或活動，以滿足其興趣、能力與需求，符合發展的個別差異性與個體的內在個別差異性（請參見第三節第一項標題下的區角設置說明文段）。切記年齡愈小，具個別探索性的區角活動之比重就要愈多；若要以團體活動方式進行，則以小組活動為宜，全班大團體活動盡量減至最少，即少數幾位嬰幼兒圍繞著托育人員進行以遊戲／探索為主的活動，著重思考或探究，以玩出深廣度或解決遊戲中問題，而非托育人員講述、灌輸式的教學活動。此外，嬰幼兒教保課程的內涵安排，除了實施區角、小組遊戲／探索活動外，也要善加運用生活中學習的機會，也就是換尿布、用餐、睡眠或午休、外出前後穿脫衣鞋等保育生活時段。

保育生活本就充滿許多學習的元素，且在嬰幼兒作息中比例很重，尤其是小年齡段嬰幼兒，所以在保育生活時段，托育人員宜與嬰幼兒親密對話及互動、讓其參與保育作息事項、以愛敏捷地回應需求，好讓學習自然地發生，即「保育作息即課程」切實發揮作用（請參見第二節保育作息即課程之實質作法：核心實踐 II）；同時托育人員也要關注作息中的突發事件，進行隨機教學，彰顯「保育作息即課程」的價值。綜言之，教保課程不僅要設計區角、小組遊戲／探索活動，而且也要善用保育作息時段，並預思主題可援用的生活時段，如「可愛的動物」主題可以透過每日用餐例行時刻，引發嬰幼兒探索動物食物的動機；也可運用睡眠或午休時間前後，引導嬰幼兒探究動物在哪裡休憩的興趣。而且整個課程不要設計得太滿，要適度留白並具

有彈性，可因應生活突發事件而調整教保活動。

（二）以主題整合並均衡分配各發展領域活動

孩童是以跨學科領域整合方式學習（NAEYC, 2020），嬰幼兒的學習經驗必須是有意義、整合與深度的（Copple et al., 2011; Copple et al., 2013），因此運用主題課程整合各發展領域並提供有意義與可深度探究的經驗，有其必要性。何謂主題課程呢？它是一個源自於生活且有中心論點的組織計畫活動，統整了中心論點的相關概念與幼兒發展的各個層面，作為課程凝聚的核心，具整合作用（周淑惠，2006，2017）。至於主題課程的內容與活動設計，最常運用的策略是繪畫「網絡圖」（如圖 3-1-1），它定義了主題探討的範圍或內涵；而運用圖像可概觀與組織整個課程，並可檢視各領域的均衡性，是很好的組織工具（Bredekamp, 2017; Krogh & Morehouse, 2014）。因此，以主題

⭘ 圖 3-1-1.　主題概念網絡活動圖（一般網絡圖）

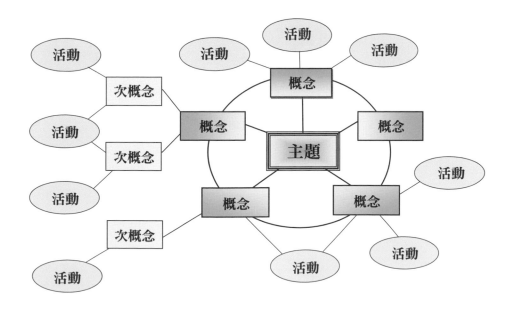

課程來整合領域活動，有利於均衡分配各發展領域的活動，而均衡兼重各發展領域不偏重或偏廢某些領域，是計畫均衡適性課程的重要步驟，因此運用主題課程來整合、設計與均衡分配各領域活動，是嬰幼兒教保課程的重要法門。

　　當然吾人也可運用其他圖像工具，例如心智圖、「XMind 圖」（如圖 3-1-2）或是樹狀結構圖等繪圖軟體。無論是哪一種圖像軟體，主題內涵的繪製乃遵循「先概念再活動」的原則，始於一個中心主題，然後向外確立與主題相關的各「概念」或「次概念」，接著才設計用以探索或理解主題與概念的各領域「活動」，對主題的概念與知識作充分探討（周淑惠，2006，2017；Beane, 1997）。而對於 0 至 3 歲嬰幼兒可僅於確立幾個主要概念（即略過次概念），設計簡單的活動。

◯ 圖 3-1-2.　主題概念網絡活動圖（XMind 圖）

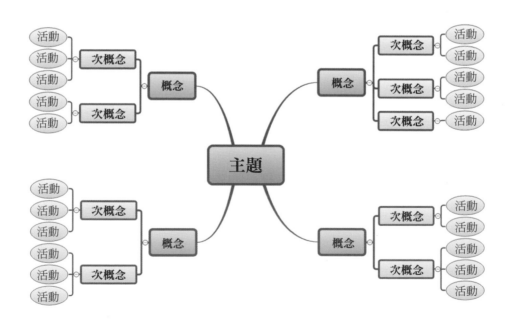

　　舉「可愛的動物」主題為例（請參見第五章第一節可愛的動物主題），在動物的「種類與特徵」、「居住環境與習性」、「身體移動」、「食物與照護」主要概念下，透過有趣的活動，例如共讀動物繪本、拼組可愛動物拼圖、透過兒歌代入動物名稱與叫聲、每日輪流餵食動物、歡迎寵物來訪（托育人員從家中帶入溫馴的白兔或小狗等）、進行動物歌舞律動、玩動物動啊動語文遊戲、觀察豢養的金魚或小鳥、進行動物撕貼畫、玩動物動次動次體能遊戲等，均有利於對可愛動物相關概念的理解或探究。以上的活動遍及各領域，有語文、認知、體能健康、情緒／社會等，都與動物主題相關，而且非常生活化，富有意義與易於理解，這是提倡主題課程的重要原因之一。因為選定嬰幼兒有興趣的生活或環境中主題，讓學習寓於情境脈絡，相對於分科教學的脫離情境且支離破碎的呈現，是較易理解、連結且深具意義的，難怪幼兒教育一向推崇對幼兒具有意義的主題課程。

　　至於提倡主題課程最主要的原因，是基於培養完整嬰幼兒的考量，因為嬰幼兒的各領域發展是交互影響、彼此相關，缺一不可，所以用主題課程來整合各個發展領域的活動，以網絡圖來檢視課程活動的均衡性。此外，主題課程兼容並蓄較為符合嬰幼兒所需的個別區角與分組遊戲／探索活動，甚至是少量的全班大團體活動，以上的各領域活動含有區角遊戲／探索活動，例如拼組可愛動物拼圖、閱讀動物繪本（立體書、觸摸書等）、配對動物的家（「動物找甜蜜的家」）、配對動物與食物（「動物吃什麼？」）等；同時也有小組遊戲／探索活動，例如認識動物種類繁多（「動物家族擂台秀」）、製作動物棉花貼畫、進行動物兒歌律動、歡迎寵物來訪等。再且，主題課程來自於生活或環境中嬰幼兒有興趣的議題，自然地善加運用生活中學習的機會，如援用每日用餐、睡覺或午休前後時段等例行時刻，引發對動物的食物、休憩處的探究動機或興趣。重要的是，以上這些

活動不僅對嬰幼兒有意義，而具多具遊戲／探索性，讓嬰幼兒在遊戲中探究，也在探究中遊戲，玩出深廣度或是解決遊戲中問題（請參見第五章第一節「可愛的動物」主題各項活動）。

（三）著重當前發展也兼顧潛能發展活動

在計畫均衡適性教保課程的活動時，不僅著重每位嬰幼兒的當前發展水準，以練習與鞏固現有的能力，而且也要顧及潛能得以發展的活動。兼顧潛能發展的活動意指設計具有「挑戰性」的活動，即有點難、又不會太難，落在近側發展區間的活動；這些挑戰性活動在教學互動時，則可透過托育人員各種鷹架的支持，激發嬰幼兒的潛能，提升其發展與學習。如何得知嬰幼兒當前的發展層次與近側發展區，設計合宜的挑戰性活動並搭建適切的鷹架，考驗著托育人員對個別嬰幼兒的了解程度，也顯示了解個別嬰幼兒發展的重要性（有關鷹架嬰幼兒學習的部分，請參見本章第四節）。簡言之，均衡適性教保課程中含有強化當前能力的活動，也有激發潛能發展的活動。

（四）將多元文化納入均衡適性課程活動中

在設計均衡適性課程的各領域活動時，除了年齡合宜、個別合宜外，也要考量文化合宜，即基於平等、尊重精神，將嬰幼兒家庭的多元文化納入課程活動中，也就是將不同家庭文化的特色、重要元素與代表性語言等，自然地融入教保課程。例如保育活動室內張貼具文化特色的各家庭活動照片，托育機構舉辦特色文化日活動，邀請家長入園進行文化相關活動如歌舞、烹飪、手作等，納入多元文化相關食物與文物於托育機構中等。凡此種種均讓嬰幼兒與家庭感受被尊重與了解，也讓嬰幼兒更加地適性成長，這就有賴托育人員與家庭間平日所建立的夥伴協作關係。

三、課程實施時：激發思考或探究並以多元評量調整課程與教學

至於在教保課程制定後的實施階段，托育人員於教保互動中必須激發思考或探究，以玩出深廣度或解決遊戲／探索中問題，凸顯嬰幼兒教保課程的遊戲／探索特性，這就有賴鷹架的搭建了，因為對於嬰幼兒而言，無論是多面向思考（或擴散思考）或是探究能力，均較為脆弱尚未穩定，有賴成人在旁協助，以支持其發展與學習（NSTA, 2014）。例如在嬰幼兒觀察時，提示或聚焦觀察及注意的重點；在嬰幼兒比較時，剪裁和組織適量且合宜的訊息，以利凸顯關鍵要點；在嬰幼兒溝通觀察結果時，運用「對話補說」策略，如問答、猜臆、填補、確認、重述、重整等，協助其表達；運用明示、暗示或比喻策略，給予嬰幼兒思考的方向或架構；在嬰幼兒進行探究時，適時地給予合宜的材料或工具，以利其探究行動等。

此外在教保課程實施時，也必須進行多元評量，並據以調整原所擬定的課程與教學，使之在園育成適性教保課程。其具體作法是在與嬰幼兒親密互動及與其他托育人員專業對話中，不斷地以多樣方式評量並確認嬰幼兒的發展與學習表現，例如托育人員定期觀察、記錄（軼事紀錄、檢核量表等）與分析嬰幼兒表現，與較大嬰幼兒延伸對談了解其想法，與家長交流獲取教保方面的回饋，持續分析與比較嬰幼兒進步情形與教學成效，定期於托育機構內進行教學研討等。以上這些方式均可獲得嬰幼兒的各方面綜合表現，然後托育機構與托育人員可依據此結果，修正初步擬定的課程內涵與調整教保互動方式，讓教保課程更為適性，更符合托育園內嬰幼兒的發展及需求，即讓教保課程在托育機構成長發展，這也是嬰幼兒適性發展實踐的課程關注焦點。

四、小結

綜上所述，均衡適性的教保課程非常關注嬰幼兒的發展，透過主題課程，均衡地整合各領域遊戲／探索活動及區角、小組遊戲／探索活動，並於教學互動時強調思考或探究，且重視多元評量與在園育成歷程，以提供年齡、個別與文化合宜的課程。又均衡適性的課程與其他三項嬰幼兒適性發展核心實踐，其實是密切相關的：均衡適性的課程不僅要透過保育作息時段的生活中學習，有賴區角個別與小組遊戲／探索活動的實現；而且也要為嬰幼兒搭建合宜的鷹架，以提升其發展，最終方能促進嬰幼兒全面與最佳發展。換句話說，「均衡適性的課程」離不了「保育作息即課程」、「遊戲探索即課程」與「鷹架嬰幼兒學習」各項核心實踐的運作，四者間關係密切。

第二節　保育作息即課程之實質作法：核心實踐 II

筆者一向認為，教保課程應該是嬰幼兒在托育機構中與人、事、物互動的所有經驗，這些與人、事、物互動的經驗，都是教保課程的內涵，可喜的是，從出生之日起，嬰兒就是個獨特的個體，能夠參與關係並與環境中的人和物體互動（Kovach & Ros-Voseles, 2008）。每天嬰幼兒在托育機構的生活作息包含「教保活動」時段——區角、分組及少量的全班活動；尚有很重要且比重相當大的「保育生活」時段——換尿布或如廁、餵食或用餐、餐前後清潔與收拾、睡覺或午休、戶內外轉換穿脫衣鞋、入離園道安與道別等，這些時候所發生的事都可以是教保課程的內涵，包含一些突發或意外事件如嬰幼兒間衝突、跌倒受傷、窗檯上的受傷小鳥、地震或疫情等。

　　換言之，針對嬰幼兒所實施的教保課程，除了在教保活動時段，以區角與小組遊戲／探索活動為主呈現外，也要善用日常作息中的保育生活時段，這就是「保育作息即課程」的真諦。的確，每天都會發生的保育生活例行事項，就是嬰幼兒學習的自然時刻，涉及諸多層面，尤其是生活自理能力的學習，例如自身清潔（潔牙、拭擦臉部、洗手等）、自行餵食、如廁、穿脫衣鞋、整理收拾（飯後餐具、桌面與地上的清理，拿出玩具、置物櫃個人物品後的歸位）等，托育人員必須善用這些時段，與嬰幼兒進行親密對話、互動，自然地教導。簡言之，對嬰幼兒的照護保育即是課程（Gonzalez-Mena & Eyer, 2018）。

　　午飯前音樂響起時，托育人員蘊儀微笑地對正在玩動物拼圖的姍姍說道：「要吃飯了！我們去把手洗乾淨吧！」在協助收拾後，蘊儀輕輕地抱起發出啊啊聲、似乎很雀躍的姍姍。到洗手台台階打開水龍頭前，蘊儀柔聲地說：「來！先沖水，再抹洗手乳。」在協助壓取洗手乳時，又說：「手心、手背，手指也要張開喔！把裡裡外外都搓洗乾淨。」一面則幫助姍姍將其手翻面並示範著交叉搓揉手指間縫隙。姍姍自行揉著揉著，就將手中的泡泡往臉部貼近觀看，呵呵地笑著，過程中蘊儀斜低著頭望著姍姍一會兒，說：「好多好多好玩的泡泡喔！現在我們先開水把泡泡裡面的細菌沖走。嗯，下一步要做什麼呢？」接著姍姍呀呀出聲且舞動著身體開心地沖著水，蘊儀則靜靜地側望著姍姍享受著沖水的神情。約數秒後，姍姍的目光自然地看向水槽邊的擦手紙，蘊儀心領神會地一面幫姍姍抽紙、一面說：「很棒喔！姍姍知道要把手擦乾！這樣就洗乾淨了，不會生病了。」於是牽著正蹣跚學步、以手指著餐桌方向的姍姍到餐桌前坐下。

以上整個飯前洗手過程中，托育人員和悅地說著即將發生與正在發生之事，受照護的嬰幼兒融入正在進行的事項中，不時地咿呀回應著。在日復一日下，不僅可以促進嬰幼兒會意與口說語文能力的發展；而且反映生活中學習的理念，自然地習得飯前洗手衛生保健方面的知識與能力。更重要的是，可以形成雙方親密的關係，而良好關係是適性發展實踐運作的基礎；甚至可自小養成與人合作共同完成事務的習慣。這就是「保育作息即課程」的真實寫照，其具體作法有以下幾項。

一、托育人員啟動親密對話與互動

保育作息事項並非只是例行活動，它是膠黏與形成關係的重要時刻，對寶寶而言，關係就是一切，是生命中的大事，照顧者必須全然地投入與誠敬地進行保育作息事項（Brownlee, 2017）。誠如第一章言，整個適性發展實踐運作的基礎就是建立關係，透過親密對話、互動，可建立依附關係，對嬰幼兒的發展甚為重要，它是「保育作息即課程」的首要具體作法。如以上飯前洗手日常例行作息事項，在托育人員與姍姍的親密對話、互動下，彼此似乎都很享受這樣的互動，日久彼此關係自然建立；又在親密對話、互動過程中的耳濡目染下，可以習得語文能力以及衛生保健重要概念與知能；亦可養成與人合作共構的習慣，讓教育學習自然地發生。可以說親密對話、互動是「保育作息即課程」發生的必要條件，沒有親密對話、互動，「保育作息即課程」不可能發生。此乃呼應第二章所歸納的各領域教保四大共通原則之一——與嬰幼兒建立關係，而在愛中回應性互動是建立關係的關鍵。

為讓教育學習可以自然地發生，在保育作息事項的互動過程中，敏銳地觀察嬰幼兒，放慢腳步以對並溫馨地回應，就顯得很重要！有

如托育人員蘊儀靜靜地望著姍姍享受著揉搓泡泡、沖水的神情般，隔了一會兒才提醒她用水沖走細菌，以及配合著姍姍的目光移動，幫她抽出擦手紙。而親密對話、互動的內容可與手邊進行的保育作息事項相關，包含即將要做什麼（預告）、為什麼這樣做；也可以是聊聊其他生活相關事項、感覺，或是接下來即將要進行的活動等；更可以是誇讚嬰幼兒在過程中的密切配合行為。很重要的是，托育機構要實施「主要照顧者」制度，即個別嬰幼兒所有照護事項由照顧者專人負責，而非大家分工保育事項（例如照顧者分別負責換尿布、餵食、沖洗等），結果導致有如工廠流水線作業般地快速運作，失去與嬰幼兒親密互動的重要成分。不過托育機構照護比例一定要合宜，一般國家托育人員通常照顧三至五位嬰幼兒（筆者以為五位稍高）。

　　再以換尿布為例說明如何親密對話、互動。在托育人員麗萍預告將為倫倫換尿布後，將其抱起放在已消毒過的尿布檯墊子上，並輕撫著倫倫的肚子與腿部開始與其互動。重要的是，在整個過程中，麗萍一直觀察倫倫，知道倫倫因為喜歡褲子上的鴨子，曾數度轉向褲子，在不妨礙換尿布進程下，她適度地放慢腳步，仍然溫和而堅持地對話，爭取倫倫的注意與共同合作，中間並穿插著鼓勵，以完成換尿布清潔工作。

　　「倫倫寶貝的褲子上有鴨子，好可愛喔！鴨子好可愛！」倫倫似乎會意開心地舞動著雙腿並呀呀地叫著。麗萍微笑地看著開心的倫倫，隔一會兒說：「來！寶貝，我們要脫褲子換尿布囉。」此期間倫倫大都配合著，只有在脫下褲子後，側過身去揪玩著褲子，麗萍說：「我知道倫倫喜歡褲子上的鴨子喔，我們換完尿布就穿上。」接著說：「哇！你看！尿好多喔！尿布好重。」當倫倫看著麗萍手中的尿布，啊啊地發出聲音後，剛丟掉捲成一團尿布的麗萍又說：「要用濕

紙巾把屁股擦乾淨，有點冰冰涼涼的喔。」倫倫隨即發出嗚嗚聲音，
身體也左右地晃動數下，麗萍說：「是吧！冰冰的，快了！一下子就
好了，屁股擦乾淨，才不會長疹子。」倫倫又側身轉向旁邊的褲子發
出呀呀聲，麗萍說：「現在要換上乾淨的尿布，才能穿上有鴨子的褲
子。」、「小屁股抬起來喔，對！像這樣轉過來。」當麗萍拿著脫在
旁邊的褲子要給倫倫穿上時，倫倫也抓著褲子呀呀叫著，麗萍知道他
喜歡鴨子，就指著鴨子圖案說：「對！是鴨子，黃色的鴨子，你很喜
歡這件有鴨子的褲子，是嗎？」接著一面幫倫倫穿著褲子，一面說：
「嗯！倫倫今天很乖！穿上有鴨子的褲子好可愛喔！」接著輕輕撫觸
倫倫的肚子笑著說：「換上乾淨的尿布，舒服了吧。」

二、嬰幼兒參與保育作息事項

　　筆者以為 Gonzalez-Mena 與 Eyer（2018）所言甚是，滿足基本需
要的保育事項，是提供嬰幼兒學習與解決問題的多元機會，宜讓嬰幼
兒參與其中，其實親密對話、互動可促使嬰幼兒參與保育作息事項，
也是「保育作息即課程」發生的必要條件。在以上飯前洗手的親密對
話互動場景中，姍姍完全參與在例行保育事項的過程中，例如當托育
人員抱她去洗手時，顯出雀躍的情緒；與托育人員合作完成洗手程
序，如手張開、翻面、搓揉指間縫隙等；沉浸於洗手過程中，如搓揉
出泡泡並將手湊近臉觀看，開心地享受沖著水；最後以目光看向擦手
紙，回答托育人員下一步要做什麼的問題等。在換尿布的親密對話互
動場景中，倫倫雖然有時不免受到有鴨子圖案褲子的影響，而轉過身
軀，然而在麗萍適時地放緩腳步，並且溫和而堅持地爭取其注意與合
作的對話及互動下，他也參與著整個換尿布歷程，配合托育人員幫他
脫褲子、尿布，望著換下來的尿布，忍受冰涼的濕巾擦拭，最後穿上

新尿布與褲子。

在換尿布的保育生活作息中，托育人員的對話、互動及嬰幼兒的參與下，不僅嬰幼兒與托育人員建立親密的關係；終久之後得以促進嬰幼兒語文能力的發展；自然地習得冰涼乾濕等概念、身體部位功能、衛生保健知能；並培養與人合作共事的意識，讓「保育作息即課程」成為可能。在其他充滿生活中學習元素的保育作息時段，亦應是如此，例如每日入園、離園的道安與道別時段，嬰幼兒若能深深地參與其中，日漸累積下勢必學習甚多，諸如理解入園消毒措施、量測體溫的作用；習得維繫人際關係的道安、道別、問候技巧，這些技巧自然裨益口說語文能力。更重要的是，在托育人員協助下，學習與人分離時如何控制與調節情緒，這是人生的一大艱難功課。

再以每日用餐時刻為例，說明嬰幼兒在日復一日的親密互動對話與參與中，可潛移默化習得事項：(1)衛生保健與生活自理知能，如餐前洗手、餐後潔牙與擦拭顏面等；(2)合作與利社會行為，如餐前幫忙準備擺排餐具，餐後幫忙收拾、清理桌面、擦拭餐具等；(3)餐桌禮儀，如盡量一起開動、細嚼慢嚥、輕聲細語、吞下食物才說話、幫忙遞送餐具、說請與謝謝禮貌用語等；(4)食物營養與不偏食，如認識各種食物的基本營養與均衡飲食不挑食；(5)互動交流技巧，如口說語文技巧、切入話題技巧等；(6)解決問題技巧，在用餐時刻很可能會有出其不意的湯水灑出、碗盤打翻、食物掉落等問題，或是嬰幼兒間不小心的人際紛爭問題，在托育人員的鷹架協助下，得以學習如何解決問題；(7)美感體驗，如在輕柔的背景音樂下，溫馨如家般的布置（美觀餐墊、桌上瓶花、和諧調和的餐具與家具等）與小組圍坐的輕鬆交流下，感受美味的食物。當然這一切都必須建立在托育人員願意提供溫馨的氛圍與親密對話及互動上，同時也願嬰幼兒參與保育作息事項；若是如此，即使是還在餵食的嬰幼兒，也可感受與投入親密對話、互

動中，在保育生活中自然地學習。

　　坊間有些托育機構在保育作息時段，經常讓嬰幼兒置身於保育事項之外，而非參與其中。例如換尿布時給予嬰幼兒玩具讓其專心把玩，好讓托育人員迅速地完成工作，不致干擾換尿布工作的進行，整個過程中嬰幼兒完全置身換尿布事件之外，與托育人員間毫無親密對話、互動之實。在此種狀況下，托育人員與嬰兒間不僅無法建立關係，也無法發揮生活中學習的「保育作息即課程」效果，更無法體驗與他人共同合作的經驗。而此一現象追根究柢是出於「迅速完成保育事項，以爭取時效」的迷思，這與不當的保育信念有關，嬰幼兒是有血有肉的個體，不是工廠流水線上等待裝配的物件，不宜講求效率、時間；當然也與托育機構照護比例過高有關，或未徹底實施主要照顧者制度。

　　形成嬰幼兒置身於保育事項外的原因，尚有不放心讓嬰幼兒生活自理或怕反而增加額外麻煩的想法，例如怕嬰幼兒自行進食吃得滿桌、滿臉甚至滿身都是，增加清潔嬰幼兒與清理環境的麻煩，托育人員乾脆一直餵食他；再如覺得嬰幼兒自行穿脫衣鞋、扭乾毛巾與拭擦臉部等太費時間，索性幫其穿脫與拭擦，以減省時間。其實嬰幼兒能夠照顧自己，具生活自理能力，是人生一大里程碑，也是教保工作的主要目標，嬰幼兒自己也會感到驕傲與自信；而且嬰幼兒時期的生活保育佔大部分時間，很多生活自理能力與習慣養成都附著於生活情境，在保育作息中自然習得，對嬰幼兒非常有意義。因此，自理技能宜自嬰幼兒會到處爬行時，就在保育生活中，自然地抓住合適時機開始有意地教導與培養。

　　生活中自然地培養自理能力的時機不勝枚舉。諸如在飯前飯後，練習洗手清潔（如以上托育人員蘊儀與姍姍飯前洗手情節）；平日或生病時，學習用衛生紙擦拭臉部如嘴角、鼻涕、眼屎等；用餐或點心

時間，練習握緊湯匙並手眼協調地自行進食等。在嬰幼兒逐漸成長後，則日益加深加廣，例如清潔自身時，練習用手扭乾毛巾與擦拭技巧；戶外玩後褲子髒或濕了，練習將褲腿依序套入腳部與拉高的穿褲技巧；有尿意與便意時，練習學坐馬桶與等待釋出等。以上這些生活技巧的練習與純熟，都需要托育人員的耐心示範、叮囑與協助，是頗費心力與時間，然而這樣的時間浥注是頗為值得的。簡言之，生活中培養生活自理能力，是最為自然且富有情境意義的，不過，如果發覺某項生活自理能力有待強化，例如每次外出前後穿脫衣鞋，由於嬰幼兒心急與時間匆促，無法好好示範教導，也可透過區角或小組活動時間，設計教具或活動補足之。

三、托育人員以愛敏捷地回應需求

　　筆者在第二章歸納各領域的教保原則時發現，與嬰幼兒建立關係是各領域共通的教保原則，顯示與嬰幼兒關係對教保的重要性，而托育人員以愛敏捷地回應需求或在愛中回應性互動，是建立關係的必要途徑。在平日生活的各種作息中，托育人員必須以愛心「敏銳覺察」與「迅速回應」嬰幼兒當下的需求，這是一種形於內的自然舉動。例如小年齡段嬰幼兒在到園不久或戶外回來後，就開始不斷地揉眼睛、打哈欠或哭鬧，顯示想睡覺的跡象，這時候托育人員若敏銳地覺察其需求，就會立即安排他安靜舒適地睡下，讓嬰幼兒在感受可預期的愛中，得以滿足當下需求，產生安全與信任感。此時的嬰幼兒不僅壓力解除感到舒適，有利於情緒調節與人際關係的發展；而且也能與托育人員建立親密的關係，而建立關係是整個適性發展實踐的運作基礎，也是「保育作息即課程」得以實現之要因。

　　以下是剛喝過奶不久的達達，睡起時啼哭，托育人員芳芳到小床邊察看，以愛敏捷地回應其需求，並且持續互動的情景：

　　「怎麼了？寶貝！這麼快就睡醒了，是尿布濕了嗎？」芳芳在檢查後發現不是，就立即轉動小床上的旋轉音樂鈴。達達看了看旋轉的音樂鈴後，還是繼續小聲哭著，芳芳推斷很可能是寂寞需要有人陪伴，一面說著：「好！好！好！寶貝！抱你囉！抱你囉！」一面將他抱起來並走動著安撫：「喔喔！不哭了，要抱抱，達達睡醒了，要抱抱。」之後達達停止哭聲，芳芳就用雙手將他撐坐在大腿上，兩人面對面地坐著，接著哼起兒歌並舞動著達達雙手，達達也注視著芳芳伊呀呀地附和著。芳芳說：「達達想做什麼呢？（停頓一會兒四處看看）喔！我們來玩玩具好了。」隨即蹲下把他放到地墊上的運動架下，順勢地拉著發出聲音的拉環以吸引達達的注意，然後拉起他的小手朝向拉環，示意並鼓勵他拉動拉環，芳芳則在旁的地墊上坐著微笑地看著他。其後達達不僅嘗試拉動其他兩個拉環，而且在雀躍間不經意地踢響腳邊的踢踢琴，芳芳立即回應：「哇！什麼聲音？好好聽喔。」達達則在咯咯笑聲中不斷地再度嘗試踢、蹬腳發出聲響，過了一會兒就開始翻身朝向芳芳蹭動著……。

　　以上場景中，在托育人員芳芳以愛敏銳覺察和迅速回應下，啼哭的達達滿足了其渴望他人陪伴的需求，並在情緒共舞中兩人情感緊密連結；整個過程中，不僅有助於嬰幼兒的口語發展，而且也學習到用力伸手、踢蹬腳可引發物體反應的因果關係，反映生活中學習與「遊戲／探索即課程」的精神。

　　再如早上剛到園的學步兒阿翔心情似乎不佳，手中抓著家中帶來的球，在保育活動室門邊的置物櫃呆滯地站著又坐下，在人來人往中手中的球無意間滾走了，於是啜泣著。其實這也是體現「保育作息即課程」的時機，托育人員抓住這個時刻以愛敏捷地回應需求，立刻蹲下來關心與安慰著：「怎麼了阿翔？你剛剛的球呢？」、「嗯！滾走

了嗎？」、「球滾到哪裡去了？我們一起找找看！」並且以肢體動作、目光四處尋望，示意阿翔也跟著一起找找。「喔！看到了！滾到那邊去了，在那個桌子底下，我們可以想辦法去撿回來。」於是阿翔在托育人員協助與鼓勵下，扶著旁邊的櫃架蹣跚前行，鄰近桌子前時，他先看了看托育人員，然後自行轉換成爬行動作鑽入桌底下，終於撿到球了。在爬出桌子撐起身子時，阿翔臉上掛著笑意捏著球發出嗶嗶聲響，小聲地說著：「球！」並把球放到托育人員手上，托育人員看了看隨即說道：「好特別的球，一按就有聲音啊！阿翔喜歡球，對吧？小綿羊的家（本班班名）也有很多球喔！」在托育人員愛的抱抱後，阿翔就扶著桌子走向臨近的玩具操作區，在球籃前坐下探索著各種球。此一早上來園的場景，也彰顯生活中學習的價值——藉機學步、遇到問題設法解決。

四、小結

綜上所述，平日作息中托育人員宜盡量以愛敏捷地回應嬰幼兒的需求，並在保育生活中啟動親密對話與互動，讓嬰幼兒參與保育作息事項，也讓教育學習自然地發生。其實除換尿布、餐前洗手、用餐、外出去回穿脫衣鞋、早晨來園轉換時刻等保育生活時段外，生活作息中有好多機會都可以彰顯自然學習的價值。例如第二章情緒社會領域「鼓勵與引導解決社會衝突」教保原則，就是考量嬰幼兒在生活中常會發生衝突，如搶奪玩具、咬人或推擠，在衝突發生時，托育人員的處理與隨機教學就很重要。此外，生活作息中也充滿著各種概念的可能學習機會，如空間、數量、序列、型式、因果關係、物體恆存等，上述飯前洗手情境中，姍姍關注泡泡與水，達達睡醒啼哭情境，探索運動架與踢踢琴，以及早上來園球滾走情境，阿翔試圖撿取等，都涉及概念與認知。總之，身為托育人員除了設計以區角、分組活動為主

的課程，預思可善用的生活作息時段，以與主題課程連結外，也要看重保育生活時段的教育價值，反映生活中自然學習精神，特別是生活自理能力，甚或因應生活事件進行隨機教學，彰顯「保育作息即課程」的真諦。

第三節　遊戲／探索即課程之實質作法：核心實踐 III

　　第一章適性發展實踐文獻與各國教保重要文件提及，遊戲促進嬰幼兒的各領域發展，是有效的教與學重要方式；而且遊戲創造孩子的近側發展區，使其表現超乎平常作為（Vygotsky, 1978），有如孩子的心智工具，仲介其發展與學習（Bodrova & Leong, 2007），在在顯示遊戲在嬰幼兒教保課程與教學上的重要性。然而嬰幼兒的遊戲與探索行為很難加以區分，他們在遊戲中運用各種感官知覺探索著，也在運用各種感官知覺的探索中遊戲著（周淑惠，2017，2022）。例如較小嬰幼兒在玩小積木時，經常看到將積木放入口中吸吮，拿在手中凝視與把玩，將兩塊積木相互敲擊，將積木擲於地板上等；較大嬰幼兒會將積木放入桶中又倒出，帶著積木或積木桶遊走著，在堆疊幾塊積木後將其推倒等。以上這些行為都是一面遊戲一面探索積木，以更加理解積木特性，很難分辨是在遊戲或在探索；而因著探索得以認識萬事萬物並建構相關知識，可以說遊戲／探索是嬰幼兒認識世界的主要方式。

　　的確，嬰幼兒從出生開始，就以五種感覺──聽覺、觸覺、視覺、嗅覺、味覺探索著周遭環境，例如以眼追視著移動的物體、轉頭趨向發出聲響的方向等；到了開始會移動身軀時，心中則充滿好奇，到處爬行、走動，一面遊戲著，一面運用手、口等探索著環境中物體。如第二章第五節所歸納之嬰幼兒各領域教保共通原則之一，嬰幼

兒主要是以遊戲／探索方式認識世界，也會輔以其他方式如模仿、練習而學習，本節則鎖定於主要的遊戲／探索方式。本書甚且認為，遊戲／探索就是課程，遊戲／探索是嬰幼兒教保課程的主要內涵與方式，教保課程必須充滿遊戲／探索的成分，包括創設戶內外遊戲／探索環境、提供適性發展玩教具、設計區角與分組遊戲／探索活動等，其具體作法有以下幾項。

一、實施區角、小組遊戲／探索活動搭配激發思考的合宜角色

　　一般教保活動有三種型態──區角活動、小組活動、全班活動，對於 0 至 3 歲嬰幼兒，盡量安排區角活動、小組活動，其內涵以遊戲／探索為主。首先談論區角活動，區角又稱興趣區、興趣中心、學習區、角落等，是托育中心保育活動室通常會規劃的一些區域，它是一個自我幫助（self-help）的環境，趨向個別探索性，可回應嬰幼兒遊戲／探索的「個別差異性」（每位幼兒間的行為表現均不同）與「內在個別差異性」（intra-individual difference）（每位幼兒在一天內在各時段、各空間表現均不同）。這些差異顯現於三方面：(1)學習類型──探索建構、精熟練習、好奇觀察與解決問題；(2)社會接觸──獨自遊戲、合作遊戲與平行遊戲；(3)指導方式──自我指導、合作指導、平行指導、他人指導（Day, 1983）。

　　進而言之，每個嬰幼兒的學習類型、社會接觸與指導方式均不相同，即使同一嬰幼兒在一天中不同時間、空間的這些表現，也是互異的，保育活動室多元區角規劃正可滿足嬰幼兒的需求與差異表現。換言之，區角的教具與活動內涵可以呈現不同的學習類型、社會接觸與指導方式的活動，容許多元差異行為，讓嬰幼兒依自身需求自由選擇遊戲的區域與內容，其教師主導性是相對地低於全班大團體或分組活

動，偏向個別的遊戲／探索。而年齡段愈小，其顯現的個別差異性就愈大，愈需要自由遊戲／探索的區角活動，所以教保活動應盡量安排區角遊戲／探索。

　　區角活動是嬰幼兒導引的自由探索活動——在選擇該活動、教具後，按自己的方式探索與操作，托育人員則在旁觀察、陪伴、共玩，或穿梭區角間給予合宜的協助。此時段托育人員宜搭建鷹架鼓勵「思考」，以能多面向思考或進而探究解決遊戲中問題，例如合併使用教具，以不同方式操作，考量不同的變項、角度或面向，或以創意方式運用教具等。再如當嬰幼兒面臨形狀積木屢屢塞不進配對嵌盒（圖3-3-1），積木一直掉落無法堆高，或是舀球入盒教具的球不斷滾落時，這些都是嬰幼兒很棒的解決問題學習機會，成人宜引導嬰幼兒思考是什麼原因塞不進去、一直掉落或滾落。也就是在嬰幼兒嘗試多次後才適時地介入，提供合宜的鷹架協助，千萬不要在嬰幼兒一有問題時就立即介入，幫他找出一塊適合的形狀積木塞入，這反而是剝奪了嬰幼兒學習的機會。

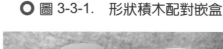

○ 圖 3-3-1.　形狀積木配對嵌盒

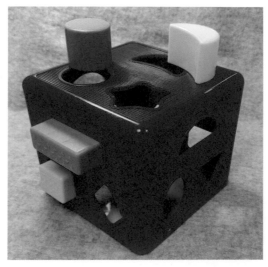

對於以上例子，托育人員可以運用提示、手勢暗示或平行操作方式（如托育人員在旁操作，將形狀積木底部朝上，與配對嵌盒上的嵌洞並列，以利察知二者異同）等，配合提問以引發嬰幼兒注意與思考：「要塞進去的這個洞是什麼形狀？你手上拿的這個形狀積木的底部是什麼形狀？」過程中嬰幼兒可能要進一步地運用觀察（觀察形狀積木的底部、配對嵌盒上的嵌洞）、比較（比較二者的形狀找出異同）、推論（思考塞不進嵌洞的可能原因）、實驗（找出原因後再試塞看看）等「探究」能力，去發現答案解決問題。

其餘教保活動時段，則盡量也以具遊戲／探索成分的小組活動為主，例如二至五位幼兒圍繞著托育人員、靠在托育人員身上或是圍在小桌旁，一起共讀繪本、唱手指謠、操作玩教具、探索寶藏籃或神秘箱、享受手指膏創作、進行有趣活動等。這些小組活動多半是事先設計、有目標的活動。例如托育人員想發展嬰幼兒的小肌肉能力，設計有如本書第四章「我是點心師傅」的活動，讓嬰幼兒藉搓、捏、按壓等動作，並在過程中運用思考或探究，以發展手眼協調操作能力；再如為促進會意、口說語文能力與認識身體部位，設計「身體部位玩遊戲」活動，讓嬰幼兒藉歌謠遊戲，並在過程中運用創意思考，以達到預設的語文與認識部位目的（請參見第四章各領域活動示例）。至於全班大團體活動則盡量減至最少，時間也需簡短，例如早上來托育中心的晨圈活動（內容如點名問好、律動、介紹區角新教具等）、外出前集合叮嚀等。

很重要的是，小組遊戲／探索活動在一開始設計階段時，就要考量將嬰幼兒思考或進而探究機會納入。例如「我是點心師傅」活動中，壓模器要如何使用？小湯圓要如何做出？「球真好玩！」活動中，木板要怎麼調整才能讓球滾得遠？都是先讓嬰幼兒多面向思考或運用探究能力，最後加深遊戲層次或解決遊戲中問題。以「球真好

玩！」活動為例，嬰幼兒必須運用觀察、比較、推論、實驗等探究能力，方能適當地調整木板，讓球滾得較遠或較快。再以「身體部位玩遊戲」活動為例，成人問：「身體還有哪些部位沒唱到？」、「手，除了拍之外，還可以怎麼做？」、「腳，除了踢之外，還可以怎麼做？」就是讓嬰幼兒多面向思考或擴散思考。至於在活動實施階段，則須按照教案與當下狀況，盡量激發嬰幼兒的思考或探究能力，以玩出深廣度或解決問題。

　　總之，嬰幼兒在區角遊戲／探索時，托育人員除了在旁陪伴、觀察外，必須適時地與嬰幼兒互動、搭建鷹架，促其多面向思考或進而探究，以解決遊戲／探索中的問題。同時托育人員也需設計具遊戲／探索特性的教保活動，在實際進行小組遊戲／探索活動時，必須視嬰幼兒的能力與當下狀況，激發其思考或探究。當前世界各國所如火如荼地推展的 STEM 教育，就是基於探究、解決問題的精神，它已經向下延伸至嬰幼兒階段，如美國（US Department of Education, 2016）、澳洲（請參見 https://www.monash.edu/conceptual-playworld/home）等國；再且未來人工智慧時代急迫所需的就是探究、解決問題等能力或素養。職是之故，0 至 3 歲教保課程中托育人員的教學互動角色，就顯得相當的重要，肩負著培養能思考、探究或解決問題的未來公民的重責大任。

二、規劃安全、多元的區角遊戲／探索環境並容許自由探索

　　筆者在第二章歸納各領域的教保原則時發現，規劃環境是四大共通教保原則之一，足證規劃環境對嬰幼兒教保的重要性。托育中心的整體環境宜營造如家般的溫馨氛圍，並富有視覺上的協調美感，讓嬰幼兒不僅在心理上感受與托育人員的親密關係，而且在硬體上也感覺

像家裡一樣的溫馨，充滿安全、信任與舒適感。就此，有些托育中心採混齡規劃（圖 3-3-2a、圖 3-3-2b），讓嬰幼兒身處在一個大家庭中，有如真實世界的樣貌。不過如果採用混齡收托，對於較小年齡段的嬰幼兒，應為其準備一個圈圍的區域，讓嬰幼兒可以在此安心地遊戲、休憩，免於還不會控制自己的較大嬰幼兒的干擾或侵犯。

　　至於一般嬰幼兒保育活動室內必須具有滿足生活保育之需的空間，例如睡眠、用餐、清潔、調理與嬰幼兒置物櫃等，其餘空間則盡量規劃可供遊戲／探索的區角。托育中心、保育活動室內的管理，首先以安全考量為要，安全包含健康，沒有安全的環境，成長與遊戲／探索皆為空談。例如插頭必須加蓋，櫥櫃桌子邊角也要做防撞保護，有毒物品如清潔劑與酒精等必須標示且遠離嬰幼兒視線，隨時注意細小的教具零件以免誤食等；而且每日也必須清潔與消毒玩教具、用品及環境，確保整體環境的乾淨與健康。因此，保育活動室中清潔護理（護理台、水槽、沐浴槽等）與調理（調奶台、洗滌槽等）的檯面，基於清潔、衛生考量，一定要分開設置（圖 3-3-3a 至圖 3-3-3c）。

　　至於可供自由遊戲／探索的多元區角空間，已如上述，對嬰幼兒的發展與學習，極為重要。區角與玩教具的適性安排建立在對嬰幼兒發展的理解之上，以下筆者以 0 至 8 個月嬰幼兒保育活動室內常見的區角為例，說明其內涵規劃與在其後階段的延伸。

（一）體能運動區

　　0 至 8 個月是嬰幼兒體能動作發展的快速變化期，由躺臥、翻身、坐起、到爬行，甚或有些嬰幼兒可扶著物體站立，因此保育活動室區角至少要具有隨時能方便使用的「體能運動區」，提供動作練習、鞏固與向前發展的機會。區內備有大型運動地墊，可讓睡醒的嬰幼兒在此仰臥蹬動、趴肚抬頭、翻身、爬行等，以強化軀幹與四肢；軟墊上

○ 圖 3-3-2a.　混齡保育室（潭美托育家園）

○ 圖 3-3-2b.　混齡保育室（建國托育中心）

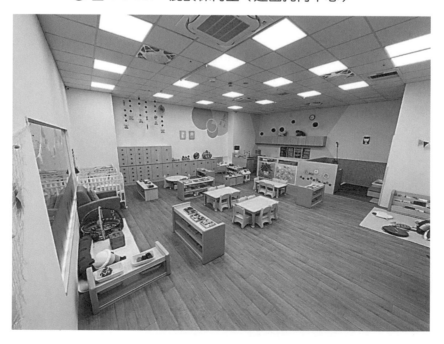

◯ 圖 3-3-3a.　護理與調 ◯ 圖 3-3-3b.　護理與調 ◯ 圖 3-3-3c.　護理與調
　　理分開 　　理分開 　　理分開

（成人座式低尿布台，明倫托嬰中心）

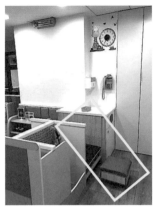

還可置有拉、拍、按、踢等會有反應如發聲、轉動等的運動架（健力架），讓嬰幼兒運動四肢，並體驗因果關係；以及安置具有各種形狀且可依需求組合造型的大型體能遊具（大型積木式體能遊具）（圖 2-2-1b、圖 2-2-1c）。此外，牆面嵌有扶手的安全鏡片（圖 3-3-4a、圖 3-3-4b），讓嬰幼兒在翻身、趴肚抬頭、爬行、試圖站立時，可觀察自己；甚至可及早備好學步推、拉車，以供發展較前的嬰幼兒不時之需。

（二）玩具操作區

　　0 至 8 個月嬰幼兒非常喜歡吸吮，甚或舔咬，什麼東西都會送入口中探索，而且也在發展著小肌肉，所以保育活動室要設有關照小肌肉發展與手眼協調的「玩具操作區」。區內備有各種軟質、可操作的適性玩教具，例如可抓握的各種造型固齒器、可發聲的各種手搖鈴、安撫玩偶、觸感軟球、洞洞球、軟質積木、套杯組、握柄式拼圖、按壓小樂器等；或者是結合不同功能的固齒搖鈴、固齒觸覺球等。

◎ 圖 3-3-4a.　牆面嵌有扶手的安全　◎ 圖 3-3-4b.　牆面嵌有扶手的安全
　　　　　　　鏡片（明倫托嬰中心）　　　　　　　鏡片（明倫托嬰中心）

（三）繪本故事區

　　閱讀習慣宜自小培養，保育活動室規劃有繪本故事區，對嬰幼兒是利多。但是由於 0 至 8 個月嬰幼兒通常會舔、咬、啃、打書，所以宜準備耐得起啃咬折損的書，如硬紙卡書、布書或軟膠質書等。很重要的是，針對此一階段的發展需求，宜準備一些文句中具有簡單疊聲、押韻或動物叫聲的繪本，讓嬰幼兒日久後也能藉著模仿逐漸朗朗上口；還有可撫觸（不同觸感材質如絨布、絲巾等）、可操作（如手指可鑽入、具小翻頁、可轉動等）的繪本，讓嬰幼兒滿足探索之需，又可參與閱讀歷程；甚至是可按壓的有聲繪本及點閱時可發聲的點讀筆，增加閱讀的樂趣，且反映時代趨勢。此外，也可準備可套於手指的手指偶、手中的布偶，或是一般的填充玩具，供托育人員說故事之用。

（四）感官探索與創作區

　　有較大空間的保育活動室可設置感官探索與創作區，以滿足嬰幼兒感官探索需求。區內備有可探索與創作的手指膏、彩糊等，各種材質的布料（如絲巾、棉布、粗麻布、絨布、毛料織品等），具各種感

官物品的寶藏籃（如精油瓶、香料瓶、安全鏡片、水晶、梳子、木頭等），可玩水的活動式水箱（有輪子可四處推動或伸縮高度，如圖3-3-5a、圖 3-3-5b）。以上這些物品都可讓嬰幼兒以感官充分探索，如果受限空間無法專門設置此區，則改以小組遊戲／探索活動呈現。

○ 圖 3-3-5a.　活動式沙箱　　　○ 圖 3-3-5b.　活動式水箱
　　　（美國 Skinner Lab School）　　　　（美國 Skinner Lab School）

　　　以上四個區角到了較大年齡段，仍可適用，只不過玩教具內容必須微調，以適合不同的年齡階段。首先 1 至 2 歲保育活動室的「體能運動區」宜增加推拉式玩具，如有造型的學步推、拉車與滑步車，提供正在學步嬰幼兒練習走路與強壯下肢機會；且最好增加扶手梯橋，讓可以走路的嬰幼兒練習爬樓梯（圖 2-2-1a）。其次「玩具操作區」宜增加拼圖、套圈組、配對組、分類組、坡軌組、撥珠軌道台、各式球類、形狀積木配對嵌盒（圖 3-3-1）、釘鎚組等手眼協調並涉及認知發展的教具。再而「繪本故事區」（圖 3-3-6a、圖 3-3-6b）可以增加更多具有重複語詞、押韻的繪本，讓嬰幼兒可以模仿、跟著唸讀，有助語言發展；或者是增添更多可以隨著內容參與或操作的繪本，例如翻開小翻頁、拉動握把（推拉書）、旋轉齒輪、以手觸摸質感、對著光線看等，讓嬰幼兒更加喜歡投入閱讀中。不過要告知嬰幼兒愛惜物

◎ 圖 3-3-6a. 繪本故事區
（建國托育中心）

◎ 圖 3-3-6b. 繪本故事區
（建國托育中心）

　　品之道，如不要用力拉扯，以防止破損。至於「感官探索與創作區」則微調成著重較多創作素材的「美感創作區」或「藝術創作區」，增添黏土、麵團、壓模器、擀麵棍、大蠟筆、彩色筆與各類紙（如宣紙、瓦楞紙、畫圖紙、錫箔紙、牛皮紙、蠟紙、玻璃紙）等。

　　除以上四區外，1歲半以上保育活動室區角宜增加「扮演遊戲區」或扮演區、家政區（圖 3-3-7a、圖 3-3-7b），蒐集各樣文化的服飾、衣帽，提供相關烹調廚用道具，以及各種填充玩偶、洋娃娃、紙箱、紙盒、布料等，以配合 2 歲前象徵性表達的萌發，讓嬰幼兒得以在此扮演。此外，宜增加「積木建構區」，提供各式積木如紙質積木、泡棉積木、膠質大樂高積木、磁吸性積木等；運輸工具如玩具工程車、卡車、汽車、飛機、船隻等；以及各種動物模型如長頸鹿、馬、牛、鯨魚、鳥等，以鼓勵各種建構行為。或者是增加「生活區」，提供一

○ 圖 3-3-7a.　扮演遊戲區　　　　　○ 圖 3-3-7b.　扮演遊戲區
　　　　　　（建國托育中心）　　　　　　　　　　　（建國托育中心）

些增進生活自理、小肌肉操作能力的教具，這些教具也可與玩具操作區合併，不獨立設區。重要的是，這些區域容許嬰幼兒自由探索，所有的玩教具都是開架可供自由選擇的。

　　而到了 2 歲前後的區角內涵也要隨著年齡成長而微調，例如積木建構區可增加體積比較小的 Kapla 積木片（圖 3-3-8a、圖 3-3-8b），鼓勵更精細的建構行為，或可自行組合的坡軌（指有坡度的軌道，如運用可鑲嵌於牆面的大型市售教材，或者是使用長條單位積木、回收材料如紙質捲筒等自行連接建造），體驗簡單力學、空間關係等。再如玩具操作區可改為「益智區」，宜增加更多元如簡單牌卡、盤面、棋類等有益認知發展的遊戲。還有在扮演遊戲區盡量不再出現仿真廚具如調理台、爐子、炒菜鍋等，好讓嬰幼兒更能象徵性表達，例如以單位積木當成手機打電話、以厚紙板當成炒鍋、以手掌翻動扮演炒菜、以紙箱當成吃飯的餐桌等。

　　總之，在區角遊戲／探索時段，嬰幼兒是可以自由移動於以上這些多元區角，因所有的教具均是開架陳列的，所以嬰幼兒能自由選擇所喜歡的活動與教具。圖 3-3-9a 至 3-3-9d 為明倫托嬰中心的保育活動室各區角全景。

○ 圖 3-3-8a.　約 2 歲玩 Kapla 積木
（愛空間托嬰中心）

○ 圖 3-3-8b.　約 2 歲玩 Kapla 積木
（愛空間托嬰中心）

○ 圖 3-3-9a.　明倫托嬰中心大寶
保育室全景（18 至
24 月）

○ 圖 3-3-9b.　明倫托嬰中心大寶
保育室全景（18 至
24 月）

◎ 圖 3-3-9c.　明倫托嬰中心中寶保
育室全景（12 至 18
月）（有學步梯橋）

◎ 圖 3-3-9d.　明倫托嬰中心小寶保
育室全景（1 歲以下）

三、提供安全、適性、有趣且有益思考或創造的玩教具

　　區角玩教具的選擇最主要的考量是安全（含健康），符合國家品質保證，無論是 0 至 3 歲或 3 至 6 歲嬰幼兒的玩教具皆是如此。其次的考量是要符合嬰幼兒的發展特性，即適性發展的教具，例如小年齡段嬰幼兒的玩教具材質最好是柔軟的、可放入嘴巴探索如固齒玩具，或者是結合固齒與其他功能（如手搖鈴、觸覺球）的玩教具等。隨著嬰幼兒成長進入學步期，玩教具更要適合其現階段與潛能發展，區角要增添不同類別的玩教具，如按壓有反應的教具，以體驗因果關係等概念；或是有益認知發展的教具，如形狀積木配對嵌盒；或是增進手眼協調的教具，如釘鎚組；或是更換稍具難度的玩教具如較多片數的拼圖等。通常有益創造或思考的玩教具，更能激發嬰幼兒的潛能，符合發展的需求。

　　嬰幼兒本具有創意，經常不按常理使用物品，例如把鞋子當小船於水裡行駛，將手柄小鍋當裝小球的容器，拿小紙箱當帽子戴等，所以玩教具要容許嬰幼兒創意運用；一般的開放性教具通常是較有益於創造的，例如可堆疊圈圍與造形的積木，可揉捏塑形的黏土，千變萬化的紙張（如可塗鴉、剪、撕、摺、黏貼、編織），可滿足觸感、堆築、進行實驗的沙與水等。有益思考的教具通常是可體驗重要認知概念，例如配對、分類、序列、型式、幾何等概念，因此像是拼圖、形色幾何片、套套杯（圈）、形狀積木配對嵌盒、彩色串珠等，均須納入區角中，以助概念與認知的發展。有益思考的教具還包括可用自己行動產生結果或引發反應的玩教具，例如線軸、球類、齒輪、斜坡、坡軌等，也須納入區角中，因為這些教具可讓嬰幼兒體驗因果關係、空間關係、物體恆存、簡單力學與科學相關概念或原理。大體而言，以上有益思考、創造的教具，通常都是很有趣、足以吸引嬰幼兒投入的。

　　有些教具則可自製，以配合主題課程之需，例如可自製動物的食物配對教具（「動物吃什麼？」）、動物拼圖、動物的家配對教具（「動物找甜蜜的家」），讓「可愛的動物」主題的區角內涵更為豐富（請參見第五章主題課程示例）。不過有些教具則是經常出現於區角中，非刻意配合主題而製作的，例如促進小肌肉發展的舀豆教具組（用湯匙舀豆入碗）、夾夾樂教具組（以衣夾沿圖像輪廓夾）；增進生活自理能力的大小鈕釦框、拉鍊衣飾框、小掃帚掃碎紙組；強化數學或益智類的點數與實物數量配對、方塊序列教具組（將大小不一的方塊排序）等。此外，積木建構區的各式積木，藝術創作區的各種媒材，扮演遊戲區的各樣道具等，也必須是常備於區角的。又通常教具要定期更換或隨主題變化，讓嬰幼兒接觸不同的教具，永保新奇感的探索興趣。

　　同等重要的是，如同第一點所述，托育人員在嬰幼兒遊戲／探索時，必須在旁陪伴、觀察並適時地激發嬰幼兒的思考或探究，例如鼓勵嬰幼兒以不同的方式使用教具或合併教具，以玩出深度與廣度，如問嬰幼兒球還可以怎麼玩？或者是促使嬰幼兒以不同的角度、面向、變項加以思考，如問嬰幼兒要怎麼做才能讓車子跑得更遠？激發嬰幼兒運用觀察、推論、比較、以行動驗證等探究力，以找出答案或解決問題。凡此種種，皆能有利於嬰幼兒的潛能發展。

四、創設戶外遊戲／探索環境並經常提供戶外探索機會

　　可供遊戲／探索的戶外環境與室內區角，一樣地重要，不可忽視！吾人非常認同 Rivkin（1995）所言，學校或托育中心若缺乏自然區域，無異是對不起孩子，不過現在都會區的托育中心通常空間有限，只能替代式地運用，例如與社區管理委員會溝通協調，運用社區前庭花園、社區內中庭花園；或是運用社區附近的公園。通常在建築物外緣的半戶外空間如寬廣走廊下，是室內外的轉銜空間，可轉換情緒之處，對於空間有限的幼兒園，在安全無虞下，也可以是個替代空間，可善加運用。不過戶外環境也像戶內一樣，宜規劃成不同的遊戲區域，例如具小型溜滑梯、鞦韆架的「遊戲結構區」，充滿感官刺激的「沙／土水」區，可自由遊戲、開闊的「草坪嬉戲區」，可騎乘、繪畫與多樣運用的「硬表層區」，飼養馴服、可愛動物的「動物觀察區」等空間區域（周淑惠，2008），讓嬰幼兒在托育人員陪伴下，安心地遊戲／探索。更重要的是，為增進嬰幼兒身體健康與環境調適能力，要經常提供嬰幼兒在戶外環境的遊戲／探索機會，每日作息皆需安排戶外探索機會。

　　在此值得注意的是，如果較小年齡段嬰幼兒與較大年齡層幼兒共用，最好是運用比鄰且區隔的一個空間，如設有圍欄、以木板加高地

勢等以示區隔，但是這區隔空間一定要遠離球類運動與跑跳的區域，讓小年齡段嬰幼兒得以身心安全地在此區域遊戲／探索，而且也能觀察到哥哥姊姊們的活動。建議在此區域可鋪上運動地墊，讓嬰幼兒翻身、爬行、走路、跑動等，以及提供大型積木式體能遊具，讓嬰幼兒可鑽爬山洞、攀爬階梯、行走獨木橋等，當然也可用提籃準備一些小肌肉操作玩具與耐啃咬的繪本。又建議於戶外也能規劃一個具可自行上下樓梯的清潔護理檯面，供換尿布與清洗之用，不僅減輕托育人員使勁懷抱之苦，而且也方便嬰幼兒於戶外遊戲／探索時使用。

五、小結

綜上所述，遊戲探索是嬰幼兒認識世界的主要方式，也是教保課程的主要內涵與方式。為回應嬰幼兒的遊戲／探索特性，保育活動室宜規劃安全、多元且容許自由探索的區角如體能運動區、玩具操作區、繪本故事區等，提供安全、適性、有趣且有益思考或創造的玩教具，並實施區角與小組遊戲／探索活動，托育人員則盡量扮演激發思考或探究的合宜角色。此外，也必須創設戶外遊戲環境，並經常提供戶外探索的機會。

第四節　鷹架嬰幼兒學習之實質作法：核心實踐 IV

適性發展實踐不僅著眼於現階段發展，而且也需針對嬰幼兒的未來發展，提供各樣支持與協助，即所謂的「鷹架」，使嬰幼兒正在發展中的潛在能力得以持續發展或延伸。鷹架（scaffolding）最早由 Wood 等人（1976）提出，乃基於 Vygotsky 社會文化論的近側發展區概念（請參見第一章第二節）。對 Vygotsky 而言，孩童既有正在成熟

過程中的能力，教學應走在發展之前，而非坐等能力成熟；即教學在創造兒童的近側發展區，喚醒並激發生命中正在成熟中的功能，提升其認知發展（Vygotsky, 1978）。換言之，教育的目的就是提供落於孩子近側發展區間內的挑戰性經驗，在成人引導下使其向前發展；所以鷹架教學係指成人與孩童間在具有挑戰性、目標導向的活動上，進行溫暖、合意的合作，並且成人在孩童的近側發展區內提供適當支持與協助（Berk, 2001）。的確，根據美國科學教師協會，嬰幼兒的能力與特性有賴成人搭建鷹架引導（NSTA, 2014）。筆者在第二章歸納各領域的教保原則時也發現，搭建鷹架是各領域教保的四大共通原則之一，足見鷹架對嬰幼兒教保的重要性。至於鷹架嬰幼兒學習之具體作法，有以下幾項。

一、與嬰幼兒建立交互主體性關係

鷹架最直接的作法就是透過「交互主體性」（intersubjectivity）的理解，設計挑戰性的活動，從中予以協助。所謂交互主體性係指對話參與者試圖抓住彼此心中想法，結果產生心靈交會、共享理解，即有共同焦點與相互理解，是一種彼此互為主體的狀態；而交互主體性乃建立在親密關係之上，有如你儂我儂的戀人關係般，某方的一個表情或肢體動作，另一方馬上心領神會，回應著對方，最後形成心靈交會狀態（Berk, 2001, 2013）。換句話說，托育人員若想透過挑戰性的活動提升嬰幼兒的發展，一定要先充分了解嬰幼兒，與其建立親密關係以達交互主體狀態，方能合宜地設計活動與提供適切的協助。成人對嬰幼兒的交互主體理解諸如，當嬰幼兒接觸新素材時（如黏土、沙等），感到不安皺起眉來，照顧他的托育人員敏銳察知後，立即抱著他自己操作該材料，並以肢體語言表現該材料很好玩，以紓解嬰幼兒的疑慮；隔了一陣子，拉起嬰幼兒小手、小腳，輕輕碰觸該素材並以

口語不斷地鼓勵其操作，嬰幼兒遂逐漸接受該素材。其實交互主體性對發展照顧者與嬰幼兒間的依附關係，是很有幫助的，所以托育人員平日就必須與個別嬰幼兒親密互動，以達心靈交會與相互理解的交互主體狀態，方能有利於設計切合的挑戰性活動，繼而搭建合宜的鷹架予以協助。

二、設計激發潛能的挑戰性活動

通常，鷹架的協助與支持大致上有兩種方式，第一種方式是關注於活動難易度的調整，也就是給予適切的挑戰（Berk, 2001）。其實在有意搭建鷹架的過程中，調整活動的難易度，以設計適切的挑戰性活動，確實不易，可能都需不只一次地嘗試，才能真正地掌握嬰幼兒的近側發展區，尤其是初任托育人員或新接手某位嬰幼兒的照護者。所謂挑戰性活動是指超乎目前嬰幼兒發展水準的活動，該活動落於潛能或正在成熟能力的近側發展區段中，是有點難度、又不會太難的活動，通常需要他人的協助、支持（即鷹架），方能完成；前面提及嬰幼兒遊戲／探索時，托育人員宜扮演激發思考角色，即是一種挑戰性刺激。若通過挑戰性的活動，嬰幼兒的能力則向前延伸，所以設計挑戰性活動，要針對嬰幼兒的潛能或正在成熟的能力；托育人員必須先與嬰幼兒建立以親密關係為基礎的交互主體狀態，方能在持續觀察與互動下，了解其潛能在哪裡或哪些能力正在成熟發展中，據以設計適切的活動催化這些能力。

拿捏嬰幼兒的潛能，設計合宜的挑戰性活動，實屬不易，可能要幾經調整。例如 2 歲 10 個月的嬰幼兒學走平衡木，初始根本不敢站上去，托育人員覺察其不安後，首先降低平衡木的高度，接著又選擇寬度較寬的平衡木，最後平衡木是既寬且低，讓嬰幼兒較有信心或不害怕，才敢站上行走；所以在鷹架行動中，不斷嘗試調整活動的難易

度，是很正常的。又如托育人員想提升剛學會走路嬰幼兒的平衡能力，設計行進中撿拾地面物品（如小球）的活動，結果嬰幼兒一變換姿勢（彎腰、蹲下）就很容易跌坐在地上；於是托育人員將撿拾地面物品，先改成拿取地面較大物品（如較好抓取的大型填充動物），又調整為拿取置於小桌上的物品，使嬰幼兒變換姿勢的幅度較小，較容易做到。值得注意的是，嬰幼兒的潛能不斷地變化，今日還在成熟、發展的能力，往往在數日後就能流暢掌握，例如三天前 4 個月大嬰幼兒，即使在托育人員幫助其側身交叉腿部下，還不會翻身，然而今天就能自動翻身。所以托育人員在親密關係中持續關注嬰幼兒，是非常必要的，才能大概掌握嬰幼兒動態變化的近側發展區。

三、提供目的在自我掌控的協助策略

鷹架的協助與支持的另一種方式是著眼於成人協助的程度或方法，也就是成人根據嬰幼兒表現，裁量協助的質與量（Berk, 2001），而裁量協助的質與量可能必須經過多次嘗試，才能真正掌握。以嬰幼兒初次自行餵食經驗為例，托育人員可以在嬰幼兒挖取碗裡食物時，協助其握住湯匙、舀出食物並平穩地移往嘴巴方向，其後中途鬆手讓嬰幼兒自己送入嘴中，至於鬆手的距離可視嬰幼兒的表現狀態加以彈性調整；也可搭配口語給予或多或少的策略提示，如食物取少些、握緊湯匙、張開大嘴巴、含住湯匙等，協助的質與量，全視嬰幼兒表現而定。再如學走平衡木活動，托育人員可在旁牽著嬰幼兒的手一起走；兩手搭在嬰幼兒腰上，穩住其身軀一起走；配合口語給予或多或少的策略提示，例如手張開、保持平衡、眼睛看前面等，協助方式與時間長短則取決於嬰幼兒的表現。

鷹架的目的主要在引導嬰幼兒專注投入，在托育人員的適當支持與協助下，最終促進嬰幼兒的潛能發展，所以在過程中嬰幼兒的心靈

必須是活躍充滿思考的，在與托育人員的心靈交會中，習得最終可以自我掌控的相關策略或知能。簡言之，鷹架的目的在幫助嬰幼兒最後能自我掌控正在學習的事項，例如雙手打開、眼睛看前面，體會平衡之道的學走平衡木；能做到握緊湯匙不晃、嘴巴含住食物，關乎手眼協調的自行餵食；可以在彎腰、蹲下變換姿勢下，體驗平衡身軀的撿拾地上物品等。如果嬰幼兒在鷹架的過程中，只是單純地收受，心靈沒有活躍投入或用心體驗，最後則無法掌控此項技能，鷹架不易發揮效果。

所以相對於完全地示範、解說、告訴答案，托育人員在提供協助或引導時，最重要的是，要設法激發嬰幼兒投入情境中，努力地思考與體驗，最終獲得相關技能。舉形狀拼圖為例，若嬰幼兒將有握柄的正方形拼圖片往三角形的空間裡塞，在塞不進去幾經用力敲擊後，托育人員提供協助的方式可以是：直接提問為何塞不進去，兩片的形狀有一樣嗎？請嬰幼兒先把手持的那片拼圖反過面來，將其放在盤中三角形空間的旁邊，再請嬰幼兒仔細觀察二者的形狀；也可以是一起計數兩個形狀的邊數，讓嬰幼兒深刻地察覺二者的不同。以上幾種方式，托育人員都不是直接告訴答案，嬰幼兒都必須心靈活躍與思考。

四、提供相互支持的多元種類鷹架

筆者針對學前幼兒曾提出六類不同鷹架，以支持與協助嬰幼兒：架構、回溯、示範、材料、語文、同儕鷹架（周淑惠，2006，2017，2018，2022），其實這些鷹架也可延伸至嬰幼兒階段，而且各類鷹架可交互為用、相互支持，托育人員宜視嬰幼兒能力、實際狀況，善加運用。必須注意的是，各類鷹架的目的都是有提升、擴展嬰幼兒潛能的意圖，不僅是單純地示範、回溯、給予材料或架構、提問對話而已，在提供以上鷹架過程中，托育人員要激發嬰幼兒投入情境與心靈

活躍，努力地思考與體驗，借助這些示範、提問對話、回溯、材料或框架等，最終有利當下活動或工作的進行，或者是自我掌控相關策略或知能。以下以第四章各領域活動示例與第五章主題課程示例為例，說明各種鷹架的運用。

（一）架構鷹架

　　即提供思考或活動的框架或方向，引領較缺乏專注力、注意力或系統化行動的嬰幼兒專注於眼前行動，讓行動聚焦或有方向依循。年齡段愈小，架構鷹架的分量則愈多。例如「我的家庭」活動自我介紹的 1、2、3、4 步驟圖像（圖 4-1-2），指引記憶力短淺的嬰幼兒口語表達的方向與內涵，就是典型的架構鷹架。再如進行「來找狗兒玩」類似障礙步道活動時，嬰幼兒忙碌於設法通過隧道、高台等，可能會忘記將路上的小狗帶到終點的大狗處，而托育人員在步道終點放上一個代表狗的家的房屋模型，房屋外放著一隻大狗填充玩具，並不時地以口語提醒嬰幼兒別忘了把小狗帶回家，狗爸爸在家裡等著，結果大部分嬰幼兒都記得把小狗帶回家，去找狗爸爸玩。這房屋模型、大小狗填充玩具與障礙步道，提供行動的方向與框架，就是一種架構鷹架。

（二）回溯鷹架

　　即以回憶舊經驗方式，協助記憶較為有限的嬰幼兒喚起昔日記憶、勾勒出印象，以助當下活動或事項的進行。例如在「可愛的動物」主題進行毛毛蟲捏塑活動時，托育人員手持搓好的小湯圓並運用照片，請嬰幼兒回憶「我是點心師傅」活動中小湯圓是如何搓揉的，喚醒過去經驗後，於是嬰幼兒開始動手嘗試搓揉麵團。再如托育人員在與嬰幼兒共讀《好餓的毛毛蟲》繪本，在最後出現一隻炫麗的蝴蝶

時，她立即呈現上個星期嬰幼兒在戶外花園用手揮、撲與追逐蝴蝶的照片。當嬰幼兒將繪本上的**蝴蝶**與舊經驗連結時，似乎都很興奮，有二、三個嬰幼兒拿著照片一直觀看，嘴裡還咿咿呀呀地說著；有的則是身體湊近托育人員，指著繪本上的蝴蝶觀看並發出相近於「蝶」的聲音。

（三）示範鷹架

除遊戲／探索主要方式外，模仿、練習也是嬰幼兒的學習方式，所以以適度的肢體語言、材料或實物為參照，讓嬰幼兒可以仿效或運用，幫助經驗、技巧或理解力等較有限的嬰幼兒，抓住重要技巧或行動方法，也是重要的鷹架。年齡愈小的嬰幼兒，示範鷹架的分量則愈多。例如在「聞樂起舞」活動中，當音樂響起，毫無經驗的嬰幼兒呆滯地站著，此時托育人員跟著音樂節奏，示範大步地向前走並左右擺動身體，隨後鼓勵嬰幼兒一起大步走，並不時地誇讚其表現，嬰幼兒終於逐漸邁開步伐、擺動身軀。再如嬰幼兒在初接觸某種新教具或新遊戲時，都可能需要托育人員適度地示範，如當想要激發嬰幼兒的象徵性表達時，托育人員抱著小熊填充玩偶說：「小熊一直嗚嗚地哭，好像肚子餓了，我要餵牠喝奶。」於是用長條積木當奶瓶餵著小熊，這樣適度的示範，引發其後嬰幼兒以圓柱體積木當奶瓶的仿效行為。其實在嬰幼兒生活保育事項與教保課程中，有很多機會需要示範，引導孩子向前延伸能力，例如本書在論及各發展領域的指導原則提出：托育人員示範如何調節情緒、示範有益認知發展的行為等皆是。

（四）材料鷹架

即教師提供多元材料或工具，讓嬰幼兒思考、表徵，甚或探究，以協助嬰幼兒更加理解、建構概念或探索行動。例如在玩麵團時，提

供擀麵棍、冰棒棍、壓模器等，或是在觀察蘋果、戶外花草時，提供放大鏡，均能引發嬰幼兒多樣探索行為。又如在扮演遊戲時，托育人員提供紙箱、布料等，問嬰幼兒這些東西可以做什麼，引發多樣表徵的扮演行為。再如在水箱玩水時，托育人員提供可能引發認知衝突的物件，如海綿塊、泡棉積木、小鋼珠、皮球、高爾夫球等，激發嬰幼兒思考與進一步的探究，以上材料提供均發揮材料鷹架之效。不過多種鷹架要相互搭配，才能發揮更大效果，例如在提供材料鷹架後，可能要稍加示範、說明，或給予框架、方向（架構鷹架），或以語文提問促其思考（語文鷹架），或回溯經驗激發新想法（回溯鷹架），或暗示、提示（語文鷹架）等，以利激發嬰幼兒的多樣表現。

（五）語文鷹架

即透過讀寫及言談對話，幫助幼兒思考、推理與探究，因為語文就是「心智工具」（Bodrova & Leong, 2007）。第四章各領域活動示例的「對話補說」策略，運用提問、猜臆、填補、確認、重述、重整等，幫助嬰幼兒口語表達，就是語文鷹架最佳寫照。語文為各種鷹架的核心，各種鷹架都須仰賴語文的中介或傳達，像是提示、暗示、提問、提醒、示範、說明、鼓勵等協助，很多都是口語提出。以「來找狗兒玩」活動為例，提供的房屋模型、障礙步道與大小狗填充玩具架構鷹架，則有賴情境故事的口語提示：「別忘了把小狗帶回家，狗爸爸在家裡等著。」加以實現，這也是一種語文鷹架。又上述示範鷹架中托育人員以口語：「小熊好像肚子餓了，我要餵牠喝奶。」中介了她的扮演，藉以引發嬰幼兒更多元的扮演行為，也是語文鷹架。還有玩麵團時擀麵棍、壓模器等材料鷹架的提出，都是以語言為仲介，讓嬰幼兒思考、表徵與探究。

　　至於書面語文的鷹架，在嬰幼兒階段亦可運用。例如「小白兔的家」活動中的房屋輪廓海報，各嬰幼兒欄位下有該嬰幼兒的照片、名字、手印與塗鴉，就是借助圖像與語文傳達我們是一家人的意象，提醒嬰幼兒間彼此相愛，不僅是架構鷹架，也是語文鷹架。再如「我的家庭」活動中的自我介紹流程圖，就是借助書面與圖像提供嬰幼兒自我介紹的內容與方向，幫助他更容易地作口語表達，不僅是架構鷹架，也是語文鷹架。此外在區角中使用箭號（如←↑↓→），指示教具如何歸位與操作步驟；或是以手指垂直放在嘴唇上的圖像，代表「噓！」，傳達「這是安靜的區角請小聲安靜」意涵，都是書面語文的鷹架。

（六）同儕鷹架

　　即借助混合年齡或混合能力的舉措，讓較有能力或年齡較大的同儕，發揮激發與協助其他嬰幼兒模仿或思考的作用。例如托育人員在扮演遊戲中發現，某位嬰幼兒較能做到物品取代，即創意地象徵性表達，於是特意安排小組扮演遊戲，讓他帶動其他嬰幼兒。又如在「彩糊繽紛」活動中，某位嬰幼兒較能運用身體其他部位大膽表徵，於是安排他至別組，引領其他嬰幼兒也能創意揮灑。再如生活作息中發現，某位嬰幼兒較能表現出安慰情緒不佳同儕的行為，於是托育人員對著其他嬰幼兒大大地誇讚並舉出行為事實，如抱著同儕安慰、給同儕喜歡的玩具、在旁陪伴等，有意地激發其他嬰幼兒，希望能爭相效尤，也是同儕鷹架的運用。

五、伴隨溫暖回應與鼓勵

　　當托育人員在搭建鷹架協助嬰幼兒時，適時地誇讚嬰幼兒的表現，給予信心支持，並針對嬰幼兒的問題，給予溫暖回應，是非常必

要的。舉學走平衡木為例，托育人員溫暖的回應如：「做得很好、很棒！手有張開了，給你拍拍手喔！」、「現在眼睛要看前面，不要看我喔！很好！眼睛看前面喔！眼睛看前面。」、「哇！已經走了大半了，很棒啊！我在旁邊跟著你，我們一起走。」同樣地在撿拾地上物品活動中，托育人員也要適時誇讚嬰幼兒的表現，給予信心支持，並針對各種問題，如身體無法保持平衡、心裡害怕等，作溫暖的回應。如果能做到這樣，對嬰幼兒學習新事物與能力的幫助是很大的。

六、逐漸退除協助的質與量

鷹架的主要目的在讓嬰幼兒最後能自我掌握相關策略、技能，職是之故，當托育人員在協助嬰幼兒時，也要關注協助的質與量的漸退，好讓心靈活躍的嬰幼兒從實質體驗與思考中，逐漸擔負起責任，即協助的品質與數量必須逐漸減少，最後則完全退除。以學走平衡木為例，從一開始兩手搭住嬰幼兒腰的兩側，穩住其身軀，經過僅用一手牽住嬰幼兒的手一起走，再到口語提示保持平衡，讓嬰幼兒從「兩手張開、眼睛看前面」的提示中，體驗平衡之道，逐漸領會習得技巧。再如嬰幼兒學習自行餵食時，從一開始協助其握住湯匙並往嘴巴方向送，改為只在挖取碗中食物時幫其握緊，其後又改成僅以言語提醒舀少一些、平穩不晃等，最後嬰幼兒得以完全自行進食，且掉落於飯桌上的食物量逐漸減少。

七、小結

本節探討鷹架嬰幼兒學習之具體作法數項，也提出相互為用的六類鷹架，托育人員宜智慧地運用。值得注意的是，愈不熟悉的經驗，所需鷹架的質與量也會加增；而且同樣的遊戲或活動，不同的嬰幼兒因近側發展區不同，所需的鷹架支持與協助自然不盡相同。不過，任

何的鷹架都必須建立在親密關係之上，才能產生水乳交融的交互主體性境界，有利知曉嬰幼兒的潛能、設計合宜的挑戰性活動並予以適切的支持與協助。至於在整個鷹架搭建的歷程，嬰幼兒必須是專注活躍地參與其中，成人的協助則必須逐漸退除，如此方能真正理解、體驗與掌握相關策略與知能，實質地擴展近側發展區，並有效地促進嬰幼兒的發展。

第五節　嬰幼兒教保課程之樣貌

　　以上各節，分別探討四項適性發展核心實踐的實質作法，這些實踐形同嬰幼兒教保課程的指導方針，而其具體開展與實施就構成嬰幼兒教保課程。值得注意的是，這四項核心實踐均以嬰幼兒各領域發展為念，足見嬰幼兒全面發展是教保課程的關注焦點：「均衡適性的課程」旨在依據嬰幼兒發展狀況，設計與實施年齡、個別與文化合宜的課程，以促進嬰幼兒的最佳發展；「保育作息即課程」必須參照嬰幼兒發展狀況，安排作息時間、進行生活保育並親密互動，使之發揮「生活中學習」效果；「遊戲／探索即課程」則要關注嬰幼兒遊戲／探索能力的發展、興趣與需求，提供合宜的區角與小組遊戲／探索活動；「鷹架嬰幼兒學習」更要了解個別嬰幼兒現階段發展與近側發展區，方能設計適切的挑戰性活動與提供合宜的鷹架，以提升嬰幼兒的潛能。

　　其次吾人也發現，無論是計畫與實施均衡適性的課程，讓保育作息即課程發揮成效，規劃遊戲／探索環境或活動安排，甚至是有效地鷹架嬰幼兒的學習，均需與嬰幼兒建立親密關係，確實是印證第一章適性發展實踐架構所指：建立關係是適性發展實踐的運作基礎，沒有建立關係，適性發展實踐無以運作；而且這也呼應第二章所歸納的各

領域教保四大共通原則之一。基於以上論述，四項適性發展核心實踐其實是密切相關的。至於嬰幼兒適性發展實踐的教保課程樣貌是什麼？本節基於嬰幼兒發展與適性發展四項核心實踐，旨在運用課程與教學的重要元素——目標、內容、方法、評量，進一步地綜合與分析，以勾勒出 0 至 3 歲教保課程的樣貌；此外，也從課程與教學的實際運作角度——課程與教學設計、課程與教學實施，來檢視 0 至 3 歲教保課程的樣貌，期望讀者對嬰幼兒教保課程能有較為完整與清晰的理解。

一、教保課程樣貌：課程與教學要素視角

為了促進每位嬰幼兒的最佳發展，適性發展實踐的教學是具有意圖性的，教師也是高度有意圖的，訂有清晰定義、有目的性的發展與學習「目標」（Copple et al., 2011; Copple et al., 2013）。有了課程與教學的「目標」，則要設計課程與教學的「內容」來承載與傳達目標，並透過課程與教學的「方法」去實現目標與內容，最後則透過「評量」來了解學習與發展的狀況，即目標實現的狀況。亦即目標、內容、方法、評量是課程與教學的四個要素，表 3-5-1 是透過課程與教學要素的綜合與分析，呈現嬰幼兒教保課程的樣貌。

（一）課程與教學目標

如表 3-5-1 所示，嬰幼兒教保課程在課程與教學的目標方面，除了著重嬰幼兒的全面發展即全人均衡發展外，也重視嬰幼兒的潛能得以延伸發展，更強調個別嬰幼兒的適性發展，綜合以達嬰幼兒最佳發展目的，這是適性的教保課程設計之主要依據。

● 表 3-5-1　0 至 3 歲教保課程樣貌：課程與教學要素視角

課程與教學要素			
	目標	內容	方法	評量
1.	全人均衡發展	各發展領域與相關知能（含挑戰性活動）	了解嬰幼兒發展並建立親密關係	定期觀察、評量與記錄發展及學習狀況
2.	潛能延伸發展	保育作息事項（生活中事項）	實施區角與小組遊戲／探索活動並善用生活中學習機會，兼採多元教學方法	蒐集多元評量資料（含家長）並分析、比較與研討
3.	個別適性發展	遊戲／探索經驗（環境中人事物）	規劃安全、適性的遊戲／探索戶內外環境與提供有益思考或創造的玩教具	依據分析結果調整課程與教學，在園育成適性發展課程
4.		社會文化與語文	激發思考或探究並搭建鷹架	
5.			與家長建立夥伴協作關係	

（二）課程與教學內容

　　嬰幼兒教保課程在課程與教學的內容方面，最重要的是，設計能促進各領域發展與相關知能的均衡活動，也含挑戰性的活動，以鞏固現階段發展與促進潛能發展；同時著重例行保育作息事項的生活中學習，以及涉及與內外環境中人、事、物互動的遊戲探索經驗；此外，也看重嬰幼兒家庭的社會文化與語言成分，將其融入課程內涵中，最終達到每位嬰幼兒全人均衡且最佳發展目的。可見與嬰幼兒相關的人、事、物、地等，都可以是 0 至 3 歲教保課程與教學的內涵，這是設計適性的教保課程所需安排與組織的。

（三）課程與教學方法

　　嬰幼兒教保課程在課程與教學方法方面，首須透過各種方式了解嬰幼兒發展並建立親密關係，而在愛中回應性互動則是關鍵，方能有利各項適性教保實踐的運作。其次，必須實施區角與小組遊戲／探索活動並善用生活中學習機會；團體活動盡量減至最少，尤其愈小年齡段的嬰幼兒個別差異愈大，愈需如此安排，因此實質規劃安全且適性的戶內、外遊戲／探索環境，尤其是富有思考或創造性玩教具的保育室多元區角，以供嬰幼兒自由選擇遊戲／與探索內涵，就顯得相當重要。除遊戲／探索主要學習方式外，也必須適度地兼採其他教學方法，如示範、給予框架後的練習、模仿機會等。而為激發思考或探究並促進嬰幼兒潛能發展，托育人員提供合宜的鷹架支持或引導，是非常必要的。最後也是很重要的，那就是與家長建立夥伴協作關係，即秉持相互尊重、平等互惠精神，經常溝通與交流資訊，且相互支持、配合教保措施。

（四）課程與教學評量

　　如表 3-5-1 所示，嬰幼兒教保課程在課程與教學的評量方面，首須定期觀察、評量與記錄嬰幼兒的發展與學習狀況。其次盡量要蒐集多元評量資料（含家長），並做比較、分析與研討；多元的評量方式可以是托育人員直接觀察記錄、與嬰幼兒延伸對談、訪談或與家長對談，甚或蒐集嬰幼兒的作品等。又評量記錄資料可進一步綜合、分析前因後果，比較嬰幼兒各領域發展前後的進展狀況，並在托育人員夥伴間研討交流，以獲致更為客觀、正確的資訊。最後將分析與研討結果作為調整課程與教學的依據，使教保課程在園育成符合嬰幼兒所需的均衡適性課程，這也是嬰幼兒適性發展實踐的課程關注焦點。

二、教保課程樣貌：課程與教學運作視角

　　表 3-5-2 是透過另一個視角，即課程與教學實際運作的綜合與分析──課程與教學設計、課程與教學實施，呈現嬰幼兒教保課程的樣貌。

● 表 3-5-2　0 至 3 歲教保課程樣貌：課程與教學運作視角

課程與教學運作		
	課程與教學設計	課程與教學實施
1.	符合課程與教學的目標與內容（如表 3-5-1 所示）	運用課程與教學的方法與評量（如表 3-5-1 所示）
2.	呈現以主題統整的均衡適性課程	配合各領域教保原則，尤其是四項共通原則（如表 2-5-1 所示）
3.	課程具有適性發展的各領域活動	

（一）課程與教學設計

　　具體而言，在設計 0 至 3 歲教保課程與教學時，首先要符合表 3-5-1 課程與教學的目標與內容，也就是要針對全人均衡發展、潛能延伸發展、個別適性發展三項目標而設計；接著選擇與組織合宜的內容──各發展領域與相關知能、保育作息中相關事項、遊戲／探索中相關經驗、社會文化與語文。最後設計成以「主題課程」統整各領域的均衡適性課程，這課程則兼顧區角、小組遊戲／探索活動並善用生活中學習機會；而主題下的各領域活動則符合年齡發展、個別差異與社會文化的適性發展活動，當然也包含挑戰性活動，以激發嬰幼兒潛能發展。

（二）課程與教學實施

　　至於在實施 0 至 3 歲教保課程與教學時，首先要運用表 3-5-1 的課程與教學方法與評量。在方法方面諸如：了解嬰幼兒發展並建立親密關係；實施區角與小組遊戲／探索活動，並善用生活中的學習機會，兼採多元教學方法；規劃安全、適性的遊戲／探索戶內外環境與提供有益思考或創造的玩教具；激發思考或探究並搭建鷹架，以延伸發展；與家長建立夥伴協作關係。其次在評量方面諸如：定期觀察、評量與記錄發展與學習狀況，蒐集多元評量資料（含家長）並分析、比較與研討，最後依據分析結果調整課程與教學，在園育成符合托育園所嬰幼兒需求的適性發展課程。

　　針對主題課程中的各領域教學活動之實施，則要配合領域合宜的教學方法或策略，即第二章依據嬰幼兒發展趨勢與影響因素，所提出的各發展領域教保原則（表 2-5-1）。也就是教保課程的實施，除運用以上的教學方法與評量，也要配合各發展領域的教保原則，例如情緒社會領域的示範與協助調節情緒，鼓勵與示範利社會行為；語文領域的保育作息情境中回應互動，新鮮好奇情境中回應互動；體能動作領域的強調生活自理技能，重視每日戶外時間；認知領域的鼓勵好奇、解答疑惑與解決問題，示範有益認知發展的行為以引發模仿等。特別是要關注四項共通的教保原則——與嬰幼兒建立關係、規劃環境、以遊戲／探索為主模仿練習為輔的學習方式、搭建鷹架。果若如此，將使課程實施或教學互動更加符合嬰幼兒所需，促進嬰幼兒的發展與學習。

三、小結

　　本節從課程與教學要素（目標、內容、方法、評量）、課程與教學運作（設計、實施）兩個視角，分析了關注嬰幼兒發展的適性發展實踐之教保課程樣貌，有助於吾人更加了解0至3歲的教保課程樣貌，更能適性地設計與實施嬰幼兒教保課程。在均衡適性教保課程下實施各領域教學活動時，則要遵循各發展領域的教保原則，更要關注四項共通的教保原則（表2-5-1），二者相輔相成。換言之，托育人員宜將這些教保原則置於心中，作為實施教保課程的參照，若發現嬰幼兒在某領域發展落後，則可依據該領域教保原則加以補救或強化。

嬰幼兒各領域活動示例：
適性發展實踐觀點

　　本章主要目的在提供四大發展領域的適性發展活動設計示例——情緒社會、體能動作、認知、語文，所以共分四節呈現。每一領域（節）皆有六個活動，每個活動或多或少涉及其他領域，顯示各領域間的相互關聯性；又每個活動都包含三個年齡層——0 至 1 歲、1 至 2 歲、2 至 3 歲，如表 4-1-1 所示。為擴增參考對象如居家托育人員、嬰幼兒父母等，此章活動中之托育人員概稱為成人。這些設計的活動基本上具有以下幾個特色。

● 表 4-1-1　各領域適性發展活動一覽表

年齡 ＼ 領域	情緒社會	體能動作	認知	語文
0 至 1 歲	小白兔的家	堆堆疊疊	寶貝籃（箱）	合攏張開
1 至 2 歲				
2 至 3 歲				
0 至 1 歲	我的家庭	來找狗兒玩	好吃的蘋果	身體部位玩遊戲
1 至 2 歲				
2 至 3 歲				
0 至 1 歲	送小熊寶貝回家	聞樂起舞	紙箱扮家家	情境式說話
1 至 2 歲				
2 至 3 歲				
0 至 1 歲	好多球喔！	球真好玩！	尋花問草	動物與叫聲
1 至 2 歲				
2 至 3 歲				
0 至 1 歲	我愛文化日	戳戳插插	影子變變變	小小地種小花
1 至 2 歲				
2 至 3 歲				
0 至 1 歲	心情與表情	我是點心師傅	彩糊繽紛	找一找東西
1 至 2 歲				
2 至 3 歲				

一、按年齡加深加廣的適性活動

　　本書考量托育機構現實收托情況，設定 0 至 3 歲範疇，活動是依據 0 至 1 歲、1 至 2 歲、2 至 3 歲嬰幼兒的該領域發展概況，而設計內容，基本上是適性發展的活動。首先，整體活動自然地顯現依年齡層而加深加廣的特性，也就是 1 至 2 歲的活動內涵比 0 至 1 歲內涵深或廣一些，2 至 3 歲的活動內涵比 1 至 2 歲內涵深或廣一些，反映年齡合宜性。其次，這些活動約有一半以上可在具個別探索性的區角進行，或在小組進行後置於區角中，反映個別合宜性；而且這些活動也包含文化特色活動與建立關愛社群的活動，反映文化合宜性。

二、具複合性的活動

　　由於嬰幼兒時期的成長與發展非常迅速，12 個月間距的成長變化甚大，例如通常 1 歲左右嬰幼兒開始蹣跚學步，其後能走路、跑步、踢球、爬樓梯，到了 2 歲左右能墊腳尖走、雙腳原地跳起等，其間變化神速；而且嬰幼兒間的個別差異也很大，如有些近 2 歲嬰幼兒已經能和成人指著繪本一來一往地對話，有些在單字句中，而有些則除了爸爸、媽媽外，尚未開口說任何的話。所以基本上本章各領域的活動盡可能地採複合性設計，主要目的在配合廣泛的發展差異狀態，讓讀者自行選擇適合嬰幼兒能力或興趣的內容或互動方式。例如在語文活動經常會看到「視嬰幼兒能力說出名稱、指認或仿說」，亦即能說出物體名稱，無法說出名稱但能指認，或是成人說出名稱嬰幼兒仿說，都是可以接受的，完全取決於嬰幼兒的發展狀況。而複合性活動設計的另一個目的則是，讓想激發嬰幼兒潛能發展的讀者，能有所選擇。

三、具遊戲／探究性的活動

　　遊戲／探索是嬰幼兒很重要的學習方式與內涵，嬰幼兒在遊戲中探索，也在探索中遊戲，二者很難劃分，重要的是，適性發展與各國嬰幼兒相關文件指出，遊戲／探索可促進各領域的發展，所以本章各領域適性發展活動在設計時，就將遊戲／探究性考量進去，盡量讓嬰幼兒透過這些遊戲／探索活動，能夠思考提升遊戲的層次，或者是運用簡單的觀察、推論、比較、行動驗證等探究能力，去解決遊戲中的問題。近來來各國推崇的 STEM 教育，就是以探究、解決問題為精神，這些能力也是未來人工智慧時代很重要的能力，故而特意地納入本書，以呼應原本就強調遊戲／探索的適性發展活動中。不過這些活動也並未排除示範讓嬰幼兒模仿或仿說，以及也並未摒棄適度練習如跟著重複唸讀、練習技能等學習方式。值得注意的是，能力是慢慢堆砌累積的，思考或探究習慣是逐漸養成的，也許嬰幼兒初始無法做到，請持續嘗試不要氣餒，在沉浸日久後，定能顯現成效。

四、含鷹架與說明的活動

　　為反映四項核心實踐之一的「鷹架嬰幼兒學習」，也利於讀者於實施活動時，知道如何具體地搭建鷹架，故於活動中盡量標示可搭鷹架種類如架構鷹架、語文鷹架、材料鷹架等；同時於活動中也附註一些說明，讓讀者知道為什麼這麼做，例如絕大部分 0 至 1 歲的嬰幼兒不會說話，活動中有附註說明為什麼成人還要與之對話。

第一節　情緒社會領域適性發展活動示例

　　情緒社會領域能力大多必須在生活作息中自然地培養，如調節情緒、利社會行為等，也可設計活動強化之。本節有六個設計的活動，是按三個年齡層敘寫的，依序地加深加廣。由於嬰幼兒個別差異甚大，在參考運用時，請視嬰幼兒發展與表現，在複合性活動內自行斟酌、選擇，或移向前、後一年齡層的活動。

一、小白兔的家

活動名稱：小白兔的家
活動目標：增進關愛的社群感，認識愛的具體表現
涉及領域：情緒社會、語文
準備材料：如圖 4-1-1 的房子大海報、大蠟筆、嬰幼兒照片

0 至 1 歲

1. 成人出示一張畫有數個窗口房子的大張海報，房頂上寫「小白兔的家」（班名），並貼著成人的照片，窗口下面寫著各個嬰幼兒的名字。以肢體語言指著海報各個對應處告訴嬰幼兒，大家都住在小白兔班的房子裡，老師好像是你們的大家長，窗口下面有大家的名字，我們好像是一家人一樣，要互相愛護、照顧。現在大家要住進來了，這幾個窗口要貼上每個人的照片與蓋上手印（註：接收性語言是表達性語言的基礎，在嬰幼兒還不會說話時，就要與之對話）。

2. 協助嬰幼兒於自己的照片背面塗上膠水，貼在房子的窗口上，並讓嬰幼兒在自己名字下蓋手印（因年齡段小，貼照片、蓋手印由成人

幫忙完成的成分較多）。然後將「小白兔的家」海報（圖 4-1-1）嵌於低矮牆面的壓克力玻璃展示框內。

3. 成人說照片貼好了、手印蓋好了，大家都住進來了。接著重點在成人以肢體語言演示與說明如何表現愛的行為，如一起共享、輪流使用玩具，別人跌倒、難過時安慰他等。

4. 最後成人示範兩兩擁抱，鼓勵嬰幼兒仿效做出，並與幾位嬰幼兒圍抱在一起（註：建立關愛的社群，讓成員具有歸屬感、安全感與幸福感，是適性發展實踐很重要的成分，這個活動如同成立關愛社群的儀式般，「小白兔的家」海報也形同架構鷹架，指引著嬰幼兒的行為方向）。

1 至 2 歲

1. 同 0 至 1 歲第 1、2 點，不過盡量讓嬰幼兒自行塗膠黏貼照片、蓋手印。

2. 成人在其照片旁用大蠟筆畫上喜歡的圖，告訴嬰幼兒也在「小白兔的家」（圖 4-1-1）每人手印下的空白處，用大蠟筆（每個人不同顏色）塗鴉，想畫什麼就畫什麼，鼓勵嬰幼兒試著動手，即便只是線條或亂畫。

3. 成人指著嬰幼兒照片叫出其小名，誇讚其塗鴉表現，然後大家一起計數小白兔家裡有多少人，再次強調家人要彼此相親相愛。

4. 重點是與嬰幼兒討論什麼行為是愛的表現，當成人舉例說明，並以肢體語言示範提供鷹架後，引導嬰幼兒思考還有什麼其他表現，綜合運用「對話補說」策略，即一問一答、猜臆、填補、重述、確認，最後統整方式，助其完整表達出來（註：此舉是「語文鷹架」，目的在鼓勵與協助嬰幼兒表達想法，從小培養思考習慣，但不強行要求結果。）有必要時視嬰幼兒狀況，再行提示、示範或請

其仿做。最後帶著嬰幼兒兩兩相互擁抱、成人與幾位嬰幼兒圍抱在一起。

5. 將「小白兔的家」海報張貼牆面矮處，晨圈圍坐點名時，一起查看家人出缺席人數。

2至3歲

1. 同1至2歲第1、2、3、4點，重點放在第4點引導嬰幼兒思考愛的表現有哪些。

2. 不同的是，成人運用「對話補說」策略，請嬰幼兒介紹他的塗鴉畫作，如成人先問：「你畫的是什麼？」然後從其回答狀態中加以猜臆、填補、確認、重述，最後加以重整（註：雖然嬰幼兒口語表達有限，一開始成人可能需要大量猜臆、填補，不過這個活動提供對話溝通與練習說話的機會）。

3. 因為已經到了幼兒園幼幼班階段，此活動成為全班大團體活動，房子輪廓要寬大一些，或是取消手印，容納較多孩子的照片，且每行照片下每日更新貼上一張白紙，以供嬰幼兒塗鴉。

4. 當每日早晨嬰幼兒抵達時，請其在照片下的白紙塗鴉，代表簽到意義；在接續的團討時間計數出缺席人數，並簡短地談論每人塗鴉內涵。成人視嬰幼兒口語表達能力，酌情運用「對話補說」策略。

◎ 圖 4-1-1.　0 至 2 歲「小白兔的家」海報示意圖

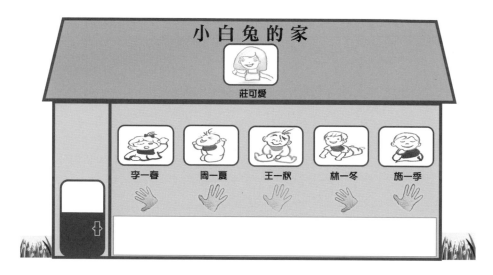

二、我的家庭

活動名稱：我的家庭
活動目標：連結家庭與托育中心，增進嬰幼兒的安全、信任感，促進語文表達能力
涉及領域：情緒社會、語文
準備材料：對嬰幼兒有意義的照片（家長寫有文字說明）、嬰幼兒喜歡的物品

0 至 1 歲

1. 請家長帶入對嬰幼兒有意義且具有文字說明的照片二至三張（請家長事先書寫訊息於照片後，如人物、活動、環境），以及嬰幼兒喜歡的物品一件等。

2. 一對一與嬰幼兒互動，手指著照片依序從嬰幼兒、爸媽照片開始談論，例如：「這是誰啊？是伊伊啊！」、「伊伊穿紅色的衣服！好漂亮。」、「伊伊手裡拿著小皮球！」、「這是媽媽抱著伊伊！媽媽戴著眼鏡。」、「這張是伊伊和爸爸、媽媽合照。」告訴嬰幼兒會把這些照片貼在小床邊牆上，每天都可以看得到（註：嬰幼兒還無法認出照片中的人物，但他可以感受這是與他有關的，而且接收性語言是表達性語言的基礎，在嬰幼兒還不會說話時，就要與之說話）。

3. 拿出嬰幼兒喜歡的物品與之對話，如：「這個好像是照片上的球！」、「你喜歡球嗎？是這個嗎？」容許會表意溝通的嬰幼兒以點頭、搖頭、用手指或其他會意方式回答。

1至2歲

1. 將家裡帶入的照片貼在團討區的活動式看板上（成人事先看過背後家長寫的文字說明），每天輪流讓一至二位嬰幼兒試著自我介紹。

2. 成人拿出看板指著照片說，今天要自我介紹的是××。視嬰幼兒能力，綜合運用「對話補說」策略，如提問、猜臆、填補、確認、重述與重整等方式，協助該嬰幼兒介紹他的家庭成員、活動內容、喜歡的玩具或喜歡的食物等。

3. 例如成人指著有兩個大人、兩個小孩的全家福照片說：「這個寶貝是伊伊嗎？」（註：1歲半後接近2歲前的嬰幼兒通常能指認出照片中的自己）「這張照片，抱著伊伊的是誰？」（提問），如果嬰幼兒未回答，成人說：「他好像是每天送你來小白兔家的人，是你媽媽喔！」、「這個小孩看起來比你大，應該是你姊姊！」（猜臆、填補），再如：「你喜歡什麼玩具？」如果未回答，成人填補說：「我通常手裡會拿著喜歡的東西，是球嗎？」（猜臆、填補）、「是你手裡拿著的球嗎？」、「還是你喜歡旁邊的沙鈴？」（確認）。當伊伊點頭，或用手指球，或其他方式示意，成人請其仿說「球」、「喜歡球」，並對其他嬰幼兒說：「伊伊說她喜歡球！」（重述）。

4. 成人對著大家幫伊伊重整：「伊伊家裡有爸爸、媽媽、姊姊、伊伊自己，共四個人，伊伊很喜歡球，經常拿著球！」整個過程以鼓勵對話為旨，不強行要求結果。

5. 運用壁報紙裁成「我的小書」，協助嬰幼兒將照片貼於小書，並鼓勵在空白處塗鴉。

2至3歲

1. 如 1 至 2 歲第 1、2、3 點。不同的是，一開始先請嬰幼兒們猜猜這是誰在嬰兒時的照片？然後才請該嬰幼兒出來自我介紹，增加大家的興趣與投入。

2. 值得注意的是，成人所運用的「對話補說」策略，如問答、猜臆、填補、確認、重述與重整方式，宜視嬰幼兒個別差異而酌情調整，有些 2、3 歲嬰幼兒能自行說出家人名稱、喜歡事物，也能與人對話，協助的程度、分量相對較少，不過大部分的嬰幼兒或多或少還是需要幫助的。

3. 最後請嬰幼兒試著自己統整，成人可提供如圖 4-1-2 的架構鷹架幫助他，即以圖像提示：(1)我的名字；(2)我家有哪些人；(3)我喜歡的玩具；(4)我喜歡的食物。請嬰幼兒看著圖像（成人依序指著），試著說出。

4. 運用壁報紙裁成「我的小書」，請嬰幼兒貼照片於小書，於空白處塗鴉。

○ 圖 4-1-2. 「我的家庭」自我介紹之架構鷹架示意圖

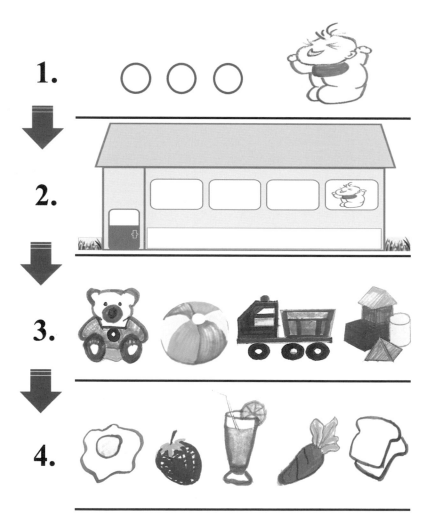

三、送小熊寶貝回家

活動名稱：送小熊寶貝回家
活動目標：能同理並安慰他人，能與人發生關聯，能假裝扮演
涉及領域：情緒社會、認知
準備材料：小熊玩偶、房屋模型兩個

0 至 1 歲

1. 安排可穩坐的嬰幼兒間隔坐成半圓狀，在半圓座位一端放房屋模型假裝是奶奶的家，另一端也放房屋模型假裝是小熊的家，成人拿出小熊玩偶，以肢體語言扮演出小熊哭泣聲，說：「小熊到奶奶家玩，天黑了，爺爺生病了，無法送牠回家，牠很害怕。」停頓一下，再說：「請安慰小熊，然後抱給旁邊的小朋友，一個一個傳送小熊回到牠家。」

2. 接著成人示範抱著小熊輕輕撫拍的動作，同時也示範輕輕地傳送小熊給下一位的動作，期能引發嬰幼兒模仿，然後讓嬰幼兒一個個地做與傳送，成人在旁提示與鼓勵。不過僅要求能做到傳給下一位嬰幼兒，最後傳回小熊的家，即刻意讓嬰幼兒間藉傳送動作，與人發生關聯。

3. 將小熊、房屋模型放在區角，供嬰幼兒自由探索。

1 至 2 歲

1. 同 0 至 1 歲第 1 點，不過座位間隔大一些，讓嬰幼兒站起來走動，傳給下一位。

2. 此年齡段宜讓嬰幼兒承擔較多的思考，成人提問：「小熊很害怕，要怎麼安慰怎麼做？」稍微停頓一下，期望嬰幼兒有想法；如果沒

有反應，成人提示或示範，如抱緊小熊說：「小熊很害怕，我抱緊牠，還可以怎麼做？」（如輕輕撫拍小熊、幫小熊擦眼淚）。再問要怎麼傳給下一位（如輕柔地、平穩地、確認對方抱到小熊），讓嬰幼兒思考，並視其狀況提示、示範或請其仿做。

3. 整個過程中，若嬰幼兒能做到，則誇讚，並以肢體語言指出他哪裡做得好，如：「好棒！小齊有輕輕撫拍小熊！」、「好棒！阿達有輕柔地把小熊抱給旁邊的小志，沒有大力地丟過去！」若嬰幼兒想不出，成人再予示範，期望其仿做，或引發不同想法。

4. 當將小熊接力傳送到小熊家時，假扮熊媽媽的成人說：「謝謝好心的你們！謝謝！」並引導嬰幼兒說：「不客氣！」或「不謝！」

5. 將小熊、房子模型放在區角，激發與鼓勵扮演行為。

2 至 3 歲

1. 同 1 至 2 歲各點，安慰害怕的小熊，將其接力傳送回媽媽家。

2. 不同的是，建議不再使用逼真的房屋模型，可以用紙箱表徵房子。另一不同的是，上一階段強調安慰與傳送的動作，本階段加入說出安慰的話，如：「小熊很害怕，我安慰牠說不要怕，還可以怎麼說？」（如：「不要哭！我陪著你喔！快到了！等一下就看到媽媽了。」）稍微停頓一下；若無反應，成人才提示、示範或請其仿說。

3. 此一階段宜更加重嬰幼兒的思考，可以增加情境，讓嬰幼兒思考如何與小熊互動（含動作與話語），以激發扮演行為。例如說：「小熊說他好冷喔，怎麼辦？」、「小熊說他肚子餓了，怎麼辦？」稍微停頓一下，視嬰幼兒的狀況，提示、示範或請其仿做、仿說。

4. 將小熊、代表房子的箱子放在區角，激發與鼓勵扮演行為。

四、好多球喔！

活動名稱：好多球喔！
活動目標：體驗與人合作，能配對、分類
涉及領域：情緒社會、認知
準備材料：球池、球池中小球、透明水桶、透明盒、紙箱

0 至 1 歲

1. 準備一桶小球（如乒乓球大小），對可穩坐並圍成小圈的嬰幼兒說，有好多球喔！好多顏色的球，有紅色的球、有藍色的球等，先讓嬰幼兒探索一會兒，如拿在手中觀察或觸摸、由一手換到另一手、滾、扔等。

2. 然後成人對嬰幼兒說，這桶球要送給很多人，引導嬰幼兒把球裝成一盒一盒的（透明盒，易於察看顏色），方便送人。成人先在各個盒中裝入不同顏色的球一、二個，如紅色一盒、藍色一盒等，可以告訴嬰幼兒，球球要回家，紅色球回到紅色的家……，然後與嬰幼兒一起合作將球按顏色放入各個盒中。當嬰幼兒將球放入正確盒中時，成人拍手誇讚，如果嬰幼兒放錯盒子，成人把那些球挑出來重放。

3. 此時期嬰幼兒大都無法做到配對、分類，本活動只是提供一個配對顏色的經驗；重點在於嬰幼兒能抓握球、放入透明盒中、將盒裝滿、與成人一起合作完成任務，所以過程中成人要不斷地鼓勵：「快要裝滿了，加油！」而且過程中嬰幼兒難免會出現在手中把玩球、扔球等探索行為，成人要適度容忍與引導。

4. 裝滿數盒完成任務時，成人將每盒的盒子蓋上，最後對嬰幼兒說：「好棒！球都裝在盒子裡，這樣就可以送給人了。」、「謝謝你們跟我一起合作。」

1 至 2 歲

1. 將球池的小球拿出一部分，放到比它小且淺的活動式沙箱中，對嬰幼兒說：「這些球要送人，可是這麼多球，好重搬不動，怎麼辦？」讓嬰幼兒想辦法解決問題；如無反應，成人提示，如：「如果每次搬少一點球，就可以搬得動了。那麼要怎麼做？」（語文鷹架）。如果沒有回應，才順勢引導嬰幼兒用水桶（建議用透明水桶，便於嬰幼兒察知桶中顏色）裝成一桶桶運送。

2. 成人先將不同顏色的大、小球各放入一、二個到不同的透明水桶裡，例如大的紅色球、大的藍色球、小的藍色球、小的紅色球等，問嬰幼兒有什麼顏色的球？請其說出、指認或仿說，然後讓嬰幼兒與成人合作將球依顏色裝入不同的水桶中。完成後，一起計數沙箱的球共裝了幾桶？

3. 成人示範如何合作提著把手，請兩位嬰幼兒一組，將幾桶球運送到保育活動室另一處，最後誇讚嬰幼兒的合作表現，解決了搬不動的問題。

2 至 3 歲

1. 與 1 至 2 歲第 1 點同，考量 2 至 3 歲的能動性，可將透明水桶換成小紙箱。

2. 此階段宜讓嬰幼兒擔負較多思考，所以一開始的好重搬不動該怎麼辦的提問，盡量讓嬰幼兒思考與設法解決。又在 1 至 2 歲，是成人

先將不同顏色的大、小球裝入不同的透明水桶，例如大的紅色球、小的藍色球、小的紅色球，此階段成人可問嬰幼兒：「沙箱中的球要按顏色、大小分裝成小箱，要準備幾個箱子？」嬰幼兒可能會先計數顏色，依照顏色數量決定箱子數量，成人則加以挑戰，指出也要按大、小分裝，讓嬰幼兒再度思考。

3. 如果嬰幼兒未能正確說出箱數，成人帶著嬰幼兒，以提問方式一起思考與計數，例如：「沙箱的球有幾種顏色？」、「那要準備幾個箱子？」、「但是每種顏色都有大的球、小的球，所以每種顏色要準備幾個箱子？……」（語文鷹架），引導嬰幼兒用球在地上按顏色、大小排列並計數（架構鷹架）。然後找到足夠的小箱子，讓嬰幼兒合作把沙箱裡的球按顏色、大小分裝到各箱子裡。

4. 分裝好之後，請兩人一組一起將箱子運送到保育活動室另一處，並且誇讚嬰幼兒的合作表現，解決了搬不動的問題。

五、我愛文化日

活動名稱：我愛文化日
活動目標：認識不同的文化特色，懂得表達謝意
涉及領域：情緒社會、認知
準備材料：相關文化的活動照片、文物、服飾、音樂等，相關文化的食材

0 至 1 歲

1. 托育中心或班上每隔一段時間，就舉辦特色文化日，例如客家文化日、原住民文化日、越南文化日、印尼文化日等，播放民族音樂，張貼節日活動照片，展示文化物品與民族服飾（註：將嬰幼兒的家庭文化引入托育中心，是適性發展實踐的重要成分，建議期初就調查嬰幼兒家庭文化，並與家長溝通文化活動美意，懇請其配合及參與，將之安排於行事曆中。例如每週五可訂為特色活動日，輪流舉辦文化活動、慶生活動、節慶活動、戲劇活動等）。
2. 請家長表演民族特色歌曲或舞蹈，並介紹該國（地）日常語言如謝謝、再見等。
3. 家長、托育人員抱著嬰幼兒或拉著可以站的嬰幼兒，在文化特色音樂下共舞。
4. 托育人員帶著嬰幼兒用該文化語言向家長道謝與說再見。

1 至 2 歲

1. 如 0 至 1 歲第 1 點舉辦特色文化日。
2. 請家長表演民族特色歌曲或舞蹈，分享該文化特色美食。

3. 視嬰幼兒能力，讓家長帶著嬰幼兒進行簡單的文化活動，例如在示範與協助下，進行簡單手作、民族童玩，最後教示日常語言如謝謝、再見、吃飯等。

4. 托育人員帶著嬰幼兒用該文化語言向家長道謝與說再見。

5. 將該文化傳統服飾、節慶祭典活動照片與文化用品置於區角，以引發嬰幼兒的探究或扮演行為。

2至3歲

1. 如1至2歲第1、2、3點。

2. 不同的是，除手作美勞外，可以加入共製美食，如越南春捲、日本壽司、客家麻糬等，讓嬰幼兒自由選擇參與。先請家長將餡料或糯糰事先預備好，讓嬰幼兒製作簡單的部分，例如在示範與協助下，放入餡料捲包春捲，加入餡料壓製壽司等，重點在讓嬰幼兒感受不同的文化特色與氛圍。

3. 托育人員帶著嬰幼兒用該文化語言向家長道謝與說再見。

4. 將文化傳統服飾、節慶祭典照片與文化用品置於區角，供嬰幼兒自由探究或扮演。

六、心情與表情

活動名稱：心情與表情
活動目標：認識與分辨基本的情緒與表情
涉及領域：情緒社會、認知
準備材料：情緒圖卡、情緒圖卡頭套、安全握鏡、自編故事

0 至 1 歲

1. 成人在嬰幼兒面前以肢體動作表演各種情緒（心情）的表情，每出現一種情緒，就述說臉部的表情表現與為什麼，例如：「今天我很快樂、高興，我在笑，因為是我的生日。」、「今天我很悲傷、難過，我在哭，因為我家小狗生病了。」並且拿出該情緒圖卡，將臉部表情與圖卡對應地指出該情緒特徵，如嘴角上揚、眼睛瞇瞇、嘴角下撇、流出淚水等。

2. 成人自編一個含有不同情緒的故事，並且以肢體語言完整地做出整個故事的情緒表情（可參照本活動末的自編故事，加以改編）。

1 至 2 歲

1. 如 0 至 1 歲第 1、2 點。

2. 自編故事說完後，將各種情緒（心情）以肢體語言再次清楚地表達，並且述說臉部表情上的特徵。

3. 給嬰幼兒有手把的安全握鏡，成人指出情緒（心情）的臉部表情特徵，請嬰幼兒對著鏡子仿做各種情緒的表情特徵，如張開大嘴笑、眼睛瞇瞇（快樂），但不強求，容許嬰幼兒只是對著鏡子凝視或探索。再問嬰幼兒這是什麼情緒？什麼時候會有這種表情？引導其思考、說出或仿說。

4. 成人挑一種情緒，以肢體動作將該情緒的表情表現出來，問嬰幼兒是什麼情緒？視嬰幼兒表現決定如何互動，可以是拿出圖卡請嬰幼兒指認是哪一張，或問：「是這張嗎？」或是請他說出情緒名稱，和／或找出對應圖卡；或是請嬰幼兒仿說情緒名稱，和／或找出對應圖卡。

5. 將情緒圖卡與有手把的安全握鏡置於區角，供嬰幼兒自由探索。

2 至 3 歲

1. 如 1 至 2 歲第 1、2、3 點。

2. 自編故事結束後，成人先確認嬰幼兒能正確挑出對應的情緒圖卡。

3. 成人戴上可提示嬰幼兒的情緒圖卡做成的頭套，述說某種情緒（心情）的原因，例如抱著小狗玩偶說：「假裝你很悲傷、難過，哭了，因為你家裡的小狗生病了。」請其以肢體語言表現出該情緒的臉部表情。當嬰幼兒表現出來時，成人加以誇讚。再問嬰幼兒什麼時候會有這種表情？引導其思考、說出或仿說。

4. 請嬰幼兒自行挑選某種情緒（心情），以肢體語言做出臉部表情，讓其他嬰幼兒猜一猜是哪種情緒，並挑出情緒圖卡。

自編故事情境

　　早上起床，熊媽媽發現小熊發燒了，一直哭著並指著喉嚨說痛！小熊整個人看起來很悲傷、難過。這時小熊的哥哥也起床了，熊媽媽很著急地在準備著要帶小熊去醫院看醫生，誰知小熊哥哥太調皮了，搶走了小熊拿在手上的玩具，小熊很生氣地哇哇大哭著。

　　熊媽媽對小熊哥哥搶弟弟玩具的事也很生氣，不過她深深地吸了又吐了一口氣，忙著安撫小熊，轉身對著小熊哥哥說：「去幼兒園的時間快到了，要是你遲到了，就玩不到你喜歡的堆沙堡活動！」小熊哥哥丟下搶來的玩具，急著去叫爸爸起床送他去幼兒園。

　　熊爸爸其實已經起床，知道小熊哥哥搶弟弟玩具的事，於是對著小熊哥哥說：「先把玩具還給弟弟！弟弟生病很不舒服，你還搶他的玩具！想一想如果你玩沙堡時，被搶走玩具……。你先還給他，去幼兒園還有時間。」在爸爸溫和而堅持下，小熊哥哥將玩具還給弟弟，也跟弟弟說了對不起。

　　小熊發燒、生病了幾天，吃了藥，也打了針，讓熊爸爸、熊媽媽擔心了幾天；小熊哥哥也覺得很無聊，因為小熊生病了，不能陪他玩，心裡盼望弟弟快些好起來。在熊爸爸、熊媽媽日夜的悉心照顧下，小熊終於日見好轉，他們的臉上終於逐漸露出笑容。

　　又過了幾天，是小熊的生日，小熊不僅收到爺爺、奶奶、爸爸、媽媽的禮物，好快樂開心喲！而且還決定全家人一起去主題樂園玩，讓小熊、小熊哥哥非常地興奮與期待！

第二節　體能動作領域適性發展活動示例

　　體能動作領域包含大、小肌肉，也涉及小肌肉的生活自理能力，它大多可在生活作息情境中自然地培養，例如自我餵食、清潔、如廁、穿脫衣鞋等，也可設計活動增強之。本節共有六個以體能動作領域為主的設計活動。這六個活動是按三個年齡層敘寫的，依序地加深加廣。由於嬰幼兒個別差異甚大，在參考運用時，請視嬰幼兒發展與表現，於複合性活動內自行斟酌、選擇，或移向前後一年齡層的活動。

一、堆堆疊疊

活動名稱：堆堆疊疊
活動目標：促進手眼協調的小肌肉操作能力、感官知覺
涉及領域：體能動作、認知
準備材料：各種材質的積木、小動物玩偶（或小車子）

0 至 1 歲

1. 成人拿出木頭、泡棉、紙質、塑膠等各種小積木，讓嬰幼兒自由地探索，體驗各種不同材質積木的觸感、量感，盡量每種積木都有機會探索到。

2. 成人特意地在旁將積木兩兩並置對比，或協助嬰幼兒做兩兩比較（如將一重一輕的積木放在嬰幼兒手裡）後，說大的、小的，重的、輕的；或敲擊積木使發聲並說大聲、小聲等（註：接收性語言是表達性語言的基礎，在嬰幼兒還不會說話時，就要與之對話）。

3. 在嬰幼兒自由探索一陣子後，成人鼓勵嬰幼兒將積木疊高，成人可稍加示範一個一個地往上堆疊，期待嬰幼兒模仿，但不強求。若嬰幼兒可堆疊一至二塊，拍手誇讚他。

1 至 2 歲

1. 同 0 至 1 歲第 1、2 點，讓嬰幼兒自由探索，成人協助其兩兩比對並說出、指認或仿說結果。
2. 鼓勵嬰幼兒將積木堆疊高高，容許他堆疊後推倒，成人在嬰幼兒推倒前，伺機帶著一起計數共堆疊多少塊積木。
3. 拿出圓柱體、三角柱等積木，橫放在地面，鼓勵嬰幼兒堆疊高高（註：橫放的圓柱體、三角柱必須從不同面向著手，才能往上堆疊）（圖 4-2-1a、圖 4-2-1b）。
4. 挑戰與鼓勵嬰幼兒結合運用各種形狀的積木堆疊。在過程中成人適度示範，提供刺激與鷹架，期望嬰幼兒模仿後激發創意，但不強求。也可嘗試 2 至 3 歲的第 2 點建蓋封閉的圖形空間。
5. 將各式積木置於區角，供嬰幼兒自由探索。

2 至 3 歲

1. 同 1 至 2 歲各點，重點置於第 4 點，鼓勵嬰幼兒結合不同的形狀積木，自由堆疊與造型；並在成人協助下，談論造型是什麼或像什麼；以及一起計數堆疊的積木塊數（註：2 至 3 歲嬰幼兒約至少可堆疊七、八塊以上積木）。
2. 拿出小動物玩偶（或小車子）說：「請你蓋農場（或停車場）給動物住（或給車子停），牠們好可憐沒地方住（註：即建蓋封圍空間，2 至 3 歲左右嬰幼兒開始能分辨封閉與開放圖形）。」成人於

開始時可稍加示範，助其會意，然後讓嬰幼兒自行建蓋或探索，但不強求依指示照做。

3. 拿出小熊玩偶，運用故事情境說：「請你蓋房子給小熊住好嗎？牠好可憐沒有房子住。」並鼓勵嬰幼兒運用積木堆疊建蓋房子。

4. 讓嬰幼兒堆疊一會後，針對所蓋出房子的問題（如沒有門、屋頂等），挑戰並引導其思考房子的結構，例如：「很棒！房子蓋好了，但是缺少什麼呢？」當嬰幼兒無回應時才指出：「房子四面都圍住了，小熊怎麼進去房子裡面？」接著與嬰幼兒一起修改房子。

5. 將各式積木、小車子、小熊等動物玩偶置於區角，供嬰幼兒自由探索。

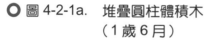

○ 圖 4-2-1a.　堆疊圓柱體積木（1 歲 6 月）　　○ 圖 4-2-1b.　堆疊圓柱體積木（1 歲 6 月）

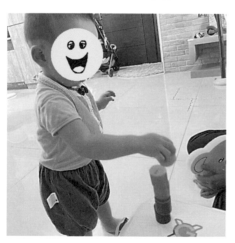

二、來找狗兒玩

活動名稱：來找狗兒玩
活動目標：促進身體移動、身體平衡的大肌肉能力
涉及領域：體能動作、情緒社會
準備材料：小狗、大狗填充玩具（玩偶），學步梯橋

0 至 1 歲

1. 成人以小狗玩偶引起仰躺或以肚子趴著的較小嬰幼兒的注意，在其目光跟隨下，放在嬰幼兒身旁某處，成人發出汪汪叫聲，引發其翻身、蹭動身體，以伸手攫取小狗（註：對於不會翻身的嬰幼兒，成人可以助其側躺、腳交叉，使其順勢翻身，但是不過於勉強）。

2. 以上類同的作為也可用於會坐但不太會爬的嬰幼兒，在成人鼓勵下激發其爬行能力，以攫取小狗（註：嬰幼兒動作的發展與激發動作的目標及成人的支持，有很大的關係）。

3. 對剛開始學步的嬰幼兒，必須確定有堅固家具可以扶著，在孩子遠處放小狗（目標），說：「來找小狗玩！」在嬰幼兒蹣跚行走過程中成人予以鼓勵，並視其表現給予必要的扶持。

4. 當嬰幼兒拿到小狗時，成人誇讚他，持續地進行幾次，且於日後也進行，讓嬰幼兒有充足機會練習身體動作技巧。

1 至 2 歲

1. 對剛會走路的嬰幼兒，除在遠處目標放一隻體型較大的狗（狗爸爸）填充玩具外，途中也放一隻小狗，說：「小狗走失了，請你把牠抱回去，找狗爸爸玩！」讓其抱起到遠處的狗爸爸。過程中必要

時，成人給予適當的協助（註：此活動涉及行走中必須變換姿勢如蹲下、彎腰，與變換動作如伸手撿拾、懷抱，並保持身體平衡，即在變換姿勢、動作下能保持平衡狀態）。

2. 對走得很好的嬰幼兒，運用故事情境與有扶手的學步梯橋，引導他抱著小狗一步步地爬上樓梯的平台，即於前往梯橋途中或梯橋階梯上放置小狗玩偶，讓嬰幼兒抱起小狗，送至梯橋平台上的狗爸爸處。

2 至 3 歲

1. 成人視嬰幼兒能力，在目標處前布置障礙步道（圖 4-2-2），例如學步梯橋是目標，往梯橋沿途擺置簡單的障礙物，如蛇籠（爬行）、低矮寬板的平衡木（平衡地站立與行走）、長條積木（當成門檻跨越）、有高度的觸覺板、呼拉圈（兩腳跳起入、出圈）等，製造不同的空間層次與動作要求（註：行進中因應不同的空間層次，必須變換較多的姿勢、動作，並保持身體平衡）。

2. 在學步梯橋平台上，放置一隻體型較大的狗（狗爸爸），在障礙步道的不同空間層次上（或旁）或梯橋階梯上放置另一隻小狗，成人以故事情境引導嬰幼兒，說：「小狗走失了，請把牠抱到橋上找狗爸爸玩！」讓其抱起到梯橋平台上的大狗處。

3. 嬰幼兒可能會太專注於通過各障礙步道的挑戰，而忘記把小狗抱起來帶到梯橋平台上；成人可在梯橋平台上也放一個房屋模型，在一開始以故事情境引導時，就引起嬰幼兒注意，而在其行進中配合著口語提醒如：「記得帶小狗回家喔！狗爸爸在家等著。」房屋模型、狗爸爸與小狗玩偶、口語提示，共同形成「架構鷹架」，提示了嬰幼兒的行動方向。

○ 圖 4-2-2.　「來找狗兒玩」之障礙步道示意圖

三、聞樂起舞

活動名稱：聞樂起舞
活動目標：促進走、踢、跑等大肌肉能力與身體平衡能力
涉及領域：身體動作、認知
準備材料：音樂

0 至 1 歲

1. 成人播放音樂對嬰幼兒說：「我們來跳舞！」抱著嬰幼兒隨著音樂節拍擺動、搖晃身體，或是走動著。

2. 成人在確認自己能力與穩定度夠的狀況下，抱著嬰幼兒旋轉身體，走出滑步、交叉步等，並隨著音樂快樂地哼唱著。

3. 將嬰幼兒放床上或地墊上，成人隨著音樂節奏舞動著嬰幼兒的四肢、左右翻轉其身體、拉起上半身等，對嬰幼兒說：「我們在跳舞！」

4. 對於能坐立、站立的嬰幼兒，成人鼓勵其隨音樂自由舞動身體，並誇讚其跳舞表現；或是拉著他的雙手一起舞動著，對嬰幼兒說：「我們在跳舞！」

1 至 2 歲

1. 成人播放音樂對嬰幼兒說：「我們來跳舞！」於是自己舞動著身體，鼓勵嬰幼兒也自由舞動身體（圖 4-2-3a 至圖 4-2-3c），或是牽其手一起舞動。兩種狀況均都誇讚其表現。

2. 示意嬰幼兒隨著音樂節拍走、踢腳、跑步、向後走、踮腳走等，若無反應，則示範讓嬰幼兒跟著做（圖 4-2-3d、圖 4-2-3e），視嬰幼兒發展與表現，調整示範時間的長短及上述動作的增減。或者是分

開幾次進行，例如此次做隨著音樂節拍走、踢腳；第二次做隨著音樂節拍跑步、向後走；第三次……。每次均需視嬰幼兒發展與表現，調整示範時間的長短、動作的增減。

3. 視嬰幼兒能力，加上手的挑戰動作，問嬰幼兒：「除了腳的動作外，手可以怎麼做？」如果嬰幼兒沒有反應，成人則提示或示範，以提供刺激或鷹架；或請其仿做，以期激發創意，如插著腰走動、一面走一面拍手、一面跑一面揮手等。如同第 2 點也需視嬰幼兒表現，調整示範時間的長短、動作的增減。

4. 再度詢問嬰幼兒：「手還可以怎麼做？」鼓勵於思考後配合腳的動作自行做出，並誇讚其表現，但不強求（註：培養多面向或擴散思考，需自幼做起）。

2 至 3 歲

1. 大致複習如 1 至 2 歲的第 1、2、3 點，尤其是第 3 點加上手的挑戰動作。

2. 視嬰幼兒能力，加入身體其他部位的挑戰，問：「除了手、腳跟著音樂動外，哪裡還可以動？」（如頭部、腰部），鼓勵其思考後配合手、腳的動作做出，並誇讚其表現。如無反應，成人稍加提示或示範，提供刺激或鷹架；或請其仿做。

3. 播放兒歌如〈魚兒水中游〉、〈小蜜蜂〉、〈大象〉等，詢問嬰幼兒魚怎麼游？蜜蜂怎麼飛？大象怎麼走路？請他們跟著兒歌節奏做出動作，鼓勵創意發揮，並讚賞其表現，必要時才提示或示範。建議配合主題課程，如「可愛的動物」分次進行，一次僅進行一兒歌律動。

4. 視嬰幼兒表現狀況，加入與調整「動作要素」（如空間、時間、力量等），例如請嬰幼兒隨著兒歌做出蜜蜂「高高地」飛著飛到大樹

上，「低低地」飛著飛到草地上；大象「大力地」向前走著，「慢慢地」向後走著等。律動進行時，成人配合鼓勵與誇讚，必要時才提示或示範。

○ 圖 4-2-3a.　隨音樂自由舞動
　　　　　　　（1 歲 4 月）

○ 圖 4-2-3b.　隨音樂踢腳
　　　　　　　（1 歲 4 月）

○ 圖 4-2-3c.　隨音樂踢腳
　　　　　　　（1 歲 4 月）

◎圖 4-2-3d.　隨音樂走動（1 歲 6 月）

◎圖 4-2-3e.　隨音樂走動（1 歲 6 月）

四、球真好玩！

活動名稱：球真好玩！
活動目標：促進滾、扔、踢等大肌肉能力
涉及領域：體能動作、認知
準備材料：各式各樣的球

0 至 1 歲

1. 成人拿出乒乓球、高爾夫球、小皮球、海灘球、網球、觸覺球等各式各樣的球，讓嬰幼兒盡量接觸到每一種球，感受其質感、量感。

2. 協助嬰幼兒做兩兩比較，例如讓嬰幼兒一手拿高爾夫球，一手拿乒乓球，成人說出輕、重，大、小（皮球、乒乓球），軟、硬（觸覺球、高爾夫球）等。

3. 成人對著以肚子趴著抬起頭的嬰幼兒滾球，讓他試著觸摸滾過來的球，來回幾次地滾著、觸摸著。

4. 在適度示範後，成人與可以坐起的嬰幼兒一起玩球，如滾接球、扔撿球等，誇讚與鼓勵嬰幼兒的表現。

1 至 2 歲

1. 如 0 至 1 歲第 1、2 點，讓嬰幼兒感受每種球的量感、質感。

2. 玩「球要回家、球要出去玩」的遊戲，鼓勵嬰幼兒將球放入容器中（回家），再拿（倒）出來（出去玩）。

3. 兩位成人合作玩滾接球或扔撿球遊戲，如果嬰幼兒示意也想玩，成人就與其一起玩（圖 4-2-4a），並計數接到或撿到球的次數。

4. 成人提供回溯與語文鷹架問嬰幼兒：「球好好玩！球可以滾、接、扔、撿（配合肢體動作）外，還想要玩什麼？球還可以怎麼玩？」

（註：目的在自小激發嬰幼兒思考，雖然他可能無法想出或回答）停頓一下，視嬰幼兒能力，引導其一起玩「扔球入籃」（準備洗衣籃、籃子或桶子）或「踢球入箱」遊戲（圖 4-2-4b）（準備大紙箱並將其開口面對球），豐富嬰幼兒的經驗，並加入計數扔進、踢進的次數。

5. 告訴嬰幼兒，只要我們想一想，就可想出好多好玩的玩法！將各式各樣的球裝於透明盒（利於嬰幼兒看到），以及籃子、紙箱一併置於區角，供嬰幼兒自由探索（註：球的提供可促動嬰幼兒思考、表徵或探究，發揮材料鷹架之效）。

2 至 3 歲

1. 如 1 至 2 歲的第 1、2、3、4 點玩法，在精進滾、踢、扔等技巧中，也加以計數次數。

2. 成人提供回溯與語文鷹架問嬰幼兒：「球好好玩！可滾、接、扔、撿、踢（配合肢體動作），想想看，球還可以怎玩？」鼓勵嬰幼兒思考，若有想法則誇讚及採納其建議並試玩之。接著依序拿出一組物體，鼓勵嬰幼兒思考並試玩，例如有柄小鍋與小皮球，可玩「上下拋接」遊戲；開口的紙盒、扇子與乒乓球，可玩「搧球入盒」遊戲；木板與小皮球，可玩「斜坡賽球」遊戲；寶特瓶與網球，可玩「擊倒保齡球」遊戲等；甚至可探索球沾顏料的滾球畫。

3. 視嬰幼兒興趣決定一起玩哪項遊戲，無論玩什麼，成人都需激發思考或搭建鷹架。例如斜坡賽球（車）遊戲，成人問嬰幼兒：「要怎麼做，球（車）才能滾（走）得比較遠？」引發其調整斜坡（可指著木板暗示或提示，給予架構方向）（圖 4-2-4c、圖 4-2-4d），或是更換不同的球（可指著球暗示或提示，給予架構方向）。再如保齡球遊戲中，激發嬰幼兒思考如何做才能擊倒更多水瓶？引導其調

整寶特瓶的沙、水量（可指著寶特瓶暗示或提示），或是更換球（可指著球暗示或提示）（註：以上遊戲都在激發嬰幼兒多面向思考，玩出深廣度，甚而運用觀察、比較、推論、行動驗證等探究方式，解決遊戲中的問題）。

4. 將以上材料如開口的紙盒、扇子與乒乓球等，置於區角，供嬰幼兒自由探索，這些材料可發揮材料鷹架之效，促動嬰幼兒思考、表徵或探究。

○ 圖 4-2-4a.　成人與嬰幼兒玩滾接球（1 歲 6 月）

○ 圖 4-2-4b.　嬰幼兒玩踢球（1 歲 6 月）

○ 圖 4-2-4c.　斜坡滾球（車）活動（親仁科幼 2 至 3 歲）

○ 圖 4-2-4d.　斜坡滾球（車）活動（親仁科幼 2 至 3 歲）

五、戳戳插插

活動名稱：戳戳插插
活動目標：促進撕、戳、插等手眼協調的小肌肉操作能力
涉及領域：體能動作、認知
準備材料：自製戳插樂教具、軟質與硬質紙、冰棒棍、火柴棍、毛根、吸管

0至1歲

1. 成人拿出自製的「戳插樂」教具（運用大賣場的硬紙箱，用美工刀切挖直線洞眼，如圖4-2-5a），邀請可穩坐的嬰幼兒圍坐於教具邊。

2. 成人先示範後，示意嬰幼兒在大洞眼上（原紙箱上就有）戳入軟質紙，如衛生紙、面紙、宣紙或皺紋紙；必要時得拉起嬰幼兒的手實作一次。

3. 接著成人再對嬰幼兒示範，請其使用冰棒棍插入直線洞眼中；必要時得拉起嬰幼兒的手實作一次（註：這些活動涉及運用手指小肌肉的能力）。

4. 戳插過程中，誇讚嬰幼兒的表現；容許嬰幼兒對於以上教具，按照自己的方式遊戲，如探索衛生紙、冰棒棍，以手觸摸洞眼，二至三根手指一起戳入教具上的洞眼等，不強求嬰幼兒一定按既定方式遊戲。

1至2歲

1. 出示「戳插樂」教具與相關的戳插配件。

2. 請嬰幼兒先撕A4紙，容許他用兩手拉扯的方式，如嬰幼兒尚無法做撕的動作，成人可以稍加示範，或跟著一起撕，或幫他先撕一小口；然後以肢體語言示意嬰幼兒，在大洞眼上戳入撕成小片（大於洞口）的A4紙（圖4-2-5a）。

3. 接著以肢體語言示意嬰幼兒，用冰棒棍插入直線洞眼中（圖4-2-5b）。

4. 再請嬰幼兒挑戰用更細小的火柴棍插入直線洞眼中（★要防止嬰幼兒將火柴棍、冰棒棍誤用於自身！）（圖4-2-5c）。

5. 容許嬰幼兒用自己的方式遊戲／探索，如將火柴棍、冰棒棍丟入大洞眼。

6. 將「戳插樂」教具與配件置於區角，供嬰幼兒自由探索。

2至3歲

1. 如1至2歲的第1、2、3、4點玩法。

2. 不過本活動因年齡段升高，大洞眼戳入部分除A4紙外，增加較硬的牛皮紙、磨砂紙等（註：撕牛皮紙、磨砂紙是第一個挑戰，戳入洞眼是第二個挑戰）。

3. 另一不同處是，讓嬰幼兒運用思考與探究的機會，即直線洞眼部分除冰棒棍、火柴棒外，增加毛根（註：毛根材質較軟，嬰幼兒必須思考與運用觀察、推論、比較、以行動驗證等探究能力，才能掌握住毛根的頂端而插入）、吸管（註：吸管直徑大於直線洞眼寬度，嬰幼兒必須先思考與運用探究能力，才能將吸管擠入直線洞眼，即須先將吸管頭部壓扁並調整方向插入）。

4. 另外可增加五顏六色的冰棒棍，請嬰幼兒於直線洞眼上排出型式〔註：排列型式（pattern）是一種邏輯思考能力的表徵〕。成人可以先行示範一兩種型式，引發嬰幼兒投入與創意表徵，例如「紅、黃、藍—紅、黃、藍—紅、黃、藍—紅、黃、藍」；或是結合冰棒棍與火柴棍，例如「冰棒棍、火柴棍、火柴棍—冰棒棍、火柴棍、火柴棍—冰棒棍、火柴棍、火柴棍—冰棒棍、火柴棍、火柴棍」，這也是一種示範鷹架（圖4-2-5d），期待嬰幼兒綻放不同表徵。

○ 圖 4-2-5a. 大洞眼上戳入紙張 （1 歲 6 月）

○ 圖 4-2-5b. 冰棒棍插入直線洞眼 （1 歲 6 月）

○ 圖 4-2-5c. 火柴棍插入直線洞眼 （1 歲 6 月）

○ 圖 4-2-5d. 冰棒棍排列型式

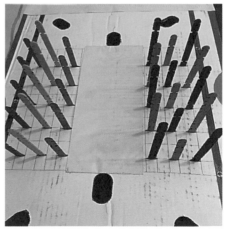

六、我是點心師傅

活動名稱：我是點心師傅
活動目標：促進搓揉、捏、按壓等手眼協調的小肌肉操作能力
涉及領域：體能動作、認知
準備材料：自製麵團或黏土、擀麵棍、塑膠刀、壓模器

0 至 1 歲

1. 成人拿出麵團，告訴可穩坐的嬰幼兒今天假裝是點心師傅，要做點心（★注意嬰幼兒隨時可能會摳小塊麵團放入嘴中）。

2. 先鼓勵嬰幼兒動手自由探索麵團（圖 4-2-6a、圖 4-2-6b）（註：嬰幼兒一開始可能只是摸、摳、戳、壓，或放在指尖上觀察），成人則視嬰幼兒表現，在旁揉、搓、捏、擀、塑形等，引發嬰幼兒模仿之舉。

3. 成人拿一小條麵團給嬰幼兒，示範捏成小塊技巧；再遞給嬰幼兒捏成小塊的小麵團，示範置於手掌間揉搓成小湯圓技巧。不過容許嬰幼兒用自己的方式探索，不強求照做或做出來，目的在提供經驗與刺激。

4. 本活動重點在於讓嬰幼兒自由探索麵團，接觸新材料，盡情地運用小肌肉。

1 至 2 歲

1. 成人拿出麵團（或黏土）與工具（擀麵棍、塑膠刀、壓模器），告訴嬰幼兒今天假裝是點心師傅，要做點心。先請嬰幼兒自由探索一會兒，如搓揉麵團、運用工具（圖 4-2-6c）（★注意 1 歲多嬰幼兒，可能還是會摳小塊麵團放入嘴中）。

2. 成人說現在我們來做餅乾，指著壓模器說：「這是什麼，要怎麼使用？」把麵團與壓模器給嬰幼兒，先讓其試試，過程中期待能運用觀察、推論、比較、行動驗證等探究能力。若有嬰幼兒摸索出，則誇讚其表現，以引發模仿效果。必要時，成人才以肢體語言示意或示範將壓模器按在麵團上，再摳出來。

3. 成人說：「現在要做湯圓，湯圓小小圓圓的（出示小湯圓），要怎麼做？」將揉成長條的麵團先讓嬰幼兒探索，過程中期待能運用觀察、推論、比較、行動驗證等探究能力，試著做出。若有嬰幼兒摸索出，則誇讚其表現，以引發模仿效果。必要時，才以肢體語言示意或示範：先用手指頭將長條麵團捏（切）一小塊一小塊的，放在兩個手掌中搓揉成小湯圓。接著嬰幼兒捏（切）、搓小湯圓（圖4-2-6d）（註：遇到問題先讓嬰幼兒探索、思考很重要，培養思考與探究力自小做起；而麵團、印模等發揮材料鷹架之效，可促動嬰幼兒思考、表徵或探索）。

2 至 3 歲

1. 如 1 至 2 歲的第 1、2、3 點玩法。不同的是，自由探索揉麵團時，鼓勵嬰幼兒揉合不同的色塊，並在成人協助下，請其解說或命名所揉出的造型。

2. 成人提供回溯鷹架說：「剛剛做小湯圓（出示小湯圓），還記得怎麼做嗎？」〔先捏（切）再搓〕「那麼大湯圓怎麼做？（出示大湯圓）」先讓嬰幼兒思考、試做；必要時才從中引導將麵團捏（切）大塊一點，並揉搓成大湯圓。

3. 成人說：「今天要擀餃子皮，餃子皮扁扁薄薄的（拿出擀好的餃子皮），要怎麼做？」將揉成長條的麵團先讓嬰幼兒試試，若有嬰幼兒摸索出，則誇讚其表現，以引發其他嬰幼兒模仿的效果。

4. 通常成人都需針對餃子皮太厚問題（用嬰幼兒所做的厚餃子皮，將大湯圓當餡料，試著包進去，但很難包入），適時地引入擀麵棍，加以示範解說：先用食指、拇指把長條麵團捏成一大塊一大塊的，或用刀子切成塊狀，用手掌壓扁後，再用擀麵棍擀成一片片。接著讓嬰幼兒切、壓、擀餃子皮。

5. 讓嬰幼兒將大湯圓當餡料，包入擀好的餃子皮內。

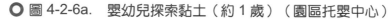

○ 圖 4-2-6a.　嬰幼兒探索黏土（約 1 歲）（園區托嬰中心）

○ 圖 4-2-6b.　嬰幼兒探索黏土（約 1 歲）（園區托嬰中心）

○ 圖 4-2-6c.　嬰幼兒探索黏土（近 2 歲）（園區托嬰中心）

○ 圖 4-2-6d.　嬰幼兒搓湯圓（黏土）（1 歲 6 月）

第三節　認知領域適性發展活動示例

　　本節共有六個以認知領域為主的活動，這六個活動是按三個年齡層敘寫的，依序加深加廣。由於嬰幼兒個別差異甚大，在參考運用時，請視嬰幼兒發展與表現，在複合性活動內自行斟酌、選擇，或移向前後一年齡層的活動。

一、寶貝籃（箱）

活動名稱：寶貝籃（箱）
活動目標：促進各種感官知覺，認識各種日常用品，引發好奇與探究
涉及領域：認知、語文
準備材料：如以下活動中所述之各種日常與感官物品

0 至 1 歲

1. 準備上面有蓋子，手可從側邊伸入的籃子；或是上面開小口，嬰幼兒手可伸入伸出的紙箱，二者皆可，裡面裝有各種日常與感官物品，目的是讓嬰幼兒無法直接看到籃、箱內物品，引起探索動機（圖 4-3-1a 至圖 4-3-1c）。

2. 日常與感官物品如：刷子（海綿刷、菜瓜布刷、鋼圈刷、牙刷等）；布料（絲巾、棉布、聚酯纖維、卡其布、絨布等）；發亮或反光物（鏡子、光碟片、水晶球、錫箔紙等）；操作反應物（不倒翁、按壓發光或發聲物、有彈簧彈跳物、鈴鐺、沙鈴等）；味覺瓶（醋、酒精、香料、香水等）（★注意防止外漏）。

3. 當嬰幼兒自由探索時，成人在旁陪伴、互動，例如當嬰幼兒拿出不同的布料時，成人安排兩兩並置的比較機會，並在旁說出粗、細、軟、硬等感覺（註：接收性語言是表達性語言的基礎，在嬰幼兒還不會說話前，就要與之對話）。

1 至 2 歲

1. 準備如 0 至 1 歲的各種日常與感官用品的寶貝籃（箱），這些材料的提供猶如材料鷹架般，可引發嬰幼兒思考、探索或表徵。

2. 還可外加「同功能不同質地或設計」的物品，不僅可認識日常用品與探索其功用，而且可藉此知道日常用品有同功能但質地或設計不同，為 STEM 教育奠基。例如塑膠杯、鋼杯（可加熱）、陶杯、紙杯、環保杯（可伸縮的軟質塑膠便於攜帶）、保溫杯；木湯匙、金屬湯匙、陶湯匙、塑膠湯匙；齒梳、排梳、木梳、摺疊梳等。

3. 在嬰幼兒探索時，成人在旁命名如杯子、刷子、布料、梳子等，並適時地描述其特性，如：「摸起來粗粗的」、「摸起來軟軟的」等。

4. 成人與嬰幼兒的互動以激發思考或探究為要，如：「這些東西是做什麼用的？他們之間有什麼不一樣？」鼓勵以各種感覺去觀察、比較或探究。成人可在旁稍加提示，如摸起來、看起來、聽起來、聞起來有一樣嗎？怎麼不一樣？即提供思考、比較方向的架構鷹架，視嬰幼兒能力與表現，綜合運用「對話補說」技巧協助其說出不同處，或請其仿說（如軟、硬、粗、細），或請其指認（如哪一個軟？哪一個硬？）最後成人加以統整。

5. 當嬰幼兒探索操作反應物時，成人於合適時機提問：「這東西可以怎麼玩？猜猜看如果這樣做，會怎麼樣（鼓勵預測）？」（註：接近 1 歲前嬰幼兒已出現有意圖行為，1 歲開始能以簡單的行動驗證

心中所想，所以宜多提供探究的機會）。成人提問後在旁稍加提
示，讓嬰幼兒探索該物體、以行動驗證心中所想、觀察物體反應、
比較前後結果或不同物體的反應等，最後成人以口語統整操作與行
動結果（註：觀察、比較、預測、驗證等是重要的科學程序能力、
探究能力，是獲得知識的重要方法，宜自小持續培養，但不強迫與
躁進）。

6. 將寶貝籃（箱）放在區角，供嬰幼兒自由探索。

2 至 3 歲

1. 如 1 至 2 歲第 1、2、3、4、5 點玩法，也含「同功能不同質或設
   計」物品。

2. 可外加家用簡易機械或工具，如挖冰淇淋匙、開瓶器、齒輪開罐
   器、打蛋器、擠檸檬器等。成人問嬰幼兒這些東西是做什麼用，在
   哪裡有看過？讓他們操作試用，引導其認識讓人類生活方便的技術
   用品，為 STEM 教育奠基。

3. 互動時比 1 至 2 歲更強調思考或探究成分，例如請其觀察、比較與
   說出物品的異同；預測如何玩或使用；思考為什麼會這樣反應或有
   這種功能（如以上家用簡易機械）；提出問題請其解決，如想要有
   什麼結果，要怎麼做？過程中可視嬰幼兒表現綜合運用「對話補
   說」策略，協助其表達想法。而以上這些互動就是一種語文鷹架，
   促動嬰幼兒多面向思考或探究，使其向前延伸能力（註：思考、探
   究或解決問題必須自小養成習慣，但不嚴苛要求答案，旨在引發好
   奇與持續探究之心，因能力是慢慢累積的，非一蹴可幾）。

○ 圖 4-3-1a.　探索寶貝箱（約 1 歲）
　　　　　　（園區托嬰中心）

○ 圖 4-3-1b.　探索寶貝箱物品
　　　　　　（1 歲 6 月）

○ 圖 4-3-1c.　探索寶貝箱物品（近 2 歲）
　　　　　　（園區托嬰中心）

二、好吃的蘋果

活動名稱：好吃的蘋果
活動目標：知道蘋果有各種種類，認識簡單的顏色，區辨大小
涉及領域：認知、語文
準備材料：各種顏色與品種的大小蘋果、放大鏡、磨泥器、削皮器、果汁機

0 至 1 歲

1. 成人出示顏色、品種、大小不同的蘋果，一次拿一個，並一面說出其屬性，然後兩兩並置呈現，例如：「紅色的蘋果」、「綠色的蘋果」、「紅色」、「綠色」；「大蘋果」、「小蘋果」、「大」、「小」等，並讓嬰幼兒用感官感受蘋果如看、摸、聞。

2. 成人切開蘋果，指著露出的種子讓嬰幼兒觀看並說：「這是種子要拿掉，但是將來會長成有好吃蘋果的蘋果樹。」（出示並指著上有果實的蘋果樹圖片）。

3. 成人一面削皮、去掉種子並在磨泥器上製作蘋果泥，一面述說他正在做什麼；然後將蘋果泥給嬰幼兒觀看，在小嘗一口並說好好吃後，交給其他托育人員繼續完成，在接下來的點心時間餵嬰幼兒吃蘋果泥（註：餵食蘋果泥時，桌上也擺放蘋果，並以口語提醒嬰幼兒這是剛剛磨製的蘋果泥）。

1 至 2 歲

1. 同 0 至 1 歲第 1、2 點。過程中防止嬰幼兒舔咬。

2. 不同的是，成人先讓嬰幼兒思考並運用觀察、比較的探究能力，問：「這些蘋果都長得一樣嗎？」、「哪裡不一樣？」請其表達，

經由運用「對話補說」（語文鷹架）策略後，成人統整描述蘋果的屬性（顏色、形狀、大小）。接著視嬰幼兒能力，請其指認顏色（先試一至二種顏色），如綠色的蘋果在哪裡？把綠色的蘋果給我；或者是說出蘋果的顏色，如這是什麼顏色的蘋果？或者是仿說綠色、綠色的蘋果等。再請嬰幼兒區辨大小，如大的蘋果在哪裡？把大的蘋果給我。

3. 另一不同是，在切開蘋果露出種子時，給嬰幼兒具材料鷹架之效的放大鏡觀察，問用放大鏡觀察前、後有什麼不同？嬰幼兒可藉此提問，運用觀察、比較的探究能力；或者是協助嬰幼兒並列透過放大鏡的種子與原種子樣貌，讓其清楚地感受不同，適時地介紹放大鏡是讓人類生活方便的產品。接著成人請嬰幼兒指認哪個看起來比較大、哪個比較小；或者是成人以肢體語言請其仿說大、小。

4. 成人削皮、去掉種子並切薄片或小丁狀，對嬰幼兒說這是今天的點心，特意提示削皮器與刀子是帶給人類生活方便的技術產品，為 STEM 教育奠基；然後交給其他托育人員完成，在接下來的點心時間給嬰幼兒食用，並提示這是剛剛削皮的蘋果。

5. 成人說毛毛蟲也喜歡吃蘋果，視時間多寡，共讀《好餓的毛毛蟲》繪本。

6. 將繪本置於區角，以供嬰幼兒自由閱讀。

2至3歲

1. 如1至2歲第1、2、3點。此時嬰幼兒大多可指認或說出蘋果的顏色，因此將重點放在觀察、比較蘋果間異同，如五爪蘋果、綠色蘋果、透明管裝樂淇（rocket）小蘋果等，比較面向含：顏色、形狀、大小等，請嬰幼兒盡量用口語描述，成人酌情運用「對話補說」（語文鷹架）策略，協助其完整表達。

2. 當嬰幼兒在比較時，僅聚焦於某一屬性如顏色，成人提問只有顏色不同嗎？還有不一樣的地方嗎（語文鷹架）？促嬰幼兒觀察、比較與多面向思考。

3. 在用放大鏡觀察小種子時，除促其比較與說出觀察前、後之不同外，問嬰幼兒看到什麼？它裡面有什麼秘密可長出蘋果樹？接著共讀《小種籽》繪本，讓嬰幼兒認識種籽的神奇與生命力量，並將繪本置於繪本故事區，以供嬰幼兒自由閱讀。

4. 最後搾蘋果汁，在清潔手部後，讓嬰幼兒嘗試用削皮器削蘋果皮（圖 4-3-2），於成人切塊後，放入果汁機裡搾蘋果汁；適時地介紹放大鏡、削皮器、果汁機、刀子等讓生活方便的技術產品，為 STEM 教育奠基。

◯ 圖 4-3-2.　嬰幼兒使用削皮器（約 2 至 3 歲）
　　　　　　（親仁科園幼幼班）

三、紙箱扮家家

活動名稱：紙箱扮家家
活動目標：增進象徵表達能力，促進動手製作能力（含繪畫、黏貼等）
涉及領域：認知、體能動作
準備材料：大紙箱數個、小熊玩偶、色紙一疊、大蠟筆、美工刀、膠帶

0 至 1 歲

1. 成人將嬰幼兒抱入側面剪開一塊（方便進入）的大紙箱，或是淺口無蓋的大紙盒，說：「我們要開車了！」假裝用手轉動方向盤，哼唱著〈公車上的輪子〉（Wheels on the Bus）兒歌（中文歌詞附於本活動末）。

2. 成人說現在要坐船，假裝用手當槳向左、向右地划著船，哼唱著〈划呀划小船〉（Row Row Row Your Boat）兒歌（中文歌詞附於本活動末）。

3. 陪著嬰幼兒在是船、也是車子的紙箱內玩一會兒，成人在旁一面說開車、划船，一面做出轉動方向盤、向左右划船的動作，期能引發嬰幼兒的模仿，並容許嬰幼兒以自己的方式探索紙箱。

1 至 2 歲

1. 與 0 至 1 歲第 1、2 點同，可自行進入紙箱的嬰幼兒，鼓勵其進入紙箱遊戲。

2. 當嬰幼兒在紙箱內時，成人在旁提示，例如：「你現在在做什麼呢？是在划船嗎？是在開車嗎？」（圖 4-3-3a），請其回答使意識要以肢體扮演出來，或是請其仿說划船、開車；也可以問嬰幼兒開車、划船要去哪裡玩？以促動嬰幼兒的扮演行為。

3. 成人問嬰幼兒還想用紙箱玩什麼？紙箱還可以怎麼玩？搭建回溯與語文鷹架：「剛剛我們用紙箱玩什麼（划船、開車遊戲）？現在我們玩不一樣的，想想看！」讓嬰幼兒思考一會兒。若嬰幼兒有想法，讚美其發想並請其扮演；如果沒有，成人在旁提示，如問：「如果我們要去很遠的地方，還可以坐什麼？」

4. 在成人引導（如出示火車、高鐵等圖片）與協助下，找來二、三個紙箱用寬膠帶連結成火車。當嬰幼兒上車時，成人假裝是收票員，說：「你的火車票（或行李）呢？」引發物品取代的扮演行為（註：2 歲前開始萌發象徵表達，進入心理表徵階段，以上提問形同語文鷹架，促動扮演行為，激發這方面能力）。

5. 將紙箱放在積木區角，供遊戲／探索，刺激嬰幼兒的扮演遊戲（註：紙箱的提供，讓嬰幼兒思考、表徵或探究，助其發展與學習，具材料鷹架之效）。

2 至 3 歲

1. 成人出示紙箱，問嬰幼兒想用紙箱玩什麼？紙箱可以怎麼玩？搭建回溯與語文鷹架：「以前我們用紙箱玩過什麼？現在我們玩不一樣的，想想看！」讓嬰幼兒思考一會兒。若嬰幼兒想起玩車子、船，而且興致很高，容許他們遊戲一陣。

2. 成人敘說故事情境並引導說：「小熊好可憐，天氣冷了，沒有房子住，怎麼辦？」期望能激發嬰幼兒以紙箱做房子的想法；如果嬰幼兒沒有反應，成人才提出用紙箱做成房子，在獲取大家同意後，讓嬰幼兒動手製作。

3. 針對所做出房子的問題（如沒有門、窗或屋頂），挑戰嬰幼兒請其設法解決問題，可引導其思考房子的結構，例如：「很棒！房子做好了，但是沒有屋頂，下雨怎麼辦？」提示房子由什麼組成？從什

麼地方進到房子？要通風、看風景要有什麼（註：透過語文的仲
介，提供製作方向的架構鷹架）？接著與嬰幼兒一起修改（如嬰幼
兒決定哪裡開個門、窗，成人則協助切割、剪裁）並且布置（如嬰
幼兒於外牆黏貼色紙、用大蠟筆繪畫、屋內放軟墊等）。

4. 做好小熊的新房後，嬰幼兒可以輪流與小熊一起進去，玩扮演遊
戲。

5. 也可運用其他故事如隧道裡尋寶藏，引導嬰幼兒連接數個箱子，製
作可以爬行的長長隧道；或是再加上一些挑戰，例如彎轉的隧道；
或者是製作地底兔子洞穴（圖 4-3-3b）（註：以上這些活動即為解
決問題的 STEM 活動，具有 STEM 素養是教育趨勢，宜自幼培養，
養成思考、探究以解決問題的習慣）。

6. 將小熊的新房、長隧道（或兔子洞穴）放在積木區或空曠處，讓嬰
幼兒盡情扮演。

英文兒歌：公車上的輪子（中文歌詞）

公車的輪子轉轉轉、轉轉轉、轉轉轉
公車的輪子轉轉轉，經過大街

英文兒歌：划呀划小船（中文歌詞）

划！划！划小船，輕輕地划小船
快樂地！快樂地！快樂地！快樂地！
快樂地划小船

⭕ 圖 4-3-3a.　紙箱扮家家：開車子（1歲6月）

⭕ 圖 4-3-3b.　用紙箱製作兔子的洞穴（約 2 至 3 歲）（親仁科園幼幼班）

四、尋花問草

活動名稱：尋花問草
活動目標：知道花的外形、顏色、大小、味道不同
涉及領域：認知、體能動作（撿拾、搥打、黏貼等）
準備材料：有黏膠的大型紙張、放大鏡、塑膠槌子、白布

0 至 1 歲

1. 成人帶著（抱著）嬰幼兒到戶外花園，讓其觀看、輕觸與聞各種香草植物，並說：好清香的味道、涼涼的味道、很特別的味道。

2. 再讓嬰幼兒觀看、輕觸與聞各種植栽上的花，並說：有好多種類的花（故作計數狀）！每一種長得都不一樣，漂亮的花；有好多顏色的花！有紅色、黃色等（一面唸一面對應顏色地指著花），美麗的花；每種花聞起來味道也不一樣！

3. 成人說：我們要做美麗的貼畫，協助會走的嬰幼兒將掉落地面的花、枝、葉撿拾起來，再協助所有嬰幼兒將花、枝、葉等黏貼於有黏膠的大型紙張上。

1 至 2 歲

1. 同 0 至 1 歲第 1、2 點。

2. 不同的是，先讓嬰幼兒思考與運用觀察、比較的探究能力，問：「這些花都長得一樣嗎？」、「有什麼不一樣？」請其表達，經由運用「對話補說」（語文鷹架）策略後，成人統整描述花的屬性（顏色、大小）。接著視嬰幼兒能力，請其指認各種顏色的花（先試一至二種顏色），如紅色的花在哪裡？黃色的花在哪裡？或者是

　　說出花的顏色，如這是什麼顏色的花？或者是仿說紅色、紅色的花等。再請嬰幼兒區辨大、小，如請他指出大的花、小的花。

3. 另一不同是，給嬰幼兒放大鏡觀察時，問：「用放大鏡觀察前、後，花看起來有什麼不同？」嬰幼兒可藉此提問，運用觀察、比較的探究能力；或者是成人協助嬰幼兒並列比較透過放大鏡的花與原花，讓其清楚地感受不同，並適時地介紹放大鏡是讓人類生活方便的產品。接著成人請嬰幼兒指認哪個看起來比較大、哪個比較小；或者是成人以肢體語言請其仿說大、小。

4. 容許嬰幼兒以具材料鷹架之效的放大鏡，探索戶外環境中的各種事物（圖 4-3-4a、圖 4-3-4b）；又成人刻意地請嬰幼兒注意各種花的旁邊有什麼東西？盡可能拍照，以供日後相關主題（如「可愛的動物」、「春天來了！」）時回溯之用。

5. 成人說：我們要做美麗的貼畫，請嬰幼兒將掉落地面的花、枝、葉、松針等撿拾起來，黏貼在大壁報紙上。

2 至 3 歲

1. 同 1 至 2 歲第 1、2、3、4 點，同樣給嬰幼兒放大鏡觀察。

2. 此時嬰幼兒大多可指認或說出花的顏色，因此將重點放在觀察、比較各種花間的異同，認識花的種類繁多，比較面向包含花瓣數、花形（如喇叭狀、筒狀、盤狀、球狀等）、味道、顏色等。請嬰幼兒盡量用口語描述，成人酌情運用「對話補說」（語文鷹架）策略，協助其完整表達。

3. 當嬰幼兒在比較時，僅專注於某種屬性，如顏色，成人提問：「只有顏色不同嗎？」、「還有什麼也不同？」（語文鷹架），促其觀察、比較與多面向思考。並讓嬰幼兒運用放大鏡仔細觀察不同特徵的花，促其說出觀察前、後之不同。

4. 在不同特徵的比較中加入計數，例如成人問：「紅色的花有幾朵？黃色的花有幾朵？」與嬰幼兒一起計數朵數。

5. 請嬰幼兒撿拾地面掉落的花、葉、小果實，成人拿出塑膠槌子，讓嬰幼兒捶打，進行布塊染色活動。

6. 將外出賞花經驗錄影記錄，供日後回溯與談論看到什麼？感覺如何？

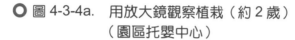
● 圖 4-3-4a.　用放大鏡觀察植栽（約 2 歲）
　　　　　　　（園區托嬰中心）

● 圖 4-3-4b.　用放大鏡觀察草莓（約 2 歲）
　　　　　　　（園區托嬰中心）

五、影子變變變

活動名稱：影子變變變
活動目標：初步認識影子，引發好奇探究
涉及領域：認知、體能動作
準備材料：粉筆、手電筒

0 至 1 歲

1. 成人抱著或牽著嬰幼兒在陽光下，指著身體的影子引起嬰幼兒注意，說：「看！影子，黑黑的影子！」然後刻意移動身體、變換姿勢或舞動，再度指著身體的影子說：「影子，黑黑的影子！我們一動，影子也跟著動。」

2. 對於會坐或會爬的嬰幼兒，成人設法改變其姿勢、移動其身體或舞動其四肢，協助嬰幼兒意識到他的影子跟著移動。至於會走的嬰幼兒，則協助其在陽光下探索自己的影子。

3. 成人問嬰幼兒：「哪裡還可以找到影子？」帶著（抱著）嬰幼兒四處走動，成人先指出某處如滑梯下有影子，期望嬰幼兒能在引導下，意識或指出其他的影子，如水箱的影子、滑步車的影子，但不強求。

1 至 2 歲

1. 在戶外陽光下，成人指著自己的影子說：「影子！黑黑的影子。」然後改變姿勢或移動身體說：「你看！我的影子跟著我移動呢！」

2. 成人問：「你有影子嗎？你的影子會移動嗎？」讓嬰幼兒自由地探索影子，甚至互踩與追逐影子（圖 4-3-5），以尋求答案。

3. 成人用兩隻手掌做出蝴蝶飛的影子，並描述所造影子：「好像蝴蝶在飛！」（示範鷹架），引發嬰幼兒跟著模仿造影，成人則描述其所造影子，如像長耳朵兔子、長鼻子大象；或是鼓勵嬰幼兒自己說像什麼；或是請其仿說。對未能嘗試造影的嬰幼兒，成人則跟他一起合作做出，以激發其自行造影的動機。

4. 成人問嬰幼兒：「哪裡還有影子？」帶其四處尋找。

5. 最後帶嬰幼兒到樹蔭下並問：「在樹的影子裡感覺怎麼樣？」、「在太陽下感覺怎麼樣？」、「影子看起來怎麼是黑黑的？」以上這些問題即為語文鷹架，藉著太陽下與大樹下的對比感覺，以及對樹下影子的觀察，逐漸建立影子初步概念並引發進一步探索。過程中成人可稍加提示，但不強求說出或回答正確答案（註：概念的形成與理解是築基於舊有經驗，在不斷探究中日漸形成，非一蹴可幾的）。

2 至 3 歲

1. 如 1 至 2 歲第 1、2、3、4、5 點，讓嬰幼兒充分探索影子。

2. 不同的是，鼓勵嬰幼兒之間合作造影，剛開始成人需運用策略，如誇讚兩位嬰幼兒的造影表現，請他們一起合作給大家看，以引起效尤。當嬰幼兒看到合作造影的效果後，會激發合作意向。

3. 另一不同是，成人請二、三位嬰幼兒用粉筆描繪固定物的影子輪廓。

4. 回到室內，成人提供語文也是回溯鷹架，再度提問：「在樹的影子裡感覺怎麼樣？」、「太陽下感覺怎麼樣？」、「影子怎麼黑黑的？怎麼會有影子？」然後拿出手電筒，問：「手電筒直接照就有影子嗎？」、「要產生影子要有什麼？」給嬰幼兒手電筒自由探索與造影（註：為了製造影子，手電筒可發揮材料鷹架之效，引發一連串的探索、表徵與思考）。

5. 成人於過程中製造認知衝突情境，如小兔子投大影、大兔子投小影的對比情境，以引發嬰幼兒好奇與探究，過程中期待能運用觀察、推論、比較、驗證等探究能力（註：影子的形成涉及光源、物體與屏幕間的相對關係，調整同一物體與光源或屏幕的距離，就會產生大小不同的投影）。

6. 午後觀察早上所繪的影子輪廓，問：「影子怎麼了？」、「為什麼？」、「太陽在哪裡？」（註：概念的形成或理解需要時間，知識與能力的獲得是奠基於過去的經驗，讓嬰幼兒有興趣且能有機會持續探索很重要，才能累積深厚經驗，逐漸開啟知識大門）。

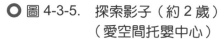

○ 圖 4-3-5.　探索影子（約 2 歲）
　　　　　　　（愛空間托嬰中心）

六、彩糊繽紛

活動名稱：彩糊繽紛
活動目標：促進感官知覺，引發好奇探索
涉及領域：認知、體能動作
準備材料：三原色彩糊或水性手指膏、大壁報紙、松果、枝葉、海綿、紙捲筒、牙刷、線繩、球、排梳等

0 至 1 歲

1. 準備盛於盤中的三原色彩糊（或水性手指膏）、大壁報紙，將嬰幼兒抱或牽到大壁報紙旁。

2. 成人以肢體語言示意嬰幼兒，用手沾彩糊在紙張上印畫，並鼓勵嬰幼兒自己嘗試；若無反應，成人則示範以手沾彩糊，在紙張上印畫，期能引發嬰幼兒模仿；若再無反應，成人才牽著嬰幼兒的手沾上彩糊，並按在紙張上，印出圖案來。成人誇讚嬰幼兒印出的圖案，鼓勵其再度嘗試。

3. 1 歲以下嬰幼兒可能會被松果、海綿、球、紙捲筒等物體吸引，將焦點置於探索所提供的作畫物品，所以先不提供作畫工具或材料，等嬰幼兒以手充分感受彩糊後，再提供這些材料或工具。

1 至 2 歲

1. 同 0 至 1 歲第 1、2 點，不過重點放在自由探索。

2. 先讓嬰幼兒用手充分感受與探索一會兒（圖 4-3-6a）。如仍然只運用某部位（如中間三根手指的前段），成人說：「整隻手都可以沾顏料喔！看看你的手還有哪裡可以使用？」（語文鷹架），甚至以肢體動作引發嬰幼兒注意手指頭、拳頭、拇指頭、手掌等其他部

位。如果嬰幼兒仍執著於使用某一部位，成人可用其他部位如拳頭在旁印畫，以引起其仿效（示範鷹架）；必要時拉起其手，用不同方式在紙上印畫，以協助嬰幼兒意識不同的印畫方式。以上作為，全視嬰幼兒的表現而定。

3. 過程中可提問嬰幼兒，用整隻手掌與手指頭印出來有什麼不同？鼓勵其嘗試、比較並結合兩種技巧創作圖案。

4. 再拿出印畫材料，如厚紙筒、海綿、球、牙刷、排梳、線繩、松果等，讓嬰幼兒初步探索這些材料的印畫效果（圖 4-3-6b），成人角色則如以上第 2 點的提示或示範，引發嬰幼兒創意地使用材料。

2 至 3 歲

1. 同 1 至 2 歲第 1、2、3、4 點。

2. 此階段重點放在自由探索後產生不同的效果或變化，例如三原色混合的變化、不同身體部位結合的造型（圖 4-3-6c）、不同方式使用工具的效果等。

3. 為期待不同的效果、變化，成人必須視嬰幼兒的表現給予合宜的鷹架，有時提示，例如：「紙捲筒（或海綿、線繩、球等）只能這樣使用嗎？還可以怎麼使用也能印出很棒的圖案？」（語文鷹架），再如：「不知兩種材料加在一起（如結合排梳與牙刷）的效果怎麼樣？」（提示方向的架構鷹架）（註：其實所提供的材料結合提問，也可發揮材料鷹架之效，引發嬰幼兒思考、表徵或探究，使其超越當前表現向前邁進）。有時稍加示範，例如用拳頭圍著軸心印出花朵（示範鷹架），期能引發嬰幼兒嘗試與創造不同的效果。

4. 有時安排一個能大膽表徵的嬰幼兒於小組內，則形同同儕鷹架，如圖 4-3-6c 使用腳印畫的近 2 歲嬰幼兒般，能引起其他嬰幼兒的仿效。

○ 圖4-3-6a.　嬰幼兒探索彩糊（1歲6月）

○ 圖 4-3-6b.　嬰幼兒探索手指膏
（1至2歲）
（園區托嬰中心）

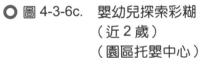

○ 圖 4-3-6c.　嬰幼兒探索彩糊
（近2歲）
（園區托嬰中心）

第四節　語文領域適性發展活動示例

　　本節共有六個以語文領域為主的活動，大多可在生活情境中自然地對話、歌唱而培養，也可設計活動強化之。這六個活動是按三個年齡層敘寫的，依序地加深加廣。由於嬰幼兒個別差異甚大，在參考運用時，請視嬰幼兒發展與表現，在複合性活動內自行斟酌、選擇，或移向前後一年齡層的活動。

一、合攏張開

活動名稱：合攏張開
活動目標：促進會意與口說語文能力，認識身體部位
涉及領域：語文、認知、體能動作（小肌肉）
準備材料：手指謠〈合攏張開〉

0 至 1 歲

1. 成人唱〈合攏張開〉手指謠，並配合著歌詞，用手指在自己身體上做出相應的動作，以引起嬰幼兒注意。例如唱「合攏」就將兩手手掌都合攏，「張開」就將手掌都張開，「小手拍一拍」就拍拍手；唱「爬呀！爬呀！爬呀！爬呀！爬在小臉上」就用一手兩根手指在另一手手臂上，交叉地向上移動到臉部（或是用雙手各兩根手指從自己肚子開始，經過胸部，交叉地向上移到臉部）；唱「這是眼睛，這是嘴巴，這是小鼻子，哈啾！」（用手指依次指著該部位，最後張開嘴巴做出打噴嚏狀，並用兩手掩著口鼻。）

2. 成人再唱〈合攏張開〉手指謠，不過此次是配合著歌詞，用手指在嬰幼兒身體上做著相應的動作，增進互動的樂趣。

3. 在歡樂互動中，重複指著嬰幼兒臉部各部位並說出其名稱：「臉」、「眼睛」、「鼻子」、「嘴巴」（建議一次僅針對一至二個部位），鼓勵其仿說但不強求；然後成人問：「眼睛在哪裡？」、「在這裡嗎？這是眼睛嗎？」容許可以會意溝通的嬰幼兒以點頭、搖頭、指認或其他方式回答，但不強求。

4. 這個活動可能要在日常生活中多進行幾次，或是經常播放此手指謠（註：運用歌謠韻律可增加詞彙量，又可營造共同關注時刻，增進語文發展）。

1至2歲

1. 如0至1歲第2點，成人唱〈合攏張開〉手指謠，配合著歌詞用手在嬰幼兒身體做著相應的動作，歡樂互動，以引起嬰幼兒的興趣。

2. 成人唱〈合攏張開〉，請嬰幼兒盡量跟著成人哼唱，並配合歌詞，仿效成人在自己身上做出相應的動作，但無須要求正確。視嬰幼兒能力，必要時得分段教唱並做出相應的動作。

3. 成人問嬰幼兒各部位在哪裡，如：「眼睛在哪裡？」視其能力，請其指認該部位，或是說出該部位名稱，或是仿說：「眼睛」，確認嬰幼兒知道各部位。

4. 接著成人與嬰幼兒進行遊戲互動，先說出簡單的動作指令，如摸摸臉、張開嘴巴等，視嬰幼兒能力調整互動方式，如讓可以做到的嬰幼兒按指令，做出相應的摸臉動作；或是成人於說出指令後先示範動作，再讓嬰幼兒仿做。

5. 也可以視嬰幼兒能力，改成成人做出動作，問嬰幼兒成人在做什麼？如回答「摸摸臉」、「指指鼻子」、「張開嘴巴」；或者是嬰

幼兒仿說（註：1 至 2 歲語文表達由單字句進入有如電報語句的雙字句、多字句階段，尤其在 1 歲半後，所以要提供豐富的語言環境，經由對話體驗語言溝通功能與練習說話。

2 至 3 歲

1. 成人唱〈合攏張開〉手指謠，配合著歌詞用手在身上做著相應的動作，邀請嬰幼兒跟著哼唱與做出動作。然後請嬰幼兒盡量獨力哼唱與在自己身上做出相應的動作，必要時才予以協助。

2. 接著進行 1 至 2 歲第 4、5 點的聽指令做動作與說出成人的動作，確認嬰幼兒知道臉部各部位。

3. 在嬰幼兒熟悉〈合攏張開〉手指謠後，成人請嬰幼兒改編手指謠歌詞，可將沒唱到部位代入手指謠，提供回溯與語文鷹架說：「剛剛唱到哪些部位？臉上還有哪些部位沒唱到？」如果嬰幼兒想到還有眉毛、耳朵，成人可協助其代入原歌詞中；如果沒有反應，成人可提示或提供示範，例如將「這是眼睛，這是嘴巴，這是小鼻子，哈啾！」改編成「這是眉毛，這是耳朵，這是小嘴巴，噓噓（食指豎放在嘴唇中央，表示噤聲）！」接著請嬰幼兒跟著哼唱與做動作。

4. 成人再問嬰幼兒：身體還有哪些部位沒有唱到？請其思考並試著改編。如第 3 點先讓嬰幼兒思考並協助其代入原手指謠；如果沒有反應，成人可用手指著臉部以外部位提示，協助嬰幼兒代入原歌詞，如指著頭唱：「這是××……」，讓其填入。有必要才示範，例如「這是頭兒，這是肩膀，這是小肚子，叭叭（按壓肚子）！」（註：自小培養嬰幼兒多面向思考或創意思考，相當重要。）

手指謠：合攏張開

合攏張開、合攏張開，小手拍一拍！

合攏張開、合攏張開，小手拍一拍！

爬呀！爬呀！爬呀！爬呀！爬在小臉上。

這是眼睛，這是嘴巴，這是小鼻子，哈啾！

二、身體部位玩遊戲

活動名稱：身體部位玩遊戲
活動目標：促進會意與口說語文能力，認識身體部位
涉及領域：語文、認知（身體部位）
準備材料：兒歌拇指歌

0 至 1 歲

1. 在嬰幼兒躺臥或趴著肚子頭上仰時，成人運用〈拇指歌〉（Where is Thumbkin?）的曲調（中文歌詞附於活動末），但是改編歌詞唱：「手在哪裡？手在哪裡？」接著唱：「在這裡！在這裡！」並舞動嬰幼兒的雙手。

2. 順著〈拇指歌〉曲調往下唱：「拍拍你的手！拍拍你的手！」並將嬰幼兒的雙手互拍著，接著唱：「謝謝你！謝謝你！」成人以雙手合掌動作示意謝謝。

3. 然後成人唱並舞動嬰幼兒身體其他部位，最後成人雙手合掌示謝，如：「腳在哪裡？腳在哪裡？」、「在這裡！在這裡！」、「踢踢你的腳！踢踢你的腳！」、「謝謝你！謝謝你！」

4. 在歡樂互動中，成人重複指著嬰幼兒身體各部位並說出其名稱，如手、頭、腳，鼓勵其仿說但不強求；然後成人問：「腳在哪裡？」、「在這裡嗎？這是腳嗎？」容許可以會意溝通的嬰幼兒以點頭、搖頭、指認或其他方式回答，但不強求。

5. 這個活動可能要在日常生活中多進行幾次，或經常播放此歌謠。

1至2歲

1. 成人複習一遍如 0 至 1 歲第 1、2、3 點的〈拇指歌〉。成人再唱著問各部位在哪裡，如：「頭在哪裡？頭在哪裡？」以確認嬰幼兒知道一些部位；視嬰幼兒能力，請其指認該部位，或者是說出該部位名稱（問這裡是？），或者是仿說：「頭」。

2. 成人唱：「手在哪裡？手在哪裡？」示意嬰幼兒回答或仿說：「在這裡！在這裡！」或者是當嬰幼兒以示意（如動動手、看著手等）代替回答，成人幫忙唱「在這裡！在這裡！」並請其仿說。

3. 順著〈拇指歌〉曲調唱：「拍拍你的手！」視嬰幼兒表現，調整互動方式，如讓可做到的嬰幼兒按歌詞要求，做出拍手動作；或者是成人示範，嬰幼兒再仿做。

4. 成人完整地唱完整曲，中間讓嬰幼兒依能力回應，如成人唱：「腳在哪裡？腳在哪裡？」嬰幼兒回答或仿說：「在這裡！在這裡！」成人唱：「踢踢你的腳！踢踢你的腳！」嬰幼兒踢腳或仿做。最後成人唱：「謝謝你！謝謝你！」

5. 也可以視嬰幼兒能力，改為成人做出動作，問嬰幼兒成人在做什麼，如回答「拍拍手」、「點點頭」；或者是仿說如「踢踢腳」。

2至3歲

1. 快速複習 1 至 2 歲的各點，確認嬰幼兒可以回答：「在這裡！在這裡！」並按歌詞要求，做出相應的動作，或是說出成人的動作如「拍拍手」、「踢踢腳」等。

2. 接下來成人要求改編歌詞，將沒唱到的部位代入手指謠，提供回溯與語文鷹架說：「剛剛唱到哪些部位？身體還有哪些部位沒唱到？」請嬰幼兒思考後說出，成人可稍加提示；然後協助嬰幼兒將

所說的部位如肩膀、肚子，代入歌詞唱出，如：「肚子在哪裡？」、「摸摸你的肚子。」如果沒有反應，成人才提示或提供示範，然後讓嬰幼兒按歌詞要求做出動作，或者是說出成人的動作。

3. 在嬰幼兒熟悉整個曲調後，問嬰幼兒：「手，除了拍之外，還可以做什麼？」、「腳，除了踢之外，還可以怎麼做？」請嬰幼兒思考，成人可在旁稍加提示，或先提出一個想法如揮揮手，激發嬰幼兒其他想法。在成人示範下統整嬰幼兒說出的想法，例如握握手、踏踏腳、搖搖頭等（註：自小培養嬰幼兒多面向思考或創意思考，相當重要）。

4. 成人用〈拇指歌〉曲調完整地唱完整曲且依次地唱：「揮揮你的手！」、「搖搖你的頭！」、「按按你的肚子！」等，嬰幼兒則回應：「在這裡！在這裡！」並做出相應的動作，每曲最後成人回應：「謝謝你！謝謝你！」並雙手合掌示謝。

5. 成人與嬰幼兒從頭完整地對唱一次。經常播放此歌謠，讓嬰幼兒熟悉曲調。

英文兒歌：拇指歌（中文歌詞）

大拇指在哪裡？大拇指在哪裡？

在這裡！在這裡！

你今天好嗎？

我今天很好！

謝謝你！

謝謝你！

（然後「大拇指」依次換成食指、中指、無名指、小指頭）

手在哪裡？手在哪裡？

在這裡！在這裡！

拍拍你的手！

拍拍你的手！

謝謝你！

謝謝你！

（本活動將「大拇指」換成頭、手、腳等，如：「手在哪裡？」、「腳在哪裡？」等，「你今天好嗎？」換成「拍拍你的手！」、「踢踢你的腳！」等）

三、情境式說話

活動名稱：情境式說話
活動目標：促進會意與口說語文能力，知道家庭成員
涉及領域：語文、認知
準備材料：家庭成員小玩偶、中大型玩具車子、地點圖卡數張

0至1歲

1. 出示家庭成員小玩偶、玩具車子（如圖4-4-1），與生活中常見地點圖卡（如公園、超市、幼兒園、客廳等），一一指著先說出家庭成員名稱，如爸爸、媽媽、姊姊、弟弟，再說出車子與各個地點名稱。容許嬰幼兒探索這些物件。

2. 成人一面操作物件（如把媽媽玩偶放到玩具車上，將車子往超市圖卡接近……），一面慢慢地敘說故事，例如：「媽媽開車到超市去買菜；買完菜，再開車到幼兒園接姊姊回家，然後爸爸也回家了，全家人好開心呦！」（註：操作小玩偶、玩具車等物件，提供了具體情境，幫助嬰幼兒會意與思考成人所言，猶如一種材料鷹架。）

3. 成人拿著家庭成員玩偶、玩具車子請嬰幼兒確認，例如：「這是爸爸，是嗎？」、「這是車子，是嗎？」容許可以會意溝通的嬰幼兒以點頭、搖頭、指認或其他會意方式回答，但不強求。然後讓嬰幼兒探索與操作這些物件。

1至2歲

1. 如0至1歲第1、2點，出示相關物件以及一面操作、一面敘說故事。

2. 視嬰幼兒能力，問嬰幼兒：「哪一個是爸爸？」、「哪一個是超市？」請其指認；或者是指著某玩偶或圖卡問：「這是什麼？」請其說出名稱；或者是仿說其名稱如媽媽、超市、公園等，確認嬰幼兒知道人物、地點。

3. 成人再行操作與示範一遍，例如將爸爸玩偶放在玩具車上說：「爸爸開車子。」請嬰幼兒仿說；將媽媽玩偶朝向公園圖卡前進說：「媽媽去公園。」請嬰幼兒仿說（註：玩偶、車子、圖卡的操作發揮材料鷹架之效，也形同架構鷹架，指引說話的框架，引發語言表達）。然後成人再完成一操作動作後，問嬰幼兒小玩偶在做什麼？鼓勵嬰幼兒試著說出句子；或者是仿說句子。

4. 視嬰幼兒能力，讓其一面操作，一面述說在做什麼（說出句子）；也可以是嬰幼兒操作，成人在旁敘說其動作；或者是請嬰幼兒跟著成人仿說（註：1 至 2 歲嬰幼兒在語文上進入單字句、雙字句、多字句期，宜多對其說話並給予說話練習機會）。

5. 若嬰幼兒成功地仿說或說出句子，誇讚其表現。

6. 將家庭成員小玩偶、地點圖卡與車子裝盒置於區角，供嬰幼兒自由探索。

2 至 3 歲

1. 準備更多家庭成員小玩偶（如含爺爺、奶奶等）、交通工具、地點圖卡，同 1 至 2 歲第 1、2、3、4、5 點玩法。

2. 稍微不同的是第 3 點，在成人協助下，請嬰幼兒說得更詳細，如爸爸開車子延伸成：「爸爸開車子去爺爺家。」媽媽開車子延伸成：「媽媽開車子去超市。」奶奶散步延伸成：「奶奶散步去公園。」等（註：2 至 3 歲進入造句期、複句期，宜在生活中多給予說話練習機會）。

3. 視嬰幼兒表現，再加延伸，如媽媽開車子去超市延伸成：「媽媽開車子去超市買菜。」姊姊走路去公園延伸成：「姊姊走路去公園玩。」奶奶散步去公園延伸成：「奶奶散步去公園運動。」

4. 誇讚嬰幼兒的表現，以增其信心。可視嬰幼兒表現，加入二或三組動作，如成人將玩偶坐入車內開向超市，再從超市開車到公園，請嬰幼兒試著敘說。

5. 將家庭成員小玩偶、圖片與車子置於盒中，放入區角，供嬰幼兒自由探索。

◎ 圖 4-4-1. 情境式說話教具示意圖

四、動物與叫聲

活動名稱：動物與叫聲
活動目標：促進會意與口說語文能力，認識動物種類繁多
涉及領域：語文、認知
準備材料：繪本《好忙的蜘蛛》

0 至 1 歲

1. 成人與嬰幼兒共讀《好忙的蜘蛛》繪本（部分內文附於活動後）。

2. 成人翻到每一種動物，指著動物圖說牠的名稱與特徵，例如：「這是狗，牠有長長的舌頭。」然後發出狗叫聲ㄨㄤˋㄨㄤˋ，邀請嬰幼兒一起仿學叫聲，但不勉強；成人再以狗叫聲音，唸著狗說的話：「要不要去追小貓玩呀？」（聲音中含著ㄨㄤˋㄨㄤˋ音），並一起觸摸書上微凸的蜘蛛網。

3. 共讀完後，成人逐頁翻過並問某種動物在哪，如：「狗在哪裡？」、「這是狗嗎？」容許可以會意溝通的嬰幼兒以點頭、搖頭、指認，或其他會意方式回答，但不強求。

4. 本活動最好配合「可愛的動物」相關主題。

1 至 2 歲

1. 同 0 至 1 歲第 1、2 點，成人與嬰幼兒一起共讀《好忙的蜘蛛》繪本。

2. 共讀完後，成人逐頁翻過並問某種動物在哪，視嬰幼兒的能力，請嬰幼兒指認、說出或仿說動物的名稱。

3. 再次共讀，每翻到一種動物，先問嬰幼兒這是什麼動物與該種動物怎麼叫（可助其仿說與仿叫）。當孩子叫出聲音後（如ㄨㄤˋ！ㄨㄤˋ！），成人以該種叫聲樣態唸著動物說的話（如狗兒大聲的叫：「要不要去追小貓玩呀？」（聲音中含著ㄨㄤˋㄨㄤˋ音）（註：整個繪本內文具重複性結構，形同架構鷹架，引導著成人與嬰幼兒的互動方式──「某動物叫聲（嬰幼兒叫）→某動物說的話（成人唸）→蜘蛛沒回答，她正忙著織網呢（成人與嬰幼兒一起唸）」。）

4. 唸到：「蜘蛛沒回答，她正忙著織網呢。」邀請嬰幼兒盡量一起跟著唸，但不要求完全正確，並且一起觸摸書上微微凸出的網（註：本句是書上重複語句，讓嬰幼兒從每次唸讀中，自然地朗朗上口，發揮有如材料鷹架功效）。

5. 本活動最好配合「可愛的動物」相關主題，並將繪本置於區角，供自由閱讀。

2 至 3 歲

1. 稍事複習《好忙的蜘蛛》繪本的內容。

2. 成人與嬰幼兒合作共讀，完整地把書唸完。有時一搭一唱，如嬰幼兒：「ㄨㄤˋ！ㄨㄤˋ！」成人：「狗兒大聲的叫：要不要去追小貓玩呀？」有時共唸，如：「蜘蛛沒回答，她正忙著織網呢。」

3. 成人問嬰幼兒書上總共出現幾種動物，一起計數（別忘了主角蜘蛛、在飛的蒼蠅與最後的貓頭鷹）。

4. 再問嬰幼兒各種動物有什麼不同？先讓其思考，再以「對話補說」策略助其表達。也可細問如：「鴨、馬、蒼蠅是怎麼移動身體？」、「他們各有幾隻腳？」、「他們各在哪裡活動？」鼓勵嬰幼兒以肢體動作表演鴨、馬、蒼蠅走路或行動的樣子；並和嬰幼兒

一起計數每種動物的腳數，甚至包括非六隻腳昆蟲的蜘蛛，讓嬰幼兒認識動物的種類繁多，以及引發他對不同種類動物的興趣。

5. 本活動最好配合「可愛的動物」相關主題，並將繪本置於區角，供自由閱讀。

繪本：《好忙的蜘蛛》

一大清早，蜘蛛拖著一根細細亮亮的線，被風吹呀吹過了原野。最後，她在農場旁的籬笆上停了下來……。

然後，開始用她那根亮亮的線織起網來了。

ㄋㄟ！ㄋㄟ！馬兒說：「要不要去兜兜風呀？」
蜘蛛沒回答，她正忙著織網呢。
ㄇㄡ！ㄇㄡ！母牛說：「要不要去吃點草呀？」
蜘蛛沒回答，她正忙著織網呢。
ㄅㄟ！ㄅㄟ！綿羊輕輕的問：「要不要去草原上跑一跑呀？」
蜘蛛沒回答，她正忙著織網呢。
ㄇㄟ！ㄇㄟ！……

（節錄自《好忙的蜘蛛》繪本）

五、小小地種小花

活動名稱：小小地種小花
活動目標：促進會意與口說語文能力，能分辨大小
涉及領域：語文、認知、體能動作（小肌肉）
準備材料：大、中、小尺寸的塑膠花

0 至 1 歲

1. 成人出示大、小尺寸的塑膠花，指著說大的花、小的花。

2. 接著以小、大對比手勢動作，配合手指謠〈小小地種小花〉的詞句（★可先略過「中中地種中花」那一段，僅呈現小、大地），對著嬰幼兒自行演示著。先指著小型的花，然後一面唸、一面做動作：「小小地（左右手的食指各自比劃小正方形的兩邊輪廓）、種小花（手指比劃小朵花形狀），灑灑水（手指往外甩做灑水狀）、開小花（手指比劃小朵花開花形狀），長高了（兩手掌由低向高比劃做長高狀），啵（手指做花瓣綻放狀）！」繼續指著大型的花，演示：「大大地（左右手的食指各自比劃大正方形的兩邊輪廓）、種大花（手指比劃大朵花形狀）……」也就是隨著小、大的地與花，動作與聲音皆跟著變小與大。

3. 成人唸著手指謠並拉著嬰幼兒的手與手指，比劃著整段手指謠，增加互動樂趣，過程中強化大、小的動作與聲音。在歡樂互動中，重複指著大、小花說：「大花」、「小花」或「花」，鼓勵其仿說，但不強求；然後成人問：「花在哪裡？」、「在這裡嗎？這是花嗎？」容許可以會意溝通的嬰幼兒以點頭、搖頭、指認或其他方式回答，但不強求。

4. 將此手指謠錄音，經常播放。

1 至 2 歲

1. 如 0 至 1 歲第 1、2、3 點，即成人先行演示，再拉起嬰幼兒的手與手指演示著，激發其跟唱學做興趣。

2. 成人依次指著小、大型的塑膠花，再次唸起，請嬰幼兒盡量跟著唸與做動作，無須要求正確。視嬰幼兒能力，必要時得一句句教唸與演示動作，如：「小小地（左右手的食指各自比劃小正方形的兩邊輪廓）、種小花（手指比劃小朵花形狀）……。」過程中不僅強調動作隨小、大的地與花而變化，而且也強調唸謠聲音隨著小、大的地與花而小、大聲。

3. 對著大、小塑膠花，請嬰幼兒指認，例如：「哪一個是大的？把大的花拿給我！」或是成人以肢體語言請其仿說大花、小花。

4. 也可跟嬰幼兒玩指令遊戲，如成人說「大大地」，嬰幼兒比劃出大的正方形，成人說「小小地」，嬰幼兒比劃出小的正方形。也可試試成人比劃整套動作，嬰幼兒唸出手指謠內容，但不要求完全正確，目的在讓嬰幼兒有更多機會練習。

5. 視嬰幼兒能力與狀況，加入「中中地種中花」那一段，呈現完整的手指謠。

6. 將手指謠錄音，經常播放。

2 至 3 歲

1. 成人拿出大、中、小的塑膠花或圖片，確認嬰幼兒能分辨大、中、小。

2. 成人演示完整的手指謠〈小小地種小花〉，邀請嬰幼兒跟著唸與做出動作。然後請嬰幼兒盡量獨力唸手指謠與做出動作，必要時才加以協助。

3. 在成人適度示範下，請嬰幼兒的聲音、動作皆能配合著大、中、小地與花而確實變化，小小地就很小聲，動作也很小，種小花就很小聲，動作也很小；大大地就很大聲，動作也就很大，種大花就很大聲，動作也很大。整段手指謠發揮了材料鷹架之效，促使嬰幼兒意識並分辨大中小（註：到了 3、4 歲以上的學前期則可慢慢要求逆向思考，例如小小地很大聲，動作也很大；大大地很小聲，動作也很小）。

4. 最後成人比劃整套動作，嬰幼兒唸出手指謠，確認嬰幼兒已熟悉此謠。

5. 將手指謠錄音、經常播放。

手指謠：小小地種小花

小小地、種小花，
灑灑水、開小花，
長高了，啵！

中中地、種中花，
灑灑水、開中花，
長高了，啵！

大大地、種大花，
灑灑水、開大花，
長高了，啵！

（手指動作與聲音配合著字面上意義而做出大小形狀與大小聲音變化）

六、找一找東西

活動名稱：找一找東西
活動目標：促進會意與口說語文能力，認識常見的物品
涉及領域：語文、認知
準備材料：常用的生活用品與喜愛玩具的照片、實際的生活用品與玩具

0 至 1 歲

1. 成人在可以穩坐的嬰幼兒面前，一一出示常用的生活用品與喜愛的玩具三至四樣，唸出名稱（如梳子、帽子、皮球、玩具車等），請嬰幼兒仿說，但不強求。

2. 允許嬰幼兒探索這些物體一陣子，然後收到箱子裡，僅留一件物品。

3. 視嬰幼兒能力，將該樣物品以衣服蓋住，或蓋住一部分，問嬰幼兒如：「車子在哪裡？車子呢？」請其找出來（註：近 1 歲嬰幼兒初步發展物體恆存概念，會出現尋找行為）。

1 至 2 歲

1. 出示常用生活用品與喜愛玩具的照片，可比 0 至 1 歲多準備幾樣，說出每樣物品與玩具名稱，確認嬰幼兒認得這些物品。

2. 成人事先把物品與玩具放在環境中的明顯處，對嬰幼兒說，因為最近整理房屋，忘了這些東西放在哪裡，請其幫忙找出來，並陪同嬰幼兒尋找。

3. 當嬰幼兒找到物品時，誇讚他，並視其表現與之互動，例如問找到的是什麼？請說出名稱；或者是問：「找到的是梳子嗎？」或者是請其仿說物品名稱。

4. 請嬰幼兒把找到的東西，放到紙箱裡面，再拿出紙箱外面，並一起計數。

5. 將用品與照片置於盒中，放在區角，以供嬰幼兒配對、指認與說出名稱。

2 至 3 歲

1. 如 1 至 2 歲第 1 點。可加上環境中重要物體的照片，如電視機、餐桌、門等。

2. 成人說：「最近整理房屋，忘了把這些東西放在哪裡？」請嬰幼兒幫忙找出，並說出找到的物品名稱，或者是仿說。

3. 再請嬰幼兒到環境中各處把熟悉的物品拿給成人，可加上空間用語，例如請你到餐桌下面（上面）把球拿給我；請你到電視機旁邊把鏡子拿給我；請你去房間裡面拿紅色衣服給我。

4. 成人假裝是機器人做出相應的肢體動作，請嬰幼兒指示機器人去找東西，例如：「請你去沙發上面拿書！」、「請你到門的後面拿積木！」剛開始不要求嬰幼兒說出上、下、裡、外、旁、後等空間用語，僅要求加上「請你」的禮貌用語，然後才逐漸要求說出空間用語。

CHAPTER

5

嬰幼兒主題課程示例：
適性發展實踐觀點

　　本章呈現兩個以主題整合各領域的教保課程——「可愛的動物」與「好吃的水果」，以呼應 NAEYC 適性發展實踐所指——孩童以跨學科領域整合方式學習（NAEYC, 2020）。內容包括兩個主題之主題概念網絡活動圖，及兩個主題下之適性發展活動簡介。首先兩個主題概念網絡活動圖的繪製，均遵守先概念再活動的原則（圖 5-1-1、圖 5-1-2），讓所設計的活動可以促進主題概念的認識、理解或探究。這些活動大致均衡地分布於四大領域——情緒社會、體能動作、認知、語文，也涉及與認知領域有關運用創造力的藝術創作活動，如捏塑、蠟筆畫、撕貼畫等，基本上反映適性發展核心實踐之「均衡適性的課程」。例如在「可愛的動物」主題中，所有的共讀、繪本活動以及手指謠、兒歌、改編兒歌等，均是語文領域的活動；針對身體移動概念而設計的體能遊戲、兒歌律動等，是體能動作領域的活動；「製作感謝卡」、「照護動物我最會！」、「每日輪流餵食」、幫動物蓋農場或新房等，是與情緒社會領域有關的活動；其餘的活動如「觀察我們的動物」、「居家寵物與農場動物」、「動物家族擂台秀」，以及一些區角活動如「動物對對碰」、「動物拼圖」、「動物找甜蜜的家」等，都是認知領域相關活動。而以上每個活動大體上簡要地呈現 0 至 1 歲、1 至 2 歲與 2 至 3 歲三個年齡層的內涵。

　　如上所示，主題課程均衡地整合各發展領域的活動，不僅符合年齡發展特性，而且也滿足個別差異，其特色是主題相關活動盡量是以小組與區角活動（圖 5-1-1、圖 5-1-2 有底色的橢圓形）為主，必要時才進行全班團體活動；又能關注文化層面，如依班上家庭文化，在個別活動上提示有如熱帶水果榴槤、山竹等及／或其命名（泰語、印尼語），和國家特色動物如泰國大象、印度猴子等及／或其命名，整體顯現年齡、個別與文化合宜活動。重要的是，這些活動大多具遊戲／探究性，強調在遊戲中探索、探索中遊戲，讓嬰幼兒思考或探索，以

玩出深廣度或解決遊戲中問題，反映適性發展核心實踐之「遊戲／探索即課程」。除了區角與小組活動外，主題的進行也善用生活中學習的機會，將主題與生活結合，反映適性發展核心實踐之「保育作息即課程」。例如在「可愛的動物」主題中，排定時間讓嬰幼兒輪流餵食托育中心辦公室所飼養的金魚、鳥或白兔等；而且在日常進食、睡覺時，也會論及動物也要吃飯、休憩，以引發對動物食物、居住環境的探究；在「好吃的水果」主題中，讓嬰幼兒當小幫手，與成人一起製作餐點時間所食用的什錦水果、木瓜牛奶等，並幫忙相關準備工作等。

　　基本上，每一個主題有 40 多個活動，可進行約兩個月之久。一個星期有五天，除了星期五固定的特色活動日（特色文化日、慶生活動日、節慶活動日、戲劇或體能活動日等）外，建議盡量每天均能進行均衡適性的主題活動，以主題來統整嬰幼兒所學，讓嬰幼兒的學習是整合與有意義的。很重要的是，吾人不僅關注嬰幼兒現階段的發展，也希望促進其潛能發展，因此設計挑戰性活動並「鷹架嬰幼兒學習」是必要的。因篇幅有限，於主題簡案中不再如第四章各領域活動示例，註解鷹架種類。又在發現嬰幼兒在某方面或某領域落後發展水準時，必須設法增強該方面能力，在此筆者建議：可參照本書第二章的各領域發展概況與教保原則（表 2-5-1），第四章的嬰幼兒適性發展各領域活動示例，以及內政部兒童局的《托嬰中心嬰幼兒適性發展活動實務指引》，衛福部社家署的《托育中心教保活動指引》，以達成效果。

第一節　嬰幼兒主題課程示例 I：可愛的動物

　　「可愛的動物」主題涉及四個概念：「種類與特徵」、「居住環境與習性」、「身體移動」、「食物與照護」（圖 5-1-1），這些概念均是以長方形框呈現；而方框的下一層就是以橢圓形框呈現的各領域

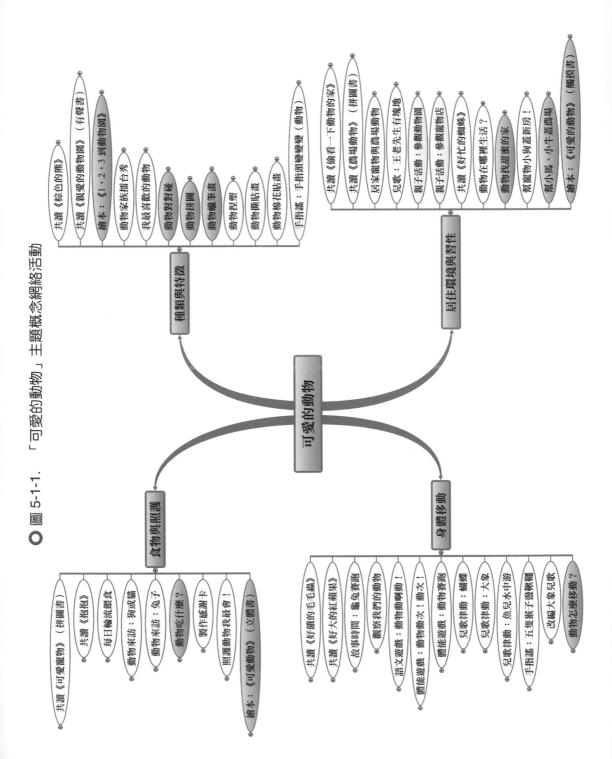

○ 圖 5-1-1.　「可愛的動物」主題概念網絡活動

活動，這些活動是為認識、理解或探究上一層概念而設計的。例如「動物家族擂台秀」是認識「種類與特徵」的認知活動，「體能遊戲：動物動次！動次！」是針對「身體移動」的表徵活動。因每個活動大體上含三個年齡層，考量主題內涵的分量與篇幅，以簡案方式敘寫；讀者可視嬰幼兒能力自行酌參調整，以因應個別差異。其中有底色的橢圓形活動，就是在區角進行的相關活動，例如「種類與特徵」概念下的「動物對對碰」、「動物拼圖」，「食物與照護」概念下的「動物吃什麼？」、「繪本：《可愛動物》（立體書）」等，均是在區角進行的活動（註：以上這些是與主題直接相關的活動，而原本區角中的常備教具與活動，仍然存在可供探索，如第三章第三節所示。）。以下按照概念依次介紹針對這些概念而設計的活動。

一、種類與特徵

種類與特徵概念下的活動如圖 5-1-2 所示。

（一）小組遊戲／探索活動

活動名稱　共讀《棕色的熊》

內容簡述

透過簡單的重複語句，介紹書中八種動物，每種動物都有一種顏色，如紫色的貓、白色的狗、橘色的魚等，而且被看見的動物，又接續下一頁被問到你在看什麼？例如書上左右頁合現一隻大熊，左頁文字「棕色的熊、棕色的熊，你在看什麼？」右頁文字「我看見一隻紅色的鳥在看我。」翻頁後就是左右頁合現一隻大紅鳥，左頁文字「紅色的鳥、紅色的鳥，你在看什麼？」右頁文字……是一本可預測書，可

○ 圖 5-1-2. 　「可愛的動物」主題種類與特徵概念下的活動

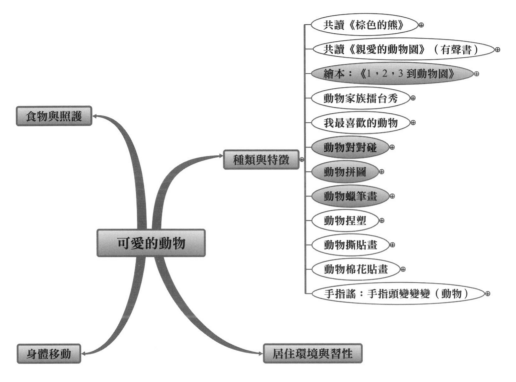

認識動物、顏色，且利於口語練習，為動物主題拉開了序幕。共讀完後，置於繪本故事區，供自由閱讀。

進行要點

對於 0 至 1 歲嬰幼兒，基本上由成人唸讀，輔以豐富的肢體語言，讓其會意；可試著請其仿說熊，或任何一種他有興趣的動物，例如狗，但不強求；或是成人問熊或棕色的熊在哪裡？請其指認。與 1 至 2 歲嬰幼兒共讀時，成人可請其跟著一起唸讀重複語句（但不要求完全正確），仿說紅色、橘色、鳥、魚等，並以肢體語言引起注意下頁文字跟上頁的關係。至於 2 至 3 歲嬰幼兒，則盡量鼓勵其預測下一頁文句，獨力唸讀這些重複語句。

(活動名稱)　共讀《親愛的動物園》（有聲書）

內容簡述

是一本可按壓的有聲書與具小翻頁的翻翻書，敘說原本是寫信給動物園要一隻寵物，結果動物園寄來大象、長頸鹿、獅子、蛇等動物，不是太大、太高、太兇猛，就是好可怕等，且文字簡單具有重複語句：左頁「所以他們又寄來一隻……」，右頁「牠太×了！我把牠寄回去。」最後終於寄來一隻小狗，被留下來了。本繪本可按壓發出叫聲，讓嬰幼兒更加認識動物，尤其是引發對寵物的好奇，且益於口語練習。共讀完後，置於繪本故事區，供自由閱讀。

進行要點

對於 0 至 1 歲嬰幼兒，基本上由成人唸讀，可讓其按壓發出叫聲，增加樂趣，並輔以豐富的肢體語言，讓其會意。在與 1 至 2 歲嬰幼兒共讀時，成人可鼓勵跟著唸讀重複語句（但不要求完全正確），仿說太大、太高、太兇猛等。至於 2 至 3 歲嬰幼兒，則盡量鼓勵獨力唸讀這些重複語句，也可試著問某種動物為什麼被寄回？說出太大、太高、太兇猛等原因，甚至討論寵物有哪些。

(活動名稱)　動物家族擂台秀

內容簡述

本活動目的在認識動物種類繁多，即使同家族也各不同。拿出大張的常見動物圖卡，輔以動物玩偶或塑膠小動物玩偶，問嬰幼兒說：「馬說牠的家族長得比較漂亮！魚也說牠的家族比較漂亮！鳥說牠的家族最漂亮！蝴蝶說牠的家族才最漂亮！你們覺得哪一個最漂亮？」成人運用各個動物家族選美進行擂台秀活動，以整個家族一起出現並分別

介紹各個成員方式，介紹四隻腳的哺乳類動物如馬、羊，有翅膀的昆蟲類如蝴蝶、瓢蟲，在水裡游的魚類如金魚、鯉魚，在空中飛的鳥類如鸚鵡、鴿子等。成人一一介紹這個家族的共同特徵，例如魚類家族有尾巴，在水裡游起來搖頭擺尾，很優雅！鳥類有翅膀，在天上展翅飛翔，很自由自在！昆蟲類身上有美麗花紋，在葉子停留也會飛起來，很有特色！

進行要點

本活動因為以半抽象動物圖卡進行，所以最好安排在「食物與照護」概念下的動物來訪活動後進行，若托育中心有飼養金魚、小鳥或兔子等動物，讓嬰幼兒有接觸真實動物經驗可參照，是大利多。至於進行方式，基本上是由成人以肢體語言配合相關動物玩教具演示擂台秀。在最後讓大家選出最漂亮的動物，宜視嬰幼兒能力，可以直接說出動物名稱，也可以指著圖片示意，也可以是成人指著圖片（或填充動物、小動物玩偶），嬰幼兒則點頭、搖頭。而對於 1 至 3 歲嬰幼兒，成人還可以與其一起計數得票數。

（活動名稱）　**我最喜歡的動物**

內容簡述

運用動物玩偶與〈我的朋友在哪裡？〉兒歌的曲調，成人與嬰幼兒對唱喜歡的動物。例如成人唱：「一二三四五六七，你最喜歡什麼動物？什麼動物？什麼動物？」嬰幼兒回唱：「我最喜歡長頸鹿！」或是只回說：「長頸鹿。」活動目的是藉活潑的兒歌促進口說語文能力。

進行要點

對於 1 歲以下嬰幼兒，成人隨著音樂播放，一面唱著，一面拿出動物

玩偶，與其一起歡樂互動；並且容許嬰幼兒以指認、點頭、搖頭或其他方式示意最喜歡的動物，但不強求。對於 1 至 2 歲嬰幼兒的回唱部分，視其能力，可以只說不唱；並且容許還不會說話表意的嬰幼兒，在成人唱完後，以指認方式表達，或是成人指，嬰幼兒點頭、搖頭，或是仿說方式回答。至於 2 歲以上表達能力較佳的嬰幼兒，在回唱（說）後，鼓勵其挑戰說出為什麼，如：「我最喜歡小貓！」、「因為牠很可愛！」

(活動名稱)　**動物捏塑**

內容簡述

準備各色麵團或黏土、工作墊、紙盤、繪本《好餓的毛毛蟲》封面圖像與成人事先捏塑好的毛毛蟲。讓嬰幼兒在工作墊上一顆顆捏塑，最後把成品排列在紙盤上。活動目的在增進對毛毛蟲的認識與促進小肌肉操作能力。

進行要點

對於 0 至 1 歲嬰幼兒，示範將黏土揉成小球，期待能模仿；基本上嬰幼兒大都無法做到，成人可揉成許多小圓球，請嬰幼兒將其稍微壓扁，並引導其將黏土圓球，排列於盤子上成毛毛蟲狀。對於 1 至 2 歲嬰幼兒，成人對著事先做好的毛毛蟲成品，先請其思考一節一節（圓球）的毛毛蟲怎麼揉製？再拿出長條麵團（黏土）請其先嘗試；也可運用照片一起回憶第四章「我是點心師傅」活動的小湯圓作法；有必要時成人才提示或示範。至於 2 至 3 歲嬰幼兒，在勾起小湯圓回憶下，請其嘗試與盡量獨力做出，並要求加上眼睛或葉片等。除毛毛蟲外，也可分次讓嬰幼兒製作蝴蝶、瓢蟲等其他昆蟲。

活動名稱　動物撕貼畫

內容簡述

本活動內容是先撕色紙，接著塗膠水，再而黏貼在白色畫圖紙上事先畫好的動物輪廓內，如大熊、綿羊、大象等。活動目的在增進對動物外型的認識與促進小肌肉的操作能力。

進行要點

對於 1 歲以下嬰幼兒，準備好已經撕好或剪好的紙和塗有黏膠的動物輪廓，協助其直接按黏在輪廓內。對於 1 至 2 歲嬰幼兒，可以在成人示範如何撕紙（或幫其撕一開口），以及動物輪廓內塗有黏膠下（視嬰幼兒能力，也可讓其自行塗膠），讓其完成黏貼工作。至於 2 至 3 歲嬰幼兒，則請其在成人說明下盡量獨力完成以上工作，並鼓勵挑戰沒有事先畫好輪廓的動物撕貼畫。

活動名稱　動物棉花貼畫

內容簡述

本活動內容是將棉花撕下一小團並拉至蓬鬆，然後黏貼在白色畫圖紙上的動物輪廓內，如綿羊、熊貓、北極熊等。活動目的在增進對動物外型的認識與促進小肌肉的操作能力。

進行要點

對於 1 歲以下嬰幼兒，準備好已經撕好並拉至蓬鬆的棉花和塗有黏膠的動物輪廓，協助其直接按黏在輪廓內。對於 1 至 2 歲嬰幼兒，可以在成人稍加示範如何撕拉棉花團（即讓嬰幼兒嘗試將棉花團拉至蓬鬆而不斷裂），以及動物輪廓內塗有黏膠下（視嬰幼兒能力，也可讓其自行塗膠），讓其完成黏貼工作。至於 2 至 3 歲嬰幼兒，則請其在成

人說明下盡量自行完成工作，並鼓勵挑戰沒有事先畫好輪廓的動物貼畫。

(活動名稱)　手指謠：手指頭變變變（動物）

內容簡述

成人運用手指謠，協助嬰幼兒表徵動物的特徵：一根手指頭啊！（左手食指）一根手指頭啊！（右手食指）變呀變成毛毛蟲（左右手食指各自往中間蠕動）；兩根手指頭啊！（食指、中指）……變呀變成小白兔（左右手食、中指放頭上當兔子耳朵）；三根手指頭啊！……變呀變成小花貓（左右手三根手指各在嘴巴旁橫向畫三下代表貓鬚；四根手指頭啊！……變呀變成小螃蟹（左右手四根手指做螃蟹橫行狀）；五根手指頭啊！……變呀變成小小鳥（左右手做鳥翅膀飛行狀）。活動目的是運用手指謠了解與表徵動物特徵，並在改編中促進創造力與口說語文。

進行要點

在成人演示後，對於 1 歲以下嬰幼兒，可抓起其手指演示與快樂互動。對於 1 至 2 歲嬰幼兒，成人則鼓勵他們盡量跟著一起唸謠與比劃，但不要求完全正確；必要時得一句句教唸，期望日後能獨力唸謠與比劃。至於 2 至 3 歲嬰幼兒，除要求他們跟著一起唸謠與比劃外，在協助下盡量鼓勵獨力唸謠與演示，並挑戰思考其他的表徵方式，如不同的動物。

（二）區角遊戲／探索活動

活動名稱　繪本：《1，2，3 到動物園》

內容簡述

描述一輛載著動物的火車要出發，一節車廂一種動物，每種動物都是跨左、右頁大圖，且文字簡單，例如「第一節車廂有1頭大象」、「第二節有 2 隻河馬」，「第三節車廂有 3 隻長頸鹿」，……「第十節車廂有 10 隻鳥」。最後一張大圖是所有動物都到了動物園。因此可幫助嬰幼兒認識各種動物的特徵與練習計數。

進行要點

這是區角活動，可讓嬰幼兒自行閱讀。如果成人要共讀此繪本，對於 0 至 1 歲嬰幼兒，基本上由成人唸讀，輔以豐富的肢體語言，讓其會意，並拉起其手一起計數每頁的動物。在與 1 至 3 歲嬰幼兒共讀時，除了鼓勵他們盡量跟著一起唸讀，成人可與其計數動物，當最後唸到所有動物都在動物園的那幅圖時，可鼓勵找出每種動物，請其指認、說出或仿說。至於 2 至 3 歲嬰幼兒，因為語句很簡單，成人在第二次共讀時，就可請他們挑戰獨力唸讀。

活動名稱　動物對對碰

在玩具操作區或益智區，放置市售的塑膠動物模型與市售（或自製）的動物圖卡，讓嬰幼兒一一配對，如兔子圖卡配對兔子塑膠模型；或者是另外準備小盒子數個與哺乳類、鳥類、魚類、昆蟲類圖卡，讓嬰幼兒按圖卡將動物模型分類。

活動名稱　**動物拼圖**

在玩具操作區或益智區，運用市售動物拼圖，或是配合共讀繪本中所自製的動物拼圖（彩色影印並加厚後，裁成數片），供嬰幼兒自行探索。

活動名稱　**動物蠟筆畫**

在藝術創作區，準備塑膠動物模型（或動物圖片）、粗大蠟筆與畫圖紙，讓嬰幼兒自行塗鴉繪畫。此活動較適合近 2 歲以上的嬰幼兒。

二、居住環境與習性

居住環境與習性概念下的活動如圖 5-1-3 所示。

（一）小組遊戲／探索活動

活動名稱　**共讀《偷看一下動物的家》**

內容簡述

本書是一本訊息書，也是翻翻書。共有十幾種動物的家的介紹，包括人類豢養住在農場裡的動物如小雞、狗、馬，住水裡的蝌蚪，海裡的魚、寄居蟹，住樹上鳥巢的鳥，樹幹上洞的松鼠，蜂窩的蜜蜂，土丘蟻窩的螞蟻等，為動物的居住環境與習性概念，提供了相關知識。共讀完後，置於繪本故事區，供自由閱讀。

進行要點

本書較適合 1 至 3 歲嬰幼兒，1 至 3 歲嬰幼兒在與成人共讀時，可以

⦿ 圖 5-1-3.　「可愛的動物」主題居住環境與習性概念下的活動

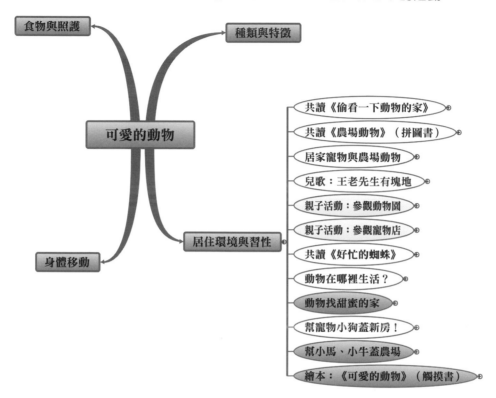

讓他們輪流動手翻翻小翻頁，增加閱讀樂趣；並視嬰幼兒能力，請其指認、仿說、說出動物的名稱與住處。建議僅強調常見動物，略過榛睡鼠、河狸等較少見的動物。

（活動名稱）　共讀《農場動物》（拼圖書）

內容簡述

本書介紹常見的農場動物，如牛、雞、馬、羊等，而且可以玩拼圖，也就是每種動物可以上下左右地推移拼圖片塊，拼圖片塊不易脫落或遺失。

進行要點

本書較適合 0 至 2 歲嬰幼兒，在共讀時，其可愛的動物圖案可吸引嬰幼兒目光與動手操作，加深對農場動物的認識，並且視嬰幼兒能力，請其指認、仿說、說出動物名稱。共讀完後可放在區角，供嬰幼兒自由操作與閱讀。

(活動名稱)　居家寵物與農場動物

內容簡述

在共讀相關繪本初步認識居家寵物與農場動物，而且也進行過動物來訪（貓、狗或兔子）活動後，成人拿出房屋模型、有圍欄的農場（可用積木現場搭建），以及一些動物圖卡、動物填充玩具或玩偶，請嬰幼兒找出養在家裡的常見寵物，如狗、貓、金魚等，與養在農場裡的常見動物，如牛、羊、馬等，將他們各自放入房屋模型與農場圍欄中。

進行要點

對於 1 歲以下嬰幼兒，則由成人一面說著寵物、農場動物的名稱，一面將寵物、農場動物放入房屋模型、農場圍欄中，並且讓其抱著貓、狗玩偶，告訴他們是養在家裡、可以陪伴人的可愛寵物。對於 1 至 2 歲嬰幼兒，成人解釋寵物是養在家裡，可以陪伴人的；農場動物是養在農場裡，對農務與農人生活有益的動物，讓他們大致分辨寵物與農場動物即可。而對於 2 至 3 歲嬰幼兒，則可進一步詢問他們寵物（或農場動物）都長得一樣嗎？哪裡一樣？哪裡不一樣？都是來自同一家族（類別）嗎？請嬰幼兒仔細觀察並試著說出，成人則以「對話補說」策略協助其表達。目的在引導嬰幼兒認識：即使是寵物也有多種類別，農場動物也是一樣。

活動名稱　兒歌：王老先生有塊地

內容簡述

運用熟悉的〈王老先生有塊地〉兒歌，歌詞中的「他在田邊養小雞啊！」，接著是養小鴨、乳牛，這些農場動物唱完後，還可以替換其他動物；而且「這裡×（叫聲）、那裡×（叫聲）、到處都在××（叫聲）」，叫聲也可跟著替換的動物而改變。活動目的在熟悉動物名稱、叫聲，也在歡樂中促進語言發展。

進行要點

對於 1 歲以下嬰幼兒，成人隨著音樂播放哼唱，並拿出該動物玩偶，帶著他們一起歡樂互動。對於 1 至 2 歲嬰幼兒，則運用對唱方式，例如成人唱：「王老先生有塊地啊！」嬰幼兒唱：「咿呀咿呀呦！」成人唱：「他在田邊養小雞啊！」嬰幼兒唱：「咿呀咿呀呦！」成人唱：「這裡」，嬰幼兒唱：「嘰！」成人唱：「那裡」，嬰幼兒唱：「嘰！」，成人唱：「到處都在」，嬰幼兒唱：「嘰！嘰！」如果嬰幼兒還無法唱出來，用對說的方式也可以。至於 2 至 3 歲嬰幼兒，成人與他們一起合唱、對唱，或是嬰幼兒先唱，成人後唱：「咿呀咿呀呦！」都可，甚至請嬰幼兒替換其他動物與叫聲。

活動名稱　共讀《好忙的蜘蛛》

內容簡述

參考第四章語文領域的「動物與叫聲」活動，也就是進行繪本《好忙的蜘蛛》的互動，有助於了解各種動物的習性與叫聲。在進行過此繪本共讀後，可呼應以上的「兒歌：〈王老先生有塊地〉」活動，成人一面拍手打節拍，一面問嬰幼兒每種動物怎麼叫，例如：「小狗怎麼

叫？」，嬰幼兒回答：「小狗汪汪叫！」再如：「小貓怎麼叫？」，嬰幼兒回答：「小貓喵喵叫！」

進行要點

對於尚不會說話的嬰幼兒，則請其仿說（但不強求）；或是請其指認喵喵叫的是哪一種動物；或是成人指，嬰幼兒以點頭、搖頭示意。對對於表達能力較佳的嬰幼兒，可以僅回答：「喵喵！」或「喵喵叫！」或完整地說：「小貓喵喵叫！」

（活動名稱）　**動物在哪裡生活？**

內容簡述

繪製一張含有蔚藍天空、林木枝幹、陸地與潺潺水流區域的圖畫，並準備小張動物圖卡，或是小型塑膠動物模型，讓嬰幼兒在圖畫上的各個區域環境，將居住或生活的動物放上去，如鳥放在蔚藍天空，也可以放在林木枝幹處；魚、螃蟹放到潺潺水流裡，羊、馬、牛放在陸地上，松鼠、猴子放在樹木枝幹，也可以放在陸地上等。

進行要點

對於0至1歲嬰幼兒，基本上是成人先介紹圖畫各區域，然後將小動物模型放到對應的生活區域，並述說牠在做什麼。對於1至2歲嬰幼兒，除了操作外，視其能力請其說出、指認或仿說動物與居住或生活區域。至於2至3歲嬰幼兒，則進一步引導他們說出簡單的完整句子，例如鳥在天上飛、魚在水裡游等。

（活動名稱）　**幫寵物小狗蓋新房！**

內容簡述

運用故事情境，引導嬰幼兒為寵物小狗蓋新家。活動目的在了解寵物

是人類豢養來陪伴人類的，住在人類為其準備的家，並發揮愛心用積木或紙箱為牠建蓋房屋。

進行要點

對於 1 歲以下嬰幼兒，成人說完故事情境後，一面說我們來幫小狗蓋新房，一面用泡棉或塑膠積木蓋出簡易房屋（可拉起嬰幼兒的手蓋出一、二塊積木），然後說這就是小狗的新家，請嬰幼兒將填充玩具狗放到新家裡面。對於 1 至 2 歲的嬰幼兒，可運用大型塑膠積木或紙質積木為建蓋素材，在成人協助下共同建蓋。至於 2 至 3 歲的嬰幼兒，除了積木外，還可運用紙箱為建蓋素材（請參見第四章認知領域「紙箱扮家家」活動）。而在嬰幼兒蓋出房子後，針對房子的問題如無門、無窗，挑戰其再思考要如何補救。

（二）區角遊戲／探索活動

(活動名稱)　**繪本：《可愛的動物》（觸摸書）**

- -

這是適合 0 至 2 歲的一本感官觸摸書，書中動物的毛是可以觸摸的，非常吸引嬰幼兒，它介紹常見的動物如雞、馬、羊、豬、狗等，可放在繪本故事區，供嬰幼兒自由閱讀。

(活動名稱)　**親子活動：參觀動物園**

- -

請嬰幼兒家長運用假日，帶嬰幼兒至家附近的動物園，接觸與認識各種動物，擴展嬰幼兒的經驗，並與托育人員分享，讓托育人員了解嬰幼兒的經驗狀況。

活動名稱 **親子活動：參觀寵物店**

請嬰幼兒家長運用假日，帶嬰幼兒至家附近的寵物店，接觸與認識各種寵物，擴展嬰幼兒的經驗，並與托育人員分享，讓托育人員了解嬰幼兒的經驗狀況。

活動名稱 **動物找甜蜜的家**

成人將繪本中動物與動物的家影印，並製作成配對的教具，例如鳥配對鳥巢、蜜蜂配對蜂窩、松鼠配對樹洞、蜘蛛配對蜘蛛網、螞蟻配對蟻丘內的地道等，放在教具操作區或益智區，供嬰幼兒自由探索。

活動名稱 **幫小馬、小牛蓋農場**

　　將各式各樣農場房舍、圍欄的圖片以及塑膠動物，放在玩具操作區或積木區，並提供各式各樣積木，例如紙質積木、塑膠積木、單位積木、Kapla 積木等，讓嬰幼兒自由探索搭建農場房舍、動物圍欄等。

三、身體移動

　　身體移動概念下的活動如圖 5-1-4 所示。

（一）小組遊戲／探索活動

活動名稱 **共讀《好餓的毛毛蟲》**

內容簡述
本繪本描述一隻好餓的毛毛蟲，從星期一到星期五與日俱增的水果飲

○ 圖 5-1-4.　「可愛的動物」主題身體移動概念下的活動

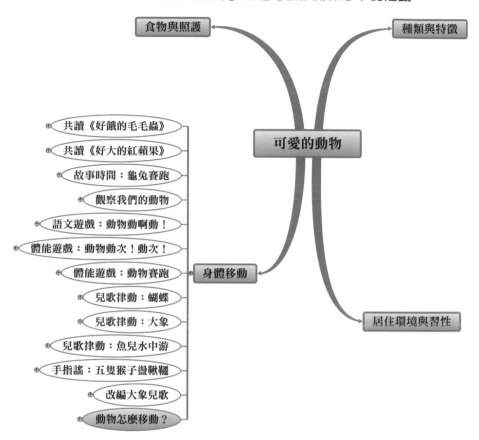

食，以及星期六吃了一堆垃圾食物……結果變成又肥又大的毛毛蟲，
然後造繭包住自己，兩個星期後破繭而出，成為漂亮的蝴蝶。嬰幼兒
可透過手指當毛蟲鑽過蘋果、梨子、草莓等水果，感受毛蟲蠕動，了
解毛蟲吃水果，知道毛蟲會變成蝴蝶，是了解動物移動（毛毛蟲、蝴
蝶）、食物概念很棒的繪本，也為「好吃的水果」主題奠基。共讀完
後，置於繪本故事區，供自由閱讀。

進行要點

對於 0 至 1 歲嬰幼兒，基本上由成人唸讀，搭配豐富的肢體語言，並可抓著其手鑽入書頁水果中；可試著請其仿說毛毛蟲，但不強求；或是成人問毛毛蟲在哪裡？請其指認。在與 1 至 2 歲嬰幼兒共讀時，除了讓他們用手鑽過水果外，可鼓勵跟著一起唸讀毛毛蟲吃的幾個水果與重複語句：「星期一，牠吃了一個蘋果。可是，肚子還是好餓。」（不必要求完全正確），並且說出或是仿說水果的名稱；最後問毛毛蟲變成什麼動物？或請其仿說蝴蝶。至於 2 至 3 歲嬰幼兒，則盡量讓他們預測下一頁文句，看圖試著獨力唸讀這些重複語句；最後提問蝴蝶有什麼特徵？（即長得怎麼樣？有什麼特別的地方？）和毛毛蟲有什麼不同？請他們仔細觀察並說出，成人則以「對話補說」策略，助其表達。

(活動名稱)　共讀《好大的紅蘋果》

內容簡述

本繪本描述樹上長了五個紅蘋果，小熊、小松鼠、烏鴉、小老鼠分別拿走了，最後剩下一個掉下來，被小螞蟻們吃了。文句很簡單，例如整頁文字僅有：「『我要吃囉！』小松鼠抱走了一個。」這本繪本不僅可以認識喜歡吃水果的動物，而且每種動物取走蘋果前都會說：「我要吃囉！」，可讓嬰幼兒口語參與；再且動物取走蘋果的動作都不同，例如熊是拿走、松鼠是抱走、烏鴉是叼走、螞蟻是抬走，可作為律動的素材。很棒的是，它可連結「好吃的水果」主題，引出製作蘋果汁、蘋果泥的活動。共讀完後，置於繪本故事區，供自由閱讀。

進行要點

對於 0 至 1 歲嬰幼兒，基本上由成人唸讀，配合豐富的肢體語言，讓

其會意；可試著請其仿說蘋果，但不強求；或是成人問蘋果在哪裡？請其以手、微笑或其他方式指認。在與1至2歲嬰幼兒共讀時，鼓勵他們跟著一起唸讀重複語句：「我要吃囉！小松鼠抱走了一個。」（但不要求完全正確），並且成人可助其命名或仿說這五種動物。至於2至3歲嬰幼兒，盡量讓他們看圖試著獨力唸讀這些簡單的語句，並且引導其注意取走水果的動詞——拿、抱、叼、抬等。

(活動名稱)　**故事時間：龜兔賽跑**

內容簡述

成人運用玩偶或填充玩具烏龜與兔子，敘說龜兔賽跑的故事：因為兔子睡覺了，反而讓動作慢但不懈怠的烏龜超前了。述說過程中以肢體語言演示烏龜怎麼走動，兔子怎麼跳動身體，為「可愛的動物」主題身體移動概念下的活動，拉開序幕。

進行要點

對於0至1歲嬰幼兒，基本上由成人以豐富肢體語言說故事，故事完後指著烏龜與兔子填充玩具或玩偶，不斷命名，期望其能仿說或指認。對1至2歲嬰幼兒敘說故事後，可視其能力請其命名、指認或仿說烏龜、兔子；也可以問簡單問題，如兔子在賽跑中做什麼？最後誰先到？至於2至3歲嬰幼兒，在成人幫忙下，可以跟他們玩故事一問一答的遊戲或故事接龍，即成人先說故事開頭，再請嬰幼兒試著接一小段，然後成人說……。

(活動名稱)　**觀察我們的動物**

內容簡述

托育中心於辦公、接待空間或半戶外廊下，飼養金魚、烏龜、鳥或兔

子等寵物，提供嬰幼兒觀察動物最直接之處，可觀察該動物的習性、食物、身體移動等，所以除了排定輪流餵食外，盡量安排固定觀察的時間與機會。

進行要點

對於 1 歲以下嬰幼兒在觀察時，成人直接指出觀察焦點，如移動身體的部位、移動身體的樣態，然後以口語與肢體表徵該樣態，如兔子跳、鳥飛。對於 1 至 2 歲嬰幼兒，成人可以提醒觀察的重點，例如兔子是如何移動身體？用哪個部位移動？移動身體時的樣子是什麼樣？請他們運用肢體表徵兔子移動身體的樣態，或是試著說出或仿說如何移動。對於 2 至 3 歲嬰幼兒，除了肢體表徵外，可在成人協助下，引導他們比較不同動物，甚至塗鴉記錄。無論是 1 至 2 歲或 2 至 3 歲嬰幼兒，成人均可酌情運用「對話補說」策略協助其表達。

(活動名稱)　**語文遊戲：動物動啊動！**

內容簡述

成人拿出毛毛蟲、鳥、魚、兔子、烏龜等動物圖卡，告訴嬰幼兒要進行語文遊戲，請其試著說動物是怎麼移動身體的，成人則幫忙拍手打節奏，例如成人說：「魚兒怎麼動？」，嬰幼兒說：「魚兒游啊游！」同樣地一問一答，例如鳥兒飛啊飛！白兔跳啊跳！烏龜走啊走等。活動目的在表達動物如何移動身體並促進口說語文能力。

進行要點

對於尚不會說話的嬰幼兒，成人請其指認飛啊飛（配合肢體動作）的是哪一種動物；或是成人詢問這是飛啊飛的動物嗎？（配合肢體動作），嬰幼兒以點頭、搖頭等方式示意。對於 1 至 2 歲嬰幼兒，成人請其說出魚兒游、鳥兒飛、兔子跳；或是仿說這些詞句，或是仿說

鳥、魚、飛、游等。對於 2 至 3 歲表達較清楚的嬰幼兒，則請其直接完整地說出鳥兒飛啊飛、魚兒游啊游，甚至鼓勵其延伸成鳥兒飛啊飛在天空上、魚兒游啊游在大海裡、白兔跳啊跳在森林裡……。

活動名稱　**體能遊戲：動物動次！動次！**

內容簡述

這是動物如何移動身體的表徵活動，讓嬰幼兒假裝是某種動物並且移動著身體，成人則幫忙打著節奏，例如魚搖頭擺尾地游著、小鳥展翅飛翔著、白兔跳啊跳著……。

進行要點

對於 1 歲左右可以走的嬰幼兒，在成人示範下，做簡單的烏龜走、小貓走的動作，期望引起他們的模仿，或拉著嬰幼兒的手一起做出動作。對於 1 至 2 歲走得很好的嬰幼兒，成人先鼓勵嬰幼兒自己想與做出動作（可播放節奏感強的音樂），視其表現在旁鼓勵、提示或提供示範。對於 2 至 3 歲嬰幼兒，則鼓勵他們配合音樂自行移動身體；並且提供一個假裝是蘋果的塑膠大球，請其演出《好大的紅蘋果》繪本中動物取走蘋果的方式，如熊是拿走、松鼠是抱走、烏鴉是叼走、螞蟻是抬走等，必要時則提供協助。

活動名稱　**體能遊戲：動物賽跑**

內容簡述

動物賽跑是上一個表徵活動「體能遊戲：動物動次！動次！」的快板動作，先讓嬰幼兒扮演每種動物的快速移動身體方式，如貓快速地走著、魚快速地游著、鳥快速地飛著等；然後進行不同動物間的移動身體比賽。

進行要點

對於 1 至 2 歲嬰幼兒，成人先鼓勵嬰幼兒自己做出動作，再視其表現在旁提示或示範。對於 2 至 3 歲嬰幼兒，則鼓勵他們自行做出，並且鼓勵其挑戰以動物移動身體的方式歡樂地跳舞。

活動名稱　兒歌律動：蝴蝶
- -

內容簡述

成人播放〈蝴蝶〉兒歌音樂前，稍微解釋歌詞的意思，然後發給嬰幼兒金紗絲巾，請他隨著節奏像蝴蝶般自由地舞動著。活動目的是透過律動更加意識蝴蝶如何移動身體與促進表徵。

進行要點

對於還不會走的嬰幼兒，成人伴隨口說蝴蝶並抓起其手，做出蝴蝶翅膀翩翩舞動樣，或是鼓勵坐著的嬰幼兒隨音樂舞動（繫上金紗絲巾）；可試著請其仿說蝴蝶，但不強求。成人編的動作與示範只是激發作用，對於 1 至 2 歲嬰幼兒，在成人動作示範後，如果他們特別喜歡其中某個動作，就讓其陶醉其中；或者是讓嬰幼兒隨著音樂自由舞動著。對於 2 至 3 歲嬰幼兒，則鼓勵他們思考與做出跟老師不一樣的蝴蝶飛舞動作。無論是 1 至 2 歲或 2 至 3 歲嬰幼兒，均鼓勵他們跟著旋律哼唱。

活動名稱　兒歌律動：大象
- -

內容簡述

成人播放〈大象〉兒歌音樂前，稍微解釋歌詞的意思：「大象！大象！你的鼻子怎麼那麼長？媽媽說鼻子長，才是漂亮！」然後請嬰幼兒隨著節奏像大象般自由地舞動著。活動目的是透過律動更加意識大

象如何移動身體與促進表徵。如果班上有來自泰國家庭的嬰幼兒，則可介紹大象在泰國是神聖的動物……。

進行要點

對於還不會走的嬰幼兒，成人可拉著其手腳，隨音樂律動，或抓起其手做出長鼻子狀舞動著。成人編的動作與示範只是激發作用，對於 1 至 2 歲嬰幼兒，在成人動作示範後，如果他們特別喜歡其中某個動作（如用手當大象鼻子甩啊甩），就讓其陶醉其中；或者是讓嬰幼兒隨著音樂自由舞動著。對於 2 至 3 歲嬰幼兒，則鼓勵他們思考與做出跟老師不一樣的大象動作，例如身體撐大沉重地向前走著，或是躺下以腿當長鼻子甩動著。無論是 1 至 2 歲或 2 至 3 歲嬰幼兒，均鼓勵他們跟著旋律哼唱。

(活動名稱)　兒歌律動：魚兒水中游

內容簡述

成人播放〈魚兒魚兒水中游〉兒歌音樂前，稍微解釋此兒歌歌詞的意思，然後請嬰幼兒隨著節奏像魚兒般自由地游著。活動目的是透過律動更加意識魚如何移動身體與促進表徵。

進行要點

對於還不會走的嬰幼兒，成人伴隨口說魚並拉著其手腳隨音樂律動，或抓起其手做出水中游動狀。成人編的動作與示範只是激發作用，對於 1 至 2 歲嬰幼兒，如果他們特別喜歡其中某個動作（如手做出 S 狀往前游），就讓其陶醉其中；或者是讓嬰幼兒隨著音樂自由舞動著。對於 2 至 3 歲嬰幼兒，則鼓勵他們思考與做出和老師不一樣的魚游動作，例如趴在地上手前後滑動著。無論是 1 至 2 歲或 2 至 3 歲嬰幼兒，均鼓勵他們跟著旋律哼唱。

(活動名稱)　手指謠：五隻猴子盪鞦韆

內容簡述

手指謠中的猴子數量一次次遞減，由五隻、四隻……到一隻：「五隻猴子盪鞦韆（右手手掌朝下擺盪），嘲笑鱷魚（左右手左右搖兩下）被水淹（兩手掌做波浪狀），鱷魚來了，鱷魚來了（手掌虎口張開當鱷魚大嘴），盍！盍！盍！（做大口吃下動作）」。活動目的是透過手指謠更加理解與促進表徵（猴子、鱷魚），也促進口說語文。如果班上有來自印度家庭的嬰幼兒，則可介紹猴子在印度很普遍，尤其在恆河邊……。

進行要點

對於 0 至 1 歲嬰幼兒，成人對其演示及唸著，或者是拉著其手演示著，與他們快樂互動；可試著請其仿說猴子，但不強求。對於 1 至 2 歲嬰幼兒，成人鼓勵他們盡量跟著一起唸謠與比劃著，但不要求完全正確，必要時得一句句教唸與演示。對於 2 至 3 歲嬰幼兒，除要求他們跟著一起唸謠與比劃外，盡量鼓勵獨力唸謠與演示，並挑戰思考其他的動作表徵方式。

(活動名稱)　改編大象兒歌

內容簡述

運用〈大象〉兒歌的曲調，但是改編其中的歌詞「大象！大象！（改成其他動物）你的鼻子（改成其他部位）怎麼那麼長（改成該部位特徵）？媽媽說鼻子長（部位、特色）才是漂亮！」例如改編成「長頸鹿！長頸鹿！你的脖子怎麼那麼長？媽媽說脖子長，才是漂亮！」活動目的是藉由熟悉的兒歌旋律更加意識動物特徵與促進表徵，並在改

編中促進創造力與口說語文。

進行要點

對於 0 至 1 歲嬰幼兒，成人可拿出唱到的動物玩偶或填充玩具，一面改編唱著，一面指著該動物的特徵；可試著請其仿說大象，但不強求；或是成人問大象在哪裡？請其指認。對於 1 至 2 歲嬰幼兒，在確認其對歌詞、旋律熟悉下（曾進行過〈大象〉兒歌律動），成人可以先提示某種動物的特徵，引導他們代入語詞（讓其先思考）；如果沒有太大回應，則提供具體示範，如：「河馬！河馬！你的嘴巴怎麼那麼大？媽媽說嘴巴大，才是漂亮！」至於 2 至 3 歲嬰幼兒，在確認其對歌詞、旋律熟悉下（曾進行過〈大象〉兒歌律動），可由成人引導試著改編成其他動物；甚至視嬰幼兒能力，要求更多，例如「才是漂亮」改成才能看得遠（長頸鹿）、才能吃得多（河馬）。如果先在「可愛的動物」主題中，進行過大象的兒歌律動與改編，嬰幼兒熟悉其曲調後，再接著進行「好吃的水果」主題，改編成水果，就容易多了。

（二）區角遊戲／探索活動

(活動名稱)　**動物怎麼移動？**

在益智區或教具操作區準備小型塑膠動物或是小動物圖卡，以及幾個貼上一隻動物的盒子，分別代表不同的移動身體方式，如飛的（鴿子）、游的（魚）、走的（牛）、跳的（兔子），讓嬰幼兒將小塑膠動物或小圖卡放入適當的盒子，以配對動物與其移動身體方式。

○ 圖 5-1-5.　「可愛的動物」主題食物與照護概念下的活動

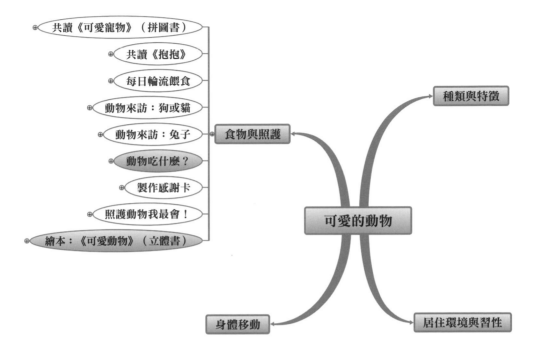

四、食物與照護

食物與照護概念下的活動如圖 5-1-5 所示。

（一）小組遊戲／探索活動

(活動名稱)　共讀《可愛寵物》（拼圖書）

內容簡述

本書介紹常見的寵物，如狗、兔、貓、鼠等，而且可以玩拼圖，也就是每種動物可以上下左右地推移拼圖片塊，拼圖片塊不易脫落或遺失。

進行要點

本書較適合 0 至 2 歲嬰幼兒。在共讀時，其可愛的動物圖案可吸引嬰幼兒目光與動手操作，加深對家居寵物的認識，可視嬰幼兒能力，請其指認、仿說、說出動物名稱。共讀完後可放在繪本故事區，供嬰幼兒自由操作與閱讀。

(活動名稱)　共讀《抱抱》

內容簡述

抱抱是愛的具體表現，不僅限於親情之間，也包含不同物種間。書中文字簡單，只有「抱抱」兩個字，以及「寶寶」、「媽媽」偶爾穿插其間，它描述小猩猩在森林走著，想要媽媽抱抱，就坐上大象媽媽的頭上尋找著，沿路看見獅子媽媽給小獅子抱抱，長頸鹿媽媽也給小長頸鹿抱抱……小猩猩哭了。就在此時，猩猩媽媽出現叫著寶寶，小猩猩叫著媽媽，兩人擁抱在一起。小猩猩擁抱大象說謝謝，森林裡的動物也都歡呼「抱抱」，所有動物都抱在一起了。共讀完後，可放在繪本故事區，供嬰幼兒自由閱讀。

進行要點

本書傳達愛的需求與抱抱表現，適合 0 至 3 歲嬰幼兒，於共讀時，不僅嬰幼兒可以一直說抱抱，而且可以身體力行地抱在一起，為動物的愛與照護開啟了序幕。對於 2 至 3 歲較大嬰幼兒，可運用「對話補說」策略，詢問除了抱抱外，還可以怎麼表達愛意？甚至推及於如何對動物表達愛意。

(活動名稱)　每日輪流餵食

內容簡述

刻意地讓嬰幼兒每天輪流照顧托育中心辦公、接待空間或半戶外廊下的金魚、烏龜、鳥或兔子等，以擴大嬰幼兒的經驗，有利動物主題的探索，因為餵食不僅可了解動物的食物，而且也可藉機觀察動物的習性、移動方式等。餵食工作的確需要成人額外的協助，例如將輪值表貼於明顯處，提醒與強調每個人的餵食責任與「養了就要愛牠」的觀念，讓嬰幼兒養成習慣；再如叮囑餵食要定時定量，才能有益健康，有如人類的飲食般，不可輕忽；同時也須在旁搭建鷹架，俾利嬰幼兒對動物的觀察與認識等。

進行要點

即使 0 至 1 歲嬰幼兒也可在成人大力協助下，進行餵食與觀察。對於 1 至 2 歲嬰幼兒，可促其仔細觀察各種動物是如何移動身體？吃什麼食物？有什麼習性？對於 2 至 3 歲嬰幼兒，在成人協助下，還可促其比較動物間的異同（托育中心的動物比較），甚至是塗鴉記錄觀察所見。無論是 1 至 2 歲或 2 至 3 歲嬰幼兒，成人均可酌情運用「對話補說」策略協助其表達。

(活動名稱)　動物來訪：狗或貓

內容簡述

請托育人員或家長用寵物箱、籠裝著家中寵物，帶來托育中心，跟嬰幼兒接觸，以利觀察並擴展嬰幼兒的動物經驗。視貓狗的穩定度，並讓牠吃平日愛吃的點心如貓草、罐頭、狗餅乾等，由成人抱著或護著讓嬰幼兒近距離觀察，嬰幼兒如果願意，可以抱抱牠、摸摸牠，或是

提問。過程中還可以聊聊有哪些動物經常被人飼養，也是寵物家族的成員。

進行要點

即使 0 至 1 歲嬰幼兒也可參與此活動，讓他知道這是狗（或貓），是人類養的、可陪伴人的寵物。對於 1 至 2 歲嬰幼兒，可促其仔細觀察牠是如何移動身體？吃什麼食物？有什麼習性？對於 2 至 3 歲嬰幼兒，在成人協助下，還可促其比較動物間的異同（與托育中心的動物比較），甚至是塗鴉記錄觀察所見。無論是 1 至 2 歲或 2 至 3 歲嬰幼兒，成人均可酌情運用「對話補說」策略協助其表達。

（活動名稱）　**動物來訪：兔子**

內容簡述

請托育人員或家長用寵物箱、籠裝著家中寵物，帶來托育中心，跟嬰幼兒接觸，以便觀察並豐富嬰幼兒的動物經驗。視兔子的穩定度，並餵牠吃平日愛吃的胡蘿蔔，由成人抱著或護著讓嬰幼兒近距離觀察。嬰幼兒如果願意，可以抱抱牠、摸摸牠，或是提問。過程中還可以聊聊有哪些動物經常被人飼養，也是寵物家族的成員。

進行要點

即使 0 至 1 歲嬰幼兒也可參與此活動，讓其知道這是兔子，是人類養的、可陪伴人的寵物。對於 1 至 2 歲嬰幼兒，可促其仔細觀察牠是如何移動身體？吃什麼食物？有什麼習性？對於 2 至 3 歲嬰幼兒，在成人協助下，還可促其比較動物間的異同（與托育中心的動物比較），甚至是塗鴉記錄觀察所見。無論是 1 至 2 歲或 2 至 3 歲嬰幼兒，成人均可酌情運用「對話補說」策略協助其表達。

(活動名稱) **製作感謝卡**

內容簡述

在成人幫助下，請嬰幼兒合力製作一張大的感謝卡，感謝某位家長或托育人員帶寵物來托育中心，也感謝該寵物來看嬰幼兒們。成人在呈現動物來訪當日照片，以勾起記憶後，可以先詢問嬰幼兒要怎麼表示感謝之心？在紙張上可以畫什麼或做出什麼？讓嬰幼兒先思考。

進行要點

對於 0 至 1 歲嬰幼兒，在成人以肢體語言解說與實質協助下，共同完成感謝卡。對於 1 至 2 歲嬰幼兒，需要成人提示或在旁示範，如畫上紅色的愛心、寵物圖，讓嬰幼兒貼上花朵、愛心貼紙或塗鴉感謝等。對於 2 至 3 歲嬰幼兒，成人在給與表達愛意的提示後（如可以畫、貼、黏、印等），容許嬰幼兒創意地表達，如貼上金蔥、色紙，蓋上指印、物印，畫出愛心、美麗圖案等。

(活動名稱) **照護動物我最會！**

內容簡述

成人拿出填充玩具如小貓、小狗等，說小貓（或小狗）生病了，要怎麼照顧牠？嬰幼兒可能會說：「抱抱！」，成人這時可誇讚他。活動目的在激發嬰幼兒對動物的愛，以及藉表達對動物的愛與如何照護，促進口說語文能力。

進行要點

對於還不太會表達的 1 至 2 歲嬰幼兒，成人要稍加提示、引導，例如除了說抱抱表示愛小貓外，還可以怎麼做也是代表愛牠（如輕輕撫拍、餵牠吃貓糧、陪牠玩）？將填充玩具小貓抱給他，請他演示出

來。對於 2 至 3 歲嬰幼兒，成人拿出事先準備的圖片，例如舒服的貓窩、逗貓玩具、貓遊戲檯、貓喜愛的貓草與點心、獸醫院等提示物，並且運用「對話補說」策略——問答、猜臆、填補、確認、重述、重整，引導嬰幼兒說出如何照顧小貓。

（二）區角遊戲／探索活動

活動名稱　繪本：《可愛動物》（立體書）

這是放在繪本故事區、很適合 0 至 2 歲嬰幼兒的一本小型立體書，書中的動物一翻頁就彈跳出來，非常吸引嬰幼兒，它介紹常見的動物如兔子、獅子、長頸鹿、大象等。

活動名稱　動物吃什麼？

將動物愛吃的食物做成圖卡數張，例如牛、羊愛吃的草，毛毛蟲、松鼠愛吃的水果，兔子愛吃的紅蘿蔔，猴子、大象愛吃的香蕉，熊貓愛吃的竹子等。此外，準備小型塑膠動物一堆，放在益智區或教具操作區，讓嬰幼兒配對動物與食物。

第二節　嬰幼兒主題課程示例 II：好吃的水果

　　「好吃的水果」主題涉及四個概念：「種類與特徵」、「內部有什麼秘密？」「真好吃啊！」「水果保存」（圖 5-2-1），這些概念均是以長方形框呈現，而方框的下一層就是以橢圓形框呈現的各領域活動，這些活動是為認識、理解或探究上一層概念而設計的。例如「水果大不同！」是認識「種類與特徵」的活動，「我是小幫手：蘋果泥

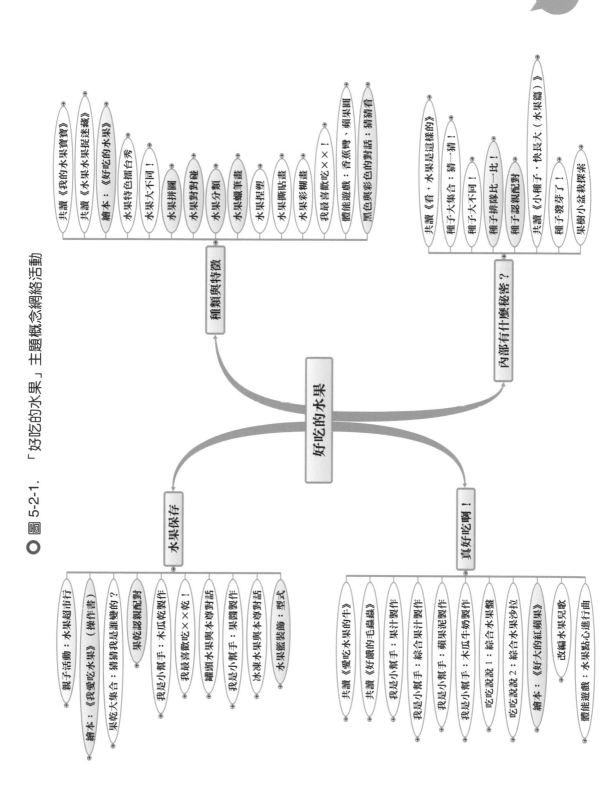

○ 圖 5-2-1.　「好吃的水果」主題概念網絡活動

製作」是針對「真好吃啊！」的活動。因每個活動大體上含三個年齡層，考量主題內容的分量與篇幅，以簡案方式敘寫；讀者可視嬰幼兒能力自行酌參調整，以因應個別差異。其中有底色的橢圓形活動，是在區角進行的活動，例如「種類與特徵」概念下的「水果對對碰」、「黑色與彩色的對話：猜猜看」、「水果保存」概念下的「果乾認親配對」、「水果籃裝飾：型式」等，均是區角進行的活動（註：以上這些是與主題直接相關的活動，而原本區角中的常備教具與活動，仍然存在可供探索，如第三章第三節所示。）。以下按照概念依次介紹針對這些概念而設計的活動。

一、種類與特徵

種類與特徵概念下的活動如圖 5-2-2 所示。

（一）小組遊戲／探索活動

活動名稱　共讀《我的水果寶寶》

內容簡述

介紹書中八種水果的特徵，描述該水果的顏色、形狀、吃起來的味道。每一頁都透過「喂、喂、喂！請問你是誰？」的重複語句，隨即說出水果名稱與特徵，例如：「我是圓圓紅紅的蘋果，吃起來脆脆的。」；「喂、喂、喂！請問你是誰？」、「我是黃色的香蕉，彎彎的好像一艘船。」；「喂、喂、喂！請問你是誰？」、「我是橙色的橘子，吃起來酸酸甜甜的。」；「喂、喂、喂！請問你是誰？」、「我是圓鼓鼓的西瓜，像顆大皮球的西瓜。」……拉開「好吃的水果」主題序幕。共讀完後，置於繪本故事區，供自由閱讀。

○ 圖 5-2-2. 「好吃的水果」主題種類與特徵概念下的活動

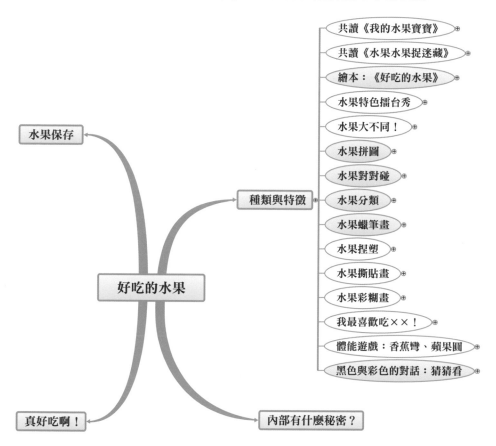

進行要點

對於 0 至 1 歲嬰幼兒，基本上由成人唸讀，輔以豐富的肢體語言，助其會意；可試著請其指認或仿說最喜歡的水果，但不強求。在與 1 至 2 歲嬰幼兒共讀時，成人可請其跟著一起唸讀「喂、喂、喂！請問你是誰？」重複語句，說出、指認或仿說水果名稱。對於 2 至 3 歲嬰幼兒，則盡量鼓勵看著圖獨力唸讀這些重複語句，並說出大部分水果的名稱。

(活動名稱)　共讀《水果水果捉迷藏》

內容簡述

全書藉著前一頁的問句、形容詞與不完整的水果圖，在翻過洞洞頁後，從洞洞輪廓中呈現出答案，例如：「猴子最喜歡吃的，是什麼呢？」、「彎彎的」，翻頁後從洞洞頁輪廓穿看過去原頁的部分特徵水果圖，就出現完整的香蕉圖像與名稱；「像一顆大大的松果，是什麼呢？」、「凹凹凸凸」，翻頁後從洞洞頁輪廓穿看過去原頁部分特徵的圖，就出現完整的鳳梨圖像與名稱，全書共介紹八種水果，在趣味中加深水果特徵的印象。共讀完後，置於繪本故事區，供自由閱讀。

進行要點

對於 0 至 1 歲嬰幼兒，基本上由成人唸讀，輔以豐富的肢體語言，助其會意；可試著請其指認或仿說最喜歡的水果，但不強求。在與 1 至 2 歲嬰幼兒共讀時，成人可請他在唸完該頁尚未翻頁時，就猜測這是什麼水果，翻頁呈現完整水果圖像時，又請他說出該水果名稱；或是請他仿說水果名稱，或是指認水果。對於 2 至 3 歲嬰幼兒也是一樣，讓他先猜測是什麼水果，並於翻頁後驗證、指認或仿說水果名稱；當多唸幾次嬰幼兒已經大概知道每頁的水果特徵與名稱後，鼓勵盡量看圖跟著唸讀，尤其是那些形容詞語句，如油油亮亮、凹凹凸凸、毛茸茸、圓滾滾。

(活動名稱)　水果特色擂台秀

內容簡述

準備《水果水果捉迷藏》繪本中的水果：蘋果、香蕉、橘子、葡萄、

哈密瓜、水蜜桃、草莓、鳳梨，以及《我的水果寶寶》繪本中的柿子、西瓜、楊桃。請嬰幼兒對應書中的特徵，加以指認新鮮水果，例如成人配合肢體語言提到某種水果的特徵時，如彎彎的好像一艘船，能將香蕉指認出來；像一顆大大松果凹凹凸凸的，能將鳳梨指認出來。活動的目的在初步認識水果種類繁多且各有特色。如果班上有來自東南亞家庭的嬰幼兒，則可外加介紹榴槤、紅毛丹、山竹等熱帶水果。

進行要點

為認識水果種類繁多且各有特色，建議盡量提供多種水果，讓嬰幼兒真正感受。對於 0 至 1 歲嬰幼兒，請盡可能讓他們用感官探索，如觸摸、觀察、鼻聞，但要防止舔咬；可試著請其指認或仿說最喜歡的水果，但不強求。對於 1 至 2 歲嬰幼兒，除了感官探索外，不必要求強記每種水果的名稱，只要在成人提到水果的特徵時，能正確指認一些水果，或是能說出一、二樣常見的水果名稱即可。至於 2 至 3 歲嬰幼兒，在成人提到水果特徵時，期望能指認與說出更多水果，並且在成人引導下，也能說出一些水果的特徵，如凹凹凸凸、彎彎的、圓圓大大的等。

活動名稱　水果大不同！

內容簡述

再現上個活動的水果，藉著提問：「水果都長得一樣嗎？」、「水果間有什麼不同？」讓嬰幼兒深入地觀察、比較與探索水果。所以本活動目的在加深對水果種類繁多的認識與培養探究能力。如果班上有來自東南亞家庭的嬰幼兒，則可外加介紹榴槤、紅毛丹、山竹等熱帶水果。

進行要點

對於 0 至 1 歲嬰幼兒，在呈現各種水果後，除允許以感官探索外，成人以肢體語言描述不同處，如一面說香蕉彎彎的，一面指著香蕉且比出彎彎的形狀；一面說西瓜圓圓大大的，一面指著西瓜用手比出一個大圓形等，最後一一指著每種水果說：「好多種不同的水果！」在與 1 至 2 歲嬰幼兒互動時，運用第四章的「對話補說」策略，透過問答、猜臆、填補、確認、重述、重整等方式，幫助嬰幼兒大略表達水果間如何不同。至於 2 至 3 歲則視其語文能力，盡量請其說出水果間的不同或特徵，必要時，得運用「對話補說」策略協助其表達。其實水果的顏色、外形、大小、氣味均不相同，即使同是蘋果或是葡萄，其顏色亦有差異，當 1 至 3 歲嬰幼兒僅著重於一種屬性如形狀時，問他只有形狀不同嗎？還有什麼不一樣的地方？促其多面向思考。

活動名稱　水果捏塑

內容簡述

準備各色麵團或黏土、工作墊、紙盤及真實水果葡萄，讓嬰幼兒在工作墊上捏塑，最後把成品擺排在紙盤上。活動目的在增進對葡萄的認識與促進小肌肉操作能力。

進行要點

對於 0 至 1 歲嬰幼兒，當面示範將黏土揉成小球，期待他能模仿，基本上嬰幼兒大都無法做到，成人可揉成許多小圓球，引導其將黏土圓球聚集排列於盤子上成一串葡萄。對於 1 至 2 歲嬰幼兒，指著真實水果葡萄，先請其思考一粒粒的圓形葡萄要怎麼做？再拿出長條麵團（黏土）請其嘗試，必要時成人才提示或示範。至於 2 至 3 歲嬰幼兒，除請其嘗試與盡量獨力做出外，並要求加上莖枝、葉片連串成葡萄。

若在「可愛的動物」主題有做過毛毛蟲，就很容易連結舊經驗，完成葡萄的製作。除葡萄外，也可分次讓嬰幼兒揉製草莓、香蕉等其他水果。

(活動名稱)　**水果撕貼畫**

內容簡述

本活動內容是先撕色紙，接著塗膠水，再而黏貼在白色畫圖紙上事先畫好的水果輪廓內，如鳳梨、蘋果、木瓜等。活動目的在增進對水果外型的認識與促進小肌肉的操作能力。

進行要點

對於 1 歲以下嬰幼兒，準備好已經撕好或剪好的紙和塗有黏膠的動物輪廓，協助其直接按黏在輪廓內。對於 1 至 2 歲嬰幼兒，可以在成人示範如何撕紙（或幫其撕一開口），以及動物輪廓內塗有黏膠下（視嬰幼兒能力，也可讓其自行塗膠），讓其完成黏貼工作。至於 2 至 3 歲嬰幼兒，則請其在成人說明下盡量獨力完成以上工作，若能完成，則鼓勵挑戰沒有事先畫好輪廓的水果撕貼畫。

(活動名稱)　**水果彩糊畫**

內容簡述

準備好彩糊，讓嬰幼兒用手沾滿彩糊，然後按壓在白色畫圖紙上的水果輪廓內，如蘋果、木瓜、鳳梨等。活動目的在增進對水果外型的認識與促進小肌肉的操作能力。

進行要點

對於 1 歲以下嬰幼兒，要多鼓勵與示範，甚至必要時抓起其手感受彩糊與印出。對於 1 至 2 歲嬰幼兒，先讓其嘗試作畫，成人在旁鼓勵運

用不同方式作畫，例如提問手只能這樣印嗎？有不同的方式印嗎？或是成人在旁平行作畫，以引發模仿甚而激發其創意。至於2至3歲嬰幼兒，則盡量鼓勵獨力完成以上工作，過程中請嬰幼兒思考還有什麼不同方式可印出？若能完成，則鼓勵挑戰沒有事先畫好輪廓的水果彩糊畫。

(活動名稱) **我最喜歡吃××！**

內容簡述

運用水果模型與〈我的朋友在哪裡？〉兒歌的曲調，成人與嬰幼兒對唱喜歡吃什麼水果。例如成人唱：「一二三四五六七，你最喜歡吃什麼？吃什麼？吃什麼？」嬰幼兒回唱：「我最喜歡吃草莓！」或是只回說：「草莓！」活動目的是藉歡愉的兒歌促進口說語文能力。

進行要點

對於1歲以下嬰幼兒，成人隨著音樂播放，一面唱著，一面拿出水果模型，與其一起歡樂互動；並且容許嬰幼兒以指認、點頭、搖頭或其他方式示意最喜歡的水果，但不強求。對於1至2歲嬰幼兒，成人對唱：「……你最喜歡吃什麼？吃什麼？吃什麼？」嬰幼兒可以只是對說而不唱；並且容許還不會說話表意的嬰幼兒以指認方式表意，或是成人指，嬰幼兒點頭、搖頭，或是仿說方式回答。而鼓勵2歲以上表達能力較佳的嬰幼兒，在回唱（說）後試著說出為什麼，如：「我最喜歡吃草莓！因為它甜甜的（很好吃）。」

(活動名稱) **體能遊戲：香蕉彎、蘋果圓**

內容簡述

配合著兩本共讀繪本《我的水果寶寶》與《水果水果捉迷藏》裡，所

描述的水果特徵，讓嬰幼兒以身體動作表現出某種水果的特徵。

進行要點

對於 0 至 1 歲嬰幼兒，基本上是成人以真實水果與肢體語言表徵水果的特徵，讓嬰幼兒加深感受。對於 1 至 2 歲嬰幼兒，盡量請其先思考再嘗試做出身體變成圓圓的像蘋果一樣，或彎彎的像香蕉一樣，或大大的像西瓜一樣……，過程中視嬰幼兒表現，成人在旁提示或平行示範，期待其能模仿甚而激發創意。對於 2 至 3 歲嬰幼兒，則盡量鼓勵用身體直接表徵出來，並且挑戰更難的如鳳梨、榴槤凹凹凸凸的，必要時得加以提示，除非是嬰幼兒在提示下仍無法表徵，成人才加以示範。

（二）區角遊戲／探索活動

(活動名稱) **繪本：《好吃的水果》**

這本繪本是訊息書，裡面有很多水果圖片，在共讀其他水果繪本後，老師提醒繪本故事區有此書，供嬰幼兒自行閱讀。

(活動名稱) **水果拼圖**

運用市售水果拼圖，或是配合共讀繪本中的水果所自製的拼圖（彩色影印並加厚後，裁成數片），將其置於玩具操作區或益智區，供嬰幼兒自行探索。

(活動名稱) **水果對對碰**

在玩具操作區或益智區，將市售的水果模型與市售（或自製）的水果圖卡，讓嬰幼兒一一配對，如草莓圖卡配對草莓模型。

(活動名稱)　**水果分類**

在玩具操作區或益智區，讓嬰幼兒將一籃水果模型，依照顏色、大小等的不同，加以分類擺置。

(活動名稱)　**水果蠟筆畫**

在藝術創作區，準備水果模型、水果圖片、粗大蠟筆與畫圖紙，讓嬰幼兒自行塗鴉繪畫。此活動適合接近 2 歲以上的嬰幼兒。

(活動名稱)　**黑色與彩色的對話：猜猜看**

在玩具操作區或益智區，將水果圖像塗黑製成果影圖卡，或者是拷貝《看，水果是這樣的》繪本後的果影，成為一張張黑色的果影圖卡，配合著彩色的水果圖卡，讓嬰幼兒猜謎並配對。

二、內部有什麼秘密？

內部有什麼秘密？概念下的活動如圖 5-2-3 所示。

（一）小組遊戲／探索活動

(活動名稱)　**共讀《看，水果是這樣的》**

內容簡述

整本繪本的結構是：切開一半的水果圖（切面），伴隨「這是什麼？」文字，翻頁則是呈現較完整外觀的水果圖（只含一小部分切面），伴隨「答對了！是××。」（水果名）文字，共介紹了蘋果、

○ 圖 5-2-3.　「好吃的水果」內部有什麼秘密？概念下的活動

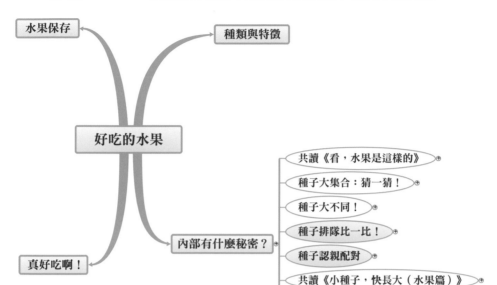

奇異果、草莓、櫻桃、葡萄等九種水果。這是一般繪本較少出現的形式，開啟了水果內部有什麼的探索。共讀完後，置於繪本故事區，供自由閱讀。

進行要點

對於 0 至 1 歲嬰幼兒，基本上由成人唸讀，配合豐富的肢體語言，助嬰幼兒會意；可試著請其指認或仿說最喜歡的水果，但不強求。對於 1 至 2 歲嬰幼兒，成人在與其共讀時，可以請其先猜測（說出）這是什麼水果，再翻頁驗證，或請其仿說、指認水果名稱；又成人從水果切面中，可引導嬰幼兒注意到種子的存在。至於 2 至 3 歲嬰幼兒，除了猜測、驗證、命名水果外，成人還可以指著種子，詢問那是什麼？都長得一樣嗎？與水果的關係？以引發進一步探究。

(活動名稱) **種子大集合：猜一猜！**

內容簡述

成人事先取出幾種常見水果的種子，如芒果、木瓜、橘子、桃子、葡萄等，問幼兒：「這個是我從水果裡取出來的種子，猜猜看！這個是哪一種水果的種子？」在嬰幼兒猜過後，切開各個水果，以驗證答案。另一方式是成人拿起水果，問幼兒：「你猜猜裡面的種子，是大的還是小的？」、「是一個還是很多個？」然後切開各個水果驗證。活動主要目的是讓嬰幼兒發現，每種水果都有種子，且種子各色各樣。

進行要點

這個活動主要在擴充嬰幼兒在水果與種子方面的經驗，所以對於 0 至 1 歲嬰幼兒，成人配合肢體語言自行猜臆、驗證後，可以再指著各種不同的種子說：「好多不同的種子！長得都不一樣！」對於 1 至 2 歲嬰幼兒，除了猜測、驗證是哪種水果的種子外，可以視其能力，說出、指認或仿說水果名稱，重點在引導其大略認識種子有各色各樣。對於 2 至 3 歲語文能力較好者，請他說出一些水果名稱；甚至更上一層樓，在成人協助下，鼓勵他試著描述種子的外觀、型態，如黑黑亮亮的（木瓜）、小小圓圓的（葡萄）等。

(活動名稱) **種子大不同！**

內容簡述

這個活動是上個活動的延伸。成人指著切開的各種水果的種子，如芒果、木瓜、橘子、桃子、葡萄等，問嬰幼兒：「這些種子看起來怎麼樣？」、「有人說都不一樣？是哪裡不一樣？」（其實顏色、外形、

大小均不同），讓嬰幼兒觀察、比較與探索水果的種子，過程中可發給嬰幼兒放大鏡仔細觀察，加深對種子多樣的認識與培養探究能力。

進行要點

對於 0 至 1 歲嬰幼兒，成人呈現各種種子後，以肢體語言描述不同處，如說木瓜有好多種子、顏色黑黑的、密密麻麻的，芒果只有一個種子、大大的、扁扁的……。在與 1 至 2 歲嬰幼兒互動時，運用「對話補說」策略，幫助嬰幼兒大略表達如何不同。至於 2 至 3 歲則視其語文能力，盡量請其說出種子間的具體不同或特徵，必要時，得運用「對話補說」策略予以協助。其實種子的顏色、外形、大小均不同，當 1 至 3 歲嬰幼兒僅著重於一種屬性如形狀時，問他只有形狀不同嗎？還有什麼不一樣的地方？鼓勵他多面向思考。

（活動名稱）　共讀《小種子，快長大（水果篇）》

內容簡述

此繪本左頁跨部分右頁顯示大幅帶枝葉的水果，右頁文句結構重複如：「小小種子發芽囉！愈長愈高！愈長愈高！白色的花變出什麼呢？」、「啊，橘子！……」全書共介紹橘子、草莓、楊桃、西瓜、柿子五種水果。很特別的是，將每種水果種子圖像、在土裡發芽，經長葉、成樹，到開什麼顏色的花、結成水果的完整歷程，透過書本右頁側面可拉動展開的小摺頁圖像加以呈現，有助嬰幼兒理解種子的神奇及種子與水果的關係。共讀完後，置於繪本故事區，供自由閱讀。

進行要點

對於 0 至 1 歲嬰幼兒，在成人共讀時，宜搭配豐富的肢體語言，以助嬰幼兒會意，並讓其試著拉動側面小摺頁。與 1 至 2 歲嬰幼兒共讀時，因為每頁第一句都是以「小小種子發芽囉！……」開頭，又左頁跨部

分右頁的水果很大且明顯，當成人唸到「啊」的時候，嬰幼兒可立即參與說出水果名稱，或者是仿說、指認；而且還可以拉動右側邊小摺頁，看到水果從種子到長成果實的完整歷程。至於2至3歲嬰幼兒，除了說出水果名稱、跟著一起參與更多的重複語句外（如愈長愈高，愈長愈高！……），成人可以詢問側邊小摺頁圖像的五種水果，有什麼一樣的地方（都有水果成長的完整歷程——在土裡發芽、長葉、成樹、開花、結果）？如嬰幼兒有興趣，則可進一步談論、對話，如花的顏色、植栽的外形等。

(活動名稱) **種子發芽了！**

內容簡述

共讀《小種子，快長大（水果篇）》繪本認識神奇的種子後，發給嬰幼兒放大鏡再次觀察種子，然後蒐集快速收成的水果種子如草莓、番茄等，讓嬰幼兒親手放入土裡種下，並在生長過程中輪流照顧植栽。活動主要目的在讓嬰幼兒確認種子可以發芽長成植栽的概念，有如繪本所載。共讀完後，置於繪本故事區，供自由閱讀。

進行要點

這個活動主要在擴充嬰幼兒的經驗，所以對於0至1歲嬰幼兒，雖然是成人種植與照顧的成分居多，但仍然是個寶貴的經驗。對於1至2歲嬰幼兒，在種植時讓其預測種下去的種子下一步會變成怎樣？並實際觀察與驗證，平日則輪流澆水與觀察。讓2至3歲嬰幼兒在種植後，塗鴉記錄生長歷程，並且比對《小種子，快長大（水果篇）》繪本側邊小摺頁的成長歷程——在土裡發芽、長葉、成樹、開花、結果。如果嬰幼兒的果樹植栽種植失敗，則可由下一個活動加以補足。

(活動名稱)　**果樹小盆栽探索**

內容簡述

在廊下準備一些果樹小盆栽，例如橘子、金桔、草莓、番茄等，告訴嬰幼兒這些是已經種下種子的水果樹（可對照《小種子，快長大》繪本中的側邊小摺頁，看現在是成長到哪一個階段）。本活動主要目的在擴大嬰幼兒的種植經驗，以初步認識水果的由來。

進行要點

幸運的話，植栽會引來鳳蝶、蜜蜂等昆蟲，如能採食植栽的水果，更豐富嬰幼兒的經驗。所以對於 1 至 2 歲嬰幼兒，盡量讓他們體驗照顧果樹盆栽如輪流澆水，與探究植栽生長歷程如觀察其成長順序、比較不同植栽外形與生長樣態等，並且視嬰幼兒能力，引導其做簡單的口語表達，或是仿說。對於 2 至 3 歲嬰幼兒，與 1 至 2 歲同，照顧與探究植栽生長，不過在成人引導下，鼓勵其獨力表達觀察所得，甚至鼓勵其塗鴉記錄生長歷程。無論是 1 至 2 歲或 2 至 3 歲嬰幼兒，成人均可酌情運用「對話補說」策略，協助其表達。

（二）區角遊戲／探索活動

(活動名稱)　**種子排隊比一比！**

在益智區或玩具操作區，將較大顆的水果種子，例如芒果（不同種類芒果，種子大小也不同）、桃子、榴槤、牛油果、龍眼、荔枝、李子等，加以洗淨、曬乾與消毒後，讓嬰幼兒比較大小並加以排序。

活動名稱　種子認親配對

在益智區或玩具操作區，將常見水果的種子洗淨、曬乾與消毒後（放在小透明袋子中），加上水果圖片數張，讓嬰幼兒在圖片下配對實際的種子；對於1至3歲嬰幼兒，也可運用含有種子的水果剖面圖片，配對實際的種子。

三、真好吃啊！

真好吃啊！概念下的活動如圖5-2-4所示。

（一）小組遊戲／探索活動

活動名稱　共讀《愛吃水果的牛》

內容簡述

本書描述在一個長滿各種水果的森林裡，住了一隻非常愛吃水果的牛，主人每天餵牠吃水果。在主人與鄰居感冒生病時，只有牠沒有生病，牠提供了草莓牛奶、蘋果牛奶、葡萄牛奶、水蜜桃牛奶等，讓生病的主人與鄰居們恢復健康，最後鄰居也成了愛吃水果的人了。傳達給嬰幼兒水果對身體的益處，為「真好吃啊！」概念下的活動拉開簾幕。共讀完後，置於繪本故事區，供自由閱讀。

進行要點

對於0至1歲嬰幼兒，基本上由成人唸讀，輔以豐富的肢體語言，助其會意；可試著請其仿說牛，但不強求；或是成人問牛或愛吃水果的牛在哪裡？請其指認。因為水果與水果牛奶是重點，水果圖也很生動，與1至2歲嬰幼兒共讀時，成人可試著問他：「這是什麼水

○ 圖 5-2-4.　「好吃的水果」真好吃啊！概念下的活動

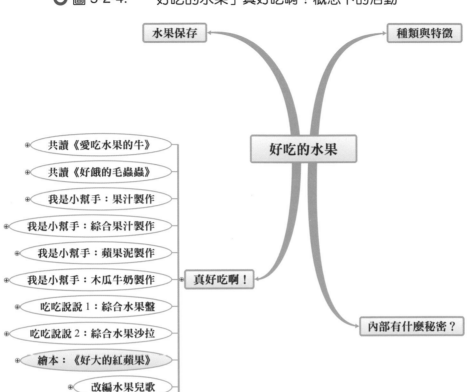

果？」、「加了牛奶變成什麼？」請其說出、仿說或指認。至於 2 至 3 歲嬰幼兒，則盡量讓他直接說出名稱，並且問他還可以做什麼水果牛奶汁？

(活動名稱)　共讀《好餓的毛毛蟲》

內容簡述

這是動物、水果主題很棒的繪本，所以兩個主題都進行共讀。描述一隻好餓的毛毛蟲一星期當中的水果飲食，但是星期六吃了一堆垃圾食

物……結果變成又肥又大的毛毛蟲……最後成為漂亮的蝴蝶。嬰幼兒可透過手指當毛蟲鑽過蘋果、梨子、草莓等水果，感受毛蟲蠕動，了解毛蟲吃水果。

進行要點

對於 0 至 1 歲嬰幼兒，基本上由成人唸讀，搭配豐富的肢體語言，並可抓著其手鑽入書頁水果中；可試著請其仿說毛毛蟲、最喜歡水果的名稱，但不強求；或是成人問毛毛蟲、最喜歡的水果在哪裡？請其指認。在與 1 至 2 歲嬰幼兒共讀時，除了讓其用手鑽過水果外，可鼓勵跟著一起唸讀毛毛蟲吃的幾個水果與重複語句：「星期一，牠吃了一個蘋果。可是，肚子還是好餓。」（不必要求完全正確），並且說出或仿說水果的名稱。至於 2 至 3 歲嬰幼兒，則盡量讓其預測下一頁文句，看圖試著獨力唸讀這些重複語句；最後問嬰幼兒毛毛蟲喜歡吃哪些水果、你（你們）最喜歡吃什麼水果？

(活動名稱)　我是小幫手：果汁製作

內容簡述

共讀完《愛吃水果的牛》繪本後，成人帶著嬰幼兒製作點心時間喝的果汁，如蘋果汁、柳丁汁、木瓜汁等（可分次製作）。先問嬰幼兒整個水果要怎麼變成水狀的汁？先讓其思考後，適時引入削皮器、手動榨汁器、果汁機，介紹他們是幫助人類生活方便的工具；然後讓嬰幼兒使用以感受其方便性，並引導嬰幼兒注意果汁機、手動榨汁器的動作狀態。活動目的在體驗與探究果汁是如何製作，並認識方便的生活小工具。

進行要點

對於 0 至 1 歲嬰幼兒，這是擴展經驗的活動，在觸摸與觀察這些水果

後，基本上是成人一面製作、一面解說他在做什麼，隨即在點心時間享用。對於 1 至 2 歲嬰幼兒，製作時雖然需要成人削皮、切塊或切半（如柳丁），但是他們可幫忙洗淨與擦乾水果，用塑膠刀切較軟的水果，將水果塊放入果汁機中，準備杯子、餐巾紙等工作。至於 2 至 3 歲嬰幼兒，可用削皮器削蘋果皮，將切半柳丁放入搾汁器並壓搾柳丁汁，將搾好的果汁倒入杯中等。整個製作過程均須注意衛生，製作前必須洗手，必要時戴塑膠手套；很重要的是，誇讚嬰幼兒的表現，說他們是能幹的小幫手。

(活動名稱)　我是小幫手：綜合果汁製作

內容簡述

成人帶著嬰幼兒製作點心時間喝的綜合果汁，可以讓嬰幼兒決定想製作什麼口味的綜合果汁，而且製作至少兩樣不同的綜合果汁，讓嬰幼兒在喝時可以比較口感與喜愛度。在混合不同水果入果汁機時，先介紹果汁機是幫助人類生活方便的工具。打製果汁時，引導嬰幼兒注意果汁機裡的動態，及打果汁前與後顏色的變化。活動目的在體驗與探究綜合果汁是如何製作，並認識方便的生活小工具。

進行要點

對於 0 至 1 歲嬰幼兒，這是擴展經驗的活動，在觸摸與觀察這些水果後，基本上是成人一面製作、一面解說他在做什麼，隨即在點心時間享用。對於 1 至 2 歲嬰幼兒，製作時雖然需要成人削皮、切塊或切半（如柳丁），但是他們可幫忙洗淨與擦乾水果，用塑膠刀切較軟的水果等；飲用時，說出喜愛的綜合果汁，如蘋果鳳梨汁，並計數人數與排序喜愛度。至於 2 至 3 歲嬰幼兒，可用削皮器削蘋果皮，將搾好的綜合果汁倒入杯中；飲用時，在成人協助下，以口語具體表達與比較

不同綜合果汁的口感。整個製作過程均須注意衛生，製作前必須洗手，必要時戴塑膠手套；很重要的是，誇讚嬰幼兒的表現，說他們是能幹的小幫手。

(活動名稱)　我是小幫手：蘋果泥製作

內容簡述

拿出已製作好的蘋果泥，先請嬰幼兒聞過後猜猜看是什麼。出示蘋果，再問整個硬硬的蘋果怎麼做出蘋果泥的？讓嬰幼兒思考一下，順勢引入磨泥器，一面示範如何使用，一面介紹它是幫助人類生活方便的用具。活動目的在體驗與探究蘋果泥是如何製作，並認識方便的生活小工具。

進行要點

對於 0 至 1 歲嬰幼兒，這是擴展經驗的活動，先觸摸觀察蘋果，然後由成人一面製作、一面解說他在做什麼，在觀察與小嚐成品後，隨即在點心時間享用。對於 1 至 2 歲嬰幼兒，則如同上兩個活動般，參與部分協助工作。對於 2 至 3 歲嬰幼兒，則盡量戴著手套削皮與試著磨出蘋果泥，並請其注意磨泥的動作。整個製作過程均須注意衛生，製作前必須洗手，誇讚嬰幼兒的表現，說他們是能幹的小幫手。

(活動名稱)　我是小幫手：木瓜牛奶製作

內容簡述

告訴嬰幼兒今天製作《愛吃水果的牛》繪本中的木瓜牛奶，請問嬰幼兒是什麼水果加牛奶？要怎麼做才能變成流動的液體狀？先讓其思考後，出示較軟的木瓜，然後開始準備製作。活動目的在體驗與探究果汁牛奶是如何製作，並認識便利的生活小工具。

進行要點

對於 0 至 1 歲嬰幼兒，這是擴展經驗的活動，先讓他觸摸與觀察木瓜，然後由成人一面解說他在做什麼，一面製作。在成人對半切開後並示範與協助下，讓 1 至 2 歲嬰幼兒用湯匙將種子挖出。讓 2 至 3 歲嬰幼兒用湯匙將木瓜果肉挖出，再將果肉與牛奶放入果汁機中攪打。攪打果汁時，請嬰幼兒觀察果汁機裡的動態，為接下來的體能遊戲奠基。同樣地，準備杯子、餐巾紙，將搾好的果汁倒入杯中等工作，也可讓嬰幼兒參與。整個製作過程均須注意衛生，製作前必須洗手，必要時戴塑膠手套；很重要的是，誇讚嬰幼兒的表現，說他們是能幹的小幫手。

(活動名稱)　吃吃說說 1：綜合水果盤
- -

內容簡述

準備五顏六色的水果，告訴嬰幼兒要製作點心時間的綜合水果盤。活動主要目的是在一連串主題活動後，確認嬰幼兒認識各種水果，並著重水果擺盤美感的呈現（這部分先由成人示範與解說，為區角水果籃裝飾活動奠基）。

進行要點

在成人示範與協助下，讓嬰幼兒參與部分製作與準備工作，例如讓 1 至 2 歲嬰幼兒挖出木瓜種子、用塑膠刀切較軟水果等，讓 2 至 3 歲嬰幼兒用削皮器削蘋果皮等。製作完後，成人先在嬰幼兒盤中擺少量切塊水果，問他盤子中有什麼水果？請他說出、指認或仿說水果；當嬰幼兒想再多吃時，請他說出要吃什麼？或是指認、仿說水果。整個製作過程均須注意衛生，製作前必須洗手，必要時戴手套；很重要的是，誇讚嬰幼兒的表現，說他們是能幹的小幫手。

(活動名稱)　**吃吃說說 2：綜合水果沙拉**

內容簡述

與上一個活動同樣的目的與進行方式——確認嬰幼兒認識各種水果，並且著重水果擺盤美感的呈現（這部分先由成人示範與解說，為區角水果籃裝飾活動奠基），在準備好各種水果後，最後加上一點果醋混拌一下。

進行要點

大致如以上活動的各年齡層進行要點。整個製作過程均須注意衛生，製作前必須洗手，必要時戴手套；很重要的是，誇讚嬰幼兒的表現，說他們是能幹的小幫手。

(活動名稱)　**改編水果兒歌**

內容簡述

運用〈大象〉兒歌的曲調，但是改編其中的歌詞「大象！大象！（改成水果）你的鼻子（改成味道、形狀）怎麼那麼長（改成甜、酸、大等）？媽媽說鼻子長（改成味道、形狀）才是漂亮（才是好吃、才有營養等）！」活動目的是透過兒歌歡愉的旋律更加意識水果特徵與促進表徵，並在改編中促進創造力與口說語文。如果事先已在「可愛的動物」主題中，進行過大象的兒歌律動，也將歌詞改編過其他動物，再接著進行水果主題，就容易改編了。

進行要點

對於 0 至 1 歲嬰幼兒，成人可拿出唱到的水果模型，一面改編唱著，一面指著該水果的特徵。對於 1 至 2 歲嬰幼兒，在確認其對旋律熟悉下，成人可以先提示某種水果的特徵，引導其在歌曲中代入語詞（讓

他先思考）；如果沒有太大回應，則提供示範如：「西瓜！西瓜！你的身體怎麼那麼大？媽媽說身體大，才是好吃！」再來提示或提問其他水果的特色，如檸檬的特點是味道酸，榴槤的特點是味道臭，引導嬰幼兒配合動作，代入原曲調的歌詞中。至於 2 至 3 歲嬰幼兒，在確認其對旋律熟悉下，可由成人引導試著自行改編成其他水果；甚至視嬰幼兒能力，要求更多，例如「才是好吃」改成「才有營養」、「才有特色」等。

(活動名稱)　**體能遊戲：水果點心進行曲**

內容簡述

經過一連串水果點心的製作後，這個活動是讓嬰幼兒以身體動作表徵點心製作的歷程，例如搾汁器壓搾柳丁汁的壓與轉動作、果汁機打製果汁的快速轉動與混合動作、磨泥器磨製蘋果泥的來回磨擦動作等。成人可播放節奏分明的音樂，讓嬰幼兒假裝是柳丁在搾汁器上被擠壓出汁來，假裝是蘋果在磨泥器上被來回地磨擦，假裝是果汁機正在旋轉與攪打各種水果，引導嬰幼兒表徵出動作。活動目的在意識生活小家電或工具的作用與運作，也促進體能動作發展。

進行要點

對於不會走的嬰幼兒，成人一面說著搾柳丁汁、打果汁、磨蘋果泥等，一面抱其做出旋轉、來回摩擦、壓轉的動作；或者是拉起其手做出以上動作。對於 1 歲左右會走動的嬰幼兒，成人先請其回溯先前製作果汁與磨蘋果泥等的經驗，然後表徵動作；如果沒有回應，成人再提示如：「果汁機是怎麼動的？怎麼做出果汁的？」（視狀況再度拿出這些機具）；必要時成人親身動作示範，以期引起模仿動作。至於 2 至 3 歲嬰幼兒，則在成人少量提示下，請其表徵這些機具製作水果

點心的動態。

（二）區角遊戲／探索活動

活動名稱　繪本：《好大的紅蘋果》

內容簡述

本書描述樹上長了五個紅蘋果，小熊、小松鼠、烏鴉、小老鼠分別拿
走了，最後剩下一個掉下來，被小螞蟻們吃了，每次動物拿走時都
說：「我要吃囉！」這本繪本在動物主題已經共讀過，在此主題則放
在繪本故事區，可以連結與複習上個主題的動物，並引出製作蘋果
汁、蘋果泥的活動。

四、水果保存

　　水果保存概念下的活動如圖 5-2-5 所示。這個概念的認識或探究
涉及較為乾硬的果乾、較甜的罐頭水果、冰凍水果等，因年齡段較小
的嬰幼兒不太適合吃此類食物（在進行活動時，會讓嬰幼兒少量試
吃），所以活動對象以 1 至 3 歲為主，不過活動進行時，仍要提醒嬰
幼兒不宜多吃。

（一）小組遊戲／探索活動

活動名稱　果乾大集合：猜猜我是誰變的？

內容簡述

在嬰幼兒充分認識各種水果後，成人出示各種新鮮水果，並一一拿出

○ 圖 5-2-5. 「好吃的水果」水果保存概念下的活動

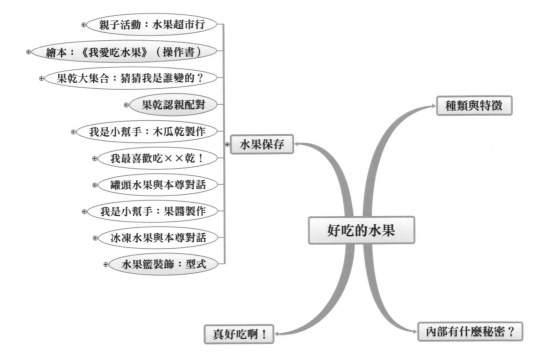

果乾如蘋果乾、葡萄乾、木瓜乾、草莓乾、芒果乾、鳳梨乾等，請嬰幼兒猜猜這是哪一種水果的果乾？若猜不出，也可以讓嬰幼兒試吃一點點後再猜。活動目的在認識與探索各種果乾與水果保存方法。

進行要點

這個活動適合 1 至 3 歲嬰幼兒。對於 1 至 2 歲嬰幼兒，運用「對話補說」策略，鼓勵嬰幼兒說明是什麼原因這麼猜，但不強求。對於 2 至 3 歲嬰幼兒，除了讓嬰幼兒說明為何如此猜外，再問這果乾與新鮮水果有什麼不一樣的地方？在一一配對後，再問這些果乾有什麼共同的特徵？即長得都一樣的地方（如都是乾乾的、皺皺的、甜甜的）？必要時，酌情運用「對話補說」的各種策略，以助嬰幼兒表達。目的在

引導嬰幼兒認識果乾就是為了保存水果，加以風乾、烤乾等，種類非常多，但是甜度甚高，不宜多食。

活動名稱　我是小幫手：木瓜乾製作

內容簡述

嬰幼兒看過各種果乾，知道果乾就是為了保存水果，加以風乾、烤乾等，告訴嬰幼兒今天要製作木瓜乾點心（也可以是草莓乾）。之所以選擇木瓜（草莓），是因為它較容易消化也較軟，嬰幼兒可用塑膠刀切片，並幫忙清洗、擦乾，把片狀或條狀木瓜（或切片草莓）放入烤箱中等。活動目的在認識與探索果乾是如何製作與水果保存方法。

進行要點

這個活動適合 1 至 3 歲嬰幼兒。嬰幼兒可用塑膠刀切片，也可幫忙清洗、擦乾，把片狀或條狀木瓜（或切片草莓）放入烤箱中等。食用後，成人可問嬰幼兒為什麼要放入烤箱？視嬰幼兒表現，酌情運用「對話補說」策略，助其以口語表達與比較口感上的差異。整個製作過程均須關注衛生，製作前必須洗手，必要時戴手套；很重要的是，誇讚嬰幼兒的表現，說他們是能幹的小幫手。

活動名稱　我最喜歡吃××乾！

內容簡述

同種類與特徵概念下的「我最喜歡吃××！」（水果）般，運用〈我的朋友在哪裡？〉兒歌的曲調，成人與嬰幼兒對唱喜歡吃什麼水果乾。本活動目的是藉歡愉的兒歌促進口說語文能力。

進行要點

對於 1 至 2 歲嬰幼兒，成人對唱：「……你最喜歡吃什麼？吃什麼？

吃什麼？」嬰幼兒可以只是對說而不唱；並且容許還不會說話表意的嬰幼兒以指認方式表意；或是成人指，嬰幼兒點頭、搖頭，或是仿說方式回答。而鼓勵 2 歲以上表達能力較佳的嬰幼兒，在回唱（說）後，鼓勵其挑戰試著說出為什麼，如：「我最喜歡吃草莓乾！因為它甜甜酸酸的（很好吃）。」

(活動名稱)　**罐頭水果與本尊對話**

內容簡述

拿出各類罐頭水果，例如水蜜桃、鳳梨、橘子等，先請其觀察水果在哪裡，然後才告訴嬰幼兒用罐頭密封的方式，也可以保存食物，讓裡面的細菌不會孳生。然後當著嬰幼兒的面用開罐器打開罐頭，取出裡面的水果，並與原來的水果並列。活動目的是認識與探究罐頭水果與水果保存方法，並促進口說語文能力。在過程中也可引入開罐器對人類生活的方便，為 STEM 教育奠基。

進行要點

先讓 1 至 2 歲嬰幼兒少量試吃後，成人則運用「對話補說」各種策略，協助他大略比較與表達與新鮮水果的異同。至於 2 至 3 歲嬰幼兒，也可先讓其先試吃一點點，不過請其盡量獨力地具體表達與新鮮水果的異同，必要時，酌情運用「對話補說」各種策略，以助其表達（註：異同面向包含色澤、形狀、口感、味道等）。相信在過程中，嬰幼兒一定會提及很甜、好吃，成人藉機告訴嬰幼兒很多罐頭水果都加了糖分，對身體不佳，最好是吃自然的水果。

（活動名稱）　**我是小幫手：果醬製作**

內容簡述

拿出蘋果與蘋果醬讓嬰幼兒觀察並小量試吃，問感覺如何？蘋果醬是如何製作的？也就是這麼大、硬的蘋果怎麼變成黏稠且糊狀的蘋果醬，先讓嬰幼兒思考。然後告訴嬰幼兒加糖與加熱後冰存，也是一種保存食物的方法。果乾與果醬的製作都是在豐富嬰幼兒的生活經驗，活動目的在認識與探究果醬是如何製作與水果保存方法。

進行要點

雖然烹煮果肉與加糖後攪拌，多半由成人負責，還是可以視嬰幼兒能力，讓其在旁幫忙。例如 1 至 2 歲嬰幼兒可幫忙清洗、擦乾水果、放入鍋中等，2 至 3 歲嬰幼兒可幫忙用削皮器削蘋果皮、果醬涼後放入小罐中。與上個活動相同，成人可視嬰幼兒能力，酌情運用「對話補說」策略，協助其表達蘋果果醬與新鮮蘋果的異同，含色澤、形狀、口感、味道等，盡量多面向思考。

（活動名稱）　**冰凍水果與本尊對話**

內容簡述

拿出冰凍藍莓、草莓讓嬰幼兒觀察，告訴嬰幼兒這是從冰箱拿出來的，是保存水果的方法之一，請嬰幼兒猜猜他們是什麼水果？再拿出新鮮草莓與藍莓，請嬰幼兒與冰凍的比較。活動目的是認識與探究冰凍水果與水果保存方法，並促進口說語文能力。

進行要點

等冰凍稍退後，才讓嬰幼兒小量試吃，並試著說出或仿說感覺如冰冰的、硬硬的；視嬰幼兒語文能力，請他說出、指認或仿說草莓、藍

莓。此外，成人運用「對話補說」的各種策略，協助 1 至 2 歲嬰幼兒比較與表達與新鮮草莓、藍莓的異同。至於 2 至 3 歲嬰幼兒，盡量請其獨力表達，必要時，可斟酌運用「對話補說」的各種策略。

（二）區角遊戲／探索活動

(活動名稱)　**親子活動：水果超市行**

請家長於假日時，帶嬰幼兒到超市或專賣水果的超市逛逛，認識各種各樣的水果，買好嬰幼兒喜歡的水果後，回家一起享用。

(活動名稱)　**繪本：《我愛吃水果》（操作書）**

本書介紹了葡萄、橘子、櫻桃、奇異果、香蕉、草莓等十來種水果，是本操作書，例如嬰幼兒可轉轉手指，就露出桃子的種子（桃核）、動動手幫香蕉剝皮等，放在繪本故事區，供嬰幼兒自由閱讀。

(活動名稱)　**果乾認親配對**

在教具操作區或益智區，放置拍攝的各種果乾照片與各種水果圖卡，讓嬰幼兒配對果乾與水果圖卡，即果乾尋認水果本尊。

(活動名稱)　**水果籃裝飾：型式**

在藝術創作區或益智區，放置水果模型與一個大提籃，讓嬰幼兒將水果模型放入籃中並排出型式花樣，例如中間四個大紅蘋果，四周圍繞著綠色棗子、金黃金桔、土色奇異果—綠色棗子、金黃金桔、土色奇異果—綠色棗子、金黃金桔、土色奇異果—綠色棗子、金黃金桔、土

色奇異果等型式。型式（pattern）涉及邏輯思考與表徵，配合水果顏色，也流露出美感。

CHAPTER

6

嬰幼兒教保課程
結論與建議：
適性發展實踐觀點

　　本章主要目的，在總結適性發展實踐觀點下的嬰幼兒教保課程的重要觀點，並且探討這些要點在實務界的狀況，最後則提出相關的具體建議，以供各方參考。這些建議主要是圍繞於嬰幼兒教保課程的落實面向，例如政策與有關當局層面、專業發展系統層面、托育機構層面與托育人員自身。

第一節　本書結論：嬰幼兒教保課程應然之道

　　本書《0 至 3 歲教保課程：適性發展實踐觀點》綜合諸多嬰幼兒發展與課程文獻、實徵研究等，共分為六章敘寫：從適性發展實踐觀點的由來，論及各國文獻反映此一觀點，提出嬰幼兒適性發展實踐架構；由於嬰幼兒全面發展是適性發展實踐的關注焦點，因而探討嬰幼兒各領域發展的趨勢與影響因素，提出對應的教保原則；並且在各領域發展與教保原則基礎上，針對適性發展四項核心實踐，加以深入探討如何具體實施，呈現嬰幼兒教保課程的樣貌。最後則根據適性發展實踐架構與教保課程樣貌，提出以主題整合的教保課程實例，以及各領域活動示例。綜合全書，共計七項重點。

一、適性發展實踐由來

　　適性發展實踐（Developmentally Appropriate Practice, DAP）一詞源自 1987 年全美幼兒教育協會所發表的《出生至 8 歲幼兒教育適性發展實踐》立場聲明專書，簡稱 DAP，前後至今共計四版修訂，期間歷經學術派點的轉移，由建構論轉為社會文化論，強調社會文化對個體發展的影響。2020 年第四次修正，全美幼兒教育協會定義適性發展實踐為：「透過基於優勢、遊戲的快樂、投入式學習，促進每個孩子的最佳發展和學習的方法。」顯然地，促進發展與學習是 DAP 的關鍵。

綜言之，教學實務要做到符合嬰幼兒年齡發展，滿足個別差異需求，以及顧及文化上的差異，即年齡合宜、個別合宜與文化合宜的教學實務。又經筆者文獻探討發現，各國嬰幼兒教保文獻或多或少反映適性發展實踐觀點，顯現適性發展實踐是當代嬰幼兒教育的主流。

二、適性發展實踐意涵

　　基於廣泛的文獻探討發現，適性發展實踐是由一組彼此相嵌的理念所構成的架構，各理念間相互依存、關係密切。它立基於社會文化論，在與嬰幼兒及其家庭建立關係的基礎上，關注嬰幼兒身心全面發展與教保課程在園育成，並在持續評量措施下，運用均衡適性的課程、保育作息即課程、遊戲／探索即課程、鷹架嬰幼兒學習等四項核心實踐方式，以達促進每位嬰幼兒最佳發展與學習的目的。簡言之，年齡合宜、個別合宜與文化合宜是 DAP 的三項重要成分。在此適性發展實踐架構下，強調嬰幼兒教保課程在托育機構育成為適合嬰幼兒的適性發展課程；無論是自行設計的課程，或是採用坊間現成的課程，托育機構相關人員都要對所實施的課程加以認同、理解與進行專業成長，並於實施後定期評量與調整，以培育發展為符合本托育機構嬰幼兒需求的合宜課程。

三、嬰幼兒發展與教保原則

　　嬰幼兒全面發展是適性發展實踐的課程關注焦點，故而探討與歸納嬰幼兒發展趨勢與相對應之教保原則如下。

（一）情緒社會領域

　　嬰幼兒的情緒體驗與社會性發展源自於與照顧者的關係，然後才擴及於同伴，此關係影響其情緒調節與發展、人際關係、世界觀及日

後多元能力的成長。又當嬰幼兒面臨不確定或不熟悉狀況時，多仰賴照顧者臉部表情的社會性參照，以引導其情緒與行為。綜此教保原則為：(1)以愛敏捷與愉悅地回應及互動；(2)創設可抒發情緒的情境；(3)示範與協助調節情緒；(4)安排與人發生關聯經驗；(5)鼓勵與示範利社會行為；(6)鼓勵與引導解決社會衝突。

（二）體能動作領域

嬰幼兒體能動作發展是由上而下、由中而外、由大至小肌肉，且是以系統的協調方式而非個別動作孤立地發展，在發展歷程中必須經常練習，以熟稔相互搭配的各項動作技巧。又諸多因素影響動作發展，尤其是激發動作的目標與外在環境的支持，這些因素若建立於與照顧者的親密關係上，有利於體能動作發展。綜此教保原則為：(1)在親密關係中以多元姿勢互動並提供練習機會；(2)提供安全、適度開放的環境與合宜的挑戰；(3)具備大、小肌肉發展的遊具與玩具；(4)重視每日戶外時間；(5)強調生活自理技能；(6)鼓勵自由探索並適度地激發引導。

（三）認知領域

嬰幼兒認知發展是由簡單思考、無意圖行為，經有意圖行為、心理表徵，到完整的物體恆存概念與複雜思考。具有潛能的嬰幼兒發展與學習，深受社會文化的影響。又親密關係是對外探索的安全堡壘，認知得以發展的主要方式，所以在關愛的社群中遊戲／探索，托育人員予以鷹架支持，並善用其模仿能力與提供適度練習，對嬰幼兒認知發展至關重要。綜此教保原則為：(1)與嬰幼兒親密互動以為對外探索安全來源；(2)提供吸引投入的遊戲／探索環境並允許自由探索；(3)提供有趣且有益思考或創造的經驗以體驗概念；(4)示範有益認知發展的

行為以引發模仿；(5)鼓勵好奇、解答疑惑與解決問題；(6)鷹架嬰幼兒的遊戲／探索使層次提升。

（四）語文領域

嬰幼兒語文發展從不能會意、逐漸會意，經單、雙字表意，到複雜表意，是漸進發展的，且顯示接收性語言是表達性語文的基礎，因此在嬰幼兒還不會說話時就要與之對話。又從語文發展交互作用觀點言，先天能力、互動與模仿皆有一定作用，因此以愛為基礎能與嬰幼兒建立親密關係的回應性互動，可使其在多聽後得以模仿、練習，對嬰幼兒語文發展極為重要。綜此教保原則為：(1)在親密關係中運用回應性互動技巧；(2)創設語文豐富的情境；(3)保育作息情境中回應互動；(4)遊戲／探索情境中回應互動；(5)新鮮好奇情境中回應互動；(6)適度鷹架支持以延伸語文發展。

（五）各階段教保重點

在嬰幼兒發展的縱斷面上，出生至 8 個月階段的教保重點在於：建立親密情感連結的依附關係，讓嬰幼兒在愛中滋養成長，滿足生理、心理各樣需求。9 至 18 個月階段的教保重點在於：提供安全、適度開放的環境與玩教具，以供嬰幼兒盡情遊戲／探索，進而促其建構知識與理解世界。19 至 36 個月階段的教保重點在於：營造尊重與愛的氛圍的回應性互動關係，讓嬰幼兒適當地表達想法或抒發情緒，在關愛、尊重中溫和而堅持地執行生活常規或生活自理事項。

（六）共通教保原則

從以上教保原則的綜合與分析中，筆者發現，除了各個領域因其領域特性有其特殊的教保原則外，各領域共通的四項教保原則為：與

嬰幼兒建立關係（以愛回應性互動是關鍵）、規劃環境、搭建鷹架、以遊戲／探索為主模仿練習為輔。也就是所有的發展領域於實施教保時，皆須做到這四項共通的教保原則，足以顯示這四項教保原則對嬰幼兒發展的重要性。又很重要的是，各領域教保原則皆需立基於與家長的協作關係上，方能達成事半功倍之效。

四、四項核心實踐實質作法

以嬰幼兒發展為中心考量並需與嬰幼兒及其家庭建立關係的四項適性發展核心實踐，彼此間密切相關、相互支持，共同形成嬰幼兒教保課程的指導方針，其具體作法如下。

（一）均衡適性的課程

所謂「均衡適性的課程」係指：嬰幼兒教保課程要關注每位嬰幼兒的全面發展（含現在發展與潛能發展），因此課程內涵要均衡地包含各發展領域的活動，不偏廢或偏重，同時也要納入具有挑戰性的活動，以激發嬰幼兒的潛能發展；其次也要關注嬰幼兒發展上的個別差異，著重區角個別與小組遊戲／探索活動，以因應與滿足個別興趣、能力與需求；此外，也須考量影響嬰幼兒發展的文化元素，將家庭文化、語言適度地含納於課程中，以期呈現年齡合宜（現在與潛能發展）、個別合宜與文化合宜的均衡適性課程。至於均衡適性的課程具體實施之道為：(1)課程計畫前，設法充分了解嬰幼兒發展；(2)課程計畫當下，透過主題方式設計年齡、個別與文化合宜的均衡適性課程及遊戲／探索活動；(3)課程實施時，激發思考或探究並以多元評量調整課程與教學。

（二）保育作息即課程

　　所謂「保育作息即課程」意指：保育生活事項如換尿布或如廁、飯前後清潔與收拾、餵食或用餐、外出前後穿脫衣鞋等，是教育學習的自然時刻，托育人員與嬰幼兒間宜親密對話、互動，讓教育自然發生；此外，生活作息中總難免有一些突發事件，也是教育學習的大好時機，托育人員宜善用生活中學習的價值。值得一提的是，在計畫以主題整合的教保課程時，最好預思可運用的保育生活時段，寓學習於生活，以提供對嬰幼兒有意義的學習經驗。至於保育作息即課程具體實施之道為：(1)托育人員啟動親密對話與互動；(2)嬰幼兒參與保育作息事項；(3)托育人員以愛敏捷地回應需求。

（三）遊戲／探索即課程

　　所謂「遊戲／探索即課程」乃指：遊戲、探索是嬰幼兒學習的主要方式，也是教保課程的主要內涵，嬰幼兒在遊戲中探索，也在探索中遊戲，所以教保課程中宜充滿遊戲、探索的成分，包括戶內外環境規劃（尤其是保育活動室內的多元區角）、玩教具提供、教保課程與活動的設計與實施等。不過遊戲／探索雖然是嬰幼兒認識世界的主要管道，但是吾人不能忽略模仿、練習等其他輔助方式，有時成人或同儕的示範讓嬰幼兒模仿、練習，也能促進發展與學習，並激發多元創意表現。至於遊戲／探索即課程具體實施之道為：(1)實施區角與小組遊戲／探索活動搭配激發思考的合宜角色；(2)規劃安全、多元的區角遊戲／探索環境並容許自由探索；(3)提供安全、適性、有趣且有益思考或創造的玩教具；(4)創設戶外遊戲／探索環境並經常提供戶外探索機會。

（四）鷹架嬰幼兒學習

所謂「鷹架嬰幼兒學習」是指：托育人員在照護與教保活動的互動中，於著眼現階段發展的同時，也針對嬰幼兒的潛能發展，提供挑戰性經驗並從中予以各樣支持與協助，使嬰幼兒正在發展中的能力或潛能得以提升。鷹架嬰幼兒學習具體實施之道為：(1)與嬰幼兒建立比親密關係更進一步的交互主體性關係；(2)設計激發潛能的挑戰性活動；(3)提供目的在自我掌控的協助策略；(4)提供相互支持的多元種類鷹架，如架構、回溯、示範、語文、同儕、材料等鷹架；(5)伴隨溫暖回應與鼓勵；(6)逐漸退除協助的質與量。簡言之，在鷹架中的嬰幼兒心智是活躍積極的，努力體驗成人所提供的策略或協助，在逐漸掌控下終能習得技巧或向前躍進。

五、嬰幼兒教保課程樣貌

以上四項核心實踐形同嬰幼兒教保課程的指導方針，而其具體開展與實施就構成嬰幼兒教保課程。從課程與教學四要素的視角言，嬰幼兒教保課程與教學的「目標」在於全人均衡發展、潛能延伸發展、個別適性發展；課程與教學的「內容」包含各發展領域與相關知能、保育作息事項、遊戲／探索經驗、社會文化與語文等。至於嬰幼兒教保課程與教學的「方法」計有：了解嬰幼兒發展並建立親密關係；實施區角與小組遊戲／探索活動並善用生活中學習機會，兼採多元教學方法；規劃安全、適性的遊戲／探索戶內外環境與提供有益思考或創造的玩教具；激發思考或探究並搭建鷹架；與家長建立夥伴協作關係。在「評量」方面則為定期觀察、評量與記錄發展及學習狀況；蒐集多元評量資料（含家長）並分析、比較與研討；依據分析結果調整課程與教學，在園育成符合托育園所所需的適性發展課程。此外，從

課程與教學運作的角度言，在課程與教學「設計」方面，要遵照以上教保課程的目標與內容，呈現以主題統整的均衡適性課程並含有適性發展的各領域活動；在課程與教學「實施」方面，要依照上述教保課程的方法與評量，並配合各發展與教學領域的教保原則與四項共通原則而運作——與嬰幼兒建立關係、規劃環境、搭建鷹架、以遊戲／探索為主模仿練習為輔。

六、課程與活動示例：適性發展實踐觀點

　　基於嬰幼兒各方面發展，嬰幼兒適性發展實踐架構與四項核心實踐，本書提供四大發展領域的活動設計示例，每個領域都有六個活動，共有 24 個活動，而每個活動都包括三個年齡層的子活動——0 至 1 歲、1 至 2 歲、2 至 3 歲，所以實際上總共是 72 個活動。這些活動具有的特性如下：(1)按年齡加深加廣的適性活動；(2)配合年齡層內廣泛差異、可選擇的複合性活動；(3)強調盡量激發思考或探究、具遊戲／探究性的活動；(4)為助潛能發展與學習、含鷹架及說明的活動。

　　此外比較特別的是，基於嬰幼兒學習經驗必須是有意義、整合與深度的，本書也提供符合嬰幼兒適性發展實踐架構的兩個主題整合的教保課程示例——「可愛的動物」與「好吃的水果」。主題課程示例內容包括可全覽主題課程大要的主題概念網絡活動圖，其繪製遵守先概念再活動的原則，讓所設計的活動可以促進主題概念的認識、理解或探究。此外，示例內容也包括主題下之各領域適性發展活動的簡介，基本上，每個主題約有 40 多個活動（可進行約兩個月），每個活動也大致包含三個年齡層，這些活動包含以區角與小組遊戲／探索為主的活動（註：全班大團體活動盡量減少），活動方式則強調盡量激發嬰幼兒的思考或探究之心。

七、嬰幼兒教保課程與環境規劃、保育作息密切相關

　　嬰幼兒教保課程不僅涉及課程與教學而已，它也關乎托育中心整體環境的規劃、嬰幼兒日常的保育作息時刻。因為均衡適性的嬰幼兒教保課程必須透過環境規劃，予以落實，如室內多元區角、戶外區域規劃，以滿足嬰幼兒與生俱來的遊戲／探索特性與個別差異性（尤其是多元區角），同時實現「遊戲／探索即課程」的核心實踐。其次，托育中心內所有人、事、物等，都是嬰幼兒學習、探索的範疇，即生活中具有無窮的學習內涵，教保課程透過生活中自然地學習，尤其是生活自理能力，對嬰幼兒才是具有意義的，也才能實現「保育作息即課程」的核心實踐。職是之故，嬰幼兒教保課程與保育作息、環境規劃三者緊密相關、無法分割，無怪乎課程、作息與環境三者常被稱之為廣義的教保環境。綜上足見均衡適性的課程、遊戲／探索即課程、保育作息即課程三項核心實踐是彼此相關，而以上三項的運作甚至必須仰賴鷹架嬰幼兒學習，方能具體落實，故而四項核心實踐間的關係極為密切。

第二節　嬰幼兒教保課程實然之貌與相關建議

　　上一節綜論在適性發展實踐觀點下，嬰幼兒教保課程與教學「應然」之道，然而在現實層面的教保課程與教學「實然」現象，又是如何？與應然之道有否出入？筆者發現似乎與應然之道有些距離，因此本節也提出因應實然現況之策，期望能裨益嬰幼兒教保課程的落實。

一、嬰幼兒教保課程實然之貌

　　筆者綜合訪視與輔導托育中心的經驗，顯示坊間托育中心在教保

課程與實務上有幾項迷思或問題，分別說明如下。

（一）對托育人員的迷思或問題

　　第一線托育人員實質地與嬰幼兒接觸，其與嬰幼兒的關係直接影響適性發展實踐的運作，而且托育人員也是教保課程的執行者，關乎教保課程的品質與成效。然而坊間一般人常持有迷思，認為照顧嬰幼兒很簡單，不需要高深的學經歷，只要喜愛孩子即可，因此托育相關人員的社會地位極低，導致在托育機構的待遇與薪資並不高，尤其在私立托育機構。其實嬰幼兒保育工作很辛苦，不僅要把屎把尿、抱上抱下，而且必須忍受啼哭鬧騰，極費體力與極需耐心；甚至還要了解嬰幼兒的發展與學習，才能設計適性發展的活動，引導嬰幼兒發展與學習；此外，也須隨時關注嬰幼兒的健康狀態，處理疾病問題與意外事件；同時要與家庭保持密切的夥伴協作關係，勤於溝通、交流，才能提供有品質的教保課程與服務。其工作內涵並不像一般人想像的那麼簡單與輕鬆——不需要任何專業知識。

　　筆者以為，喜歡孩子只是擔任托育人員的「充分條件」，誠如本書一再強調，更重要的是必須具有了解嬰幼兒發展與學習的「必要條件」；國外有些托育機構對於最小年齡層的新生嬰幼兒，甚至是讓了解嬰幼兒發展的高學歷博士負責照護，就是看重嬰幼兒發展與學習的重要性。除了以上必要條件外，在嬰幼兒適性發展實踐框架下，托育人員不僅要在托育機構做好教保工作，更要施展人際關係能力，與嬰幼兒家庭形成夥伴關係，為嬰幼兒建立關愛的社群。整體而言對於托育人員的要求，是相當高的，與現實托育人員的社會地位差距極大，無怪乎托育中心人員流失率一向極高，人事狀態經常不穩，這都在在影響嬰幼兒教保的品質。

（二）對托育工作的迷思或問題

　　本書在探討嬰幼兒各領域發展時，發現各領域共通的教保原則之
一是，與嬰幼兒建立關係，它是全人發展很重要的基礎。而與嬰幼兒
建立關係最直接方法是滿足其生理與心理需求、以愛為基礎的回應性
互動，出生頭幾個月階段的教保重點，即在建立照顧者與嬰幼兒間的
情感連結關係。然而坊間對於托育工作總有迷思，認為嬰幼兒哭鬧時
盡量不抱，以免寵壞！其實這樣的作法只有讓嬰幼兒感到失望、洩
氣，最終不是習得無助感，就是形成易怒脾氣、無法調節自己的情
緒，因為只有在大哭大鬧或抓狂反應時，才能得到回應，否則不會有
人理會。又嬰幼兒哭鬧時盡量不抱的現象，有部分原因與照護比例過
高有關，尤其是小年齡段嬰幼兒若一起啼哭或肚子餓時，是驚天動地
的，筆者曾見托育人員處理此種現象時的無力感與窘狀，在一片哭鬧
吵叫中手忙腳亂，根本無法分身兼顧。另外有些托育機構為讓托育人
員迅速完成保育事項，未嚴格實施「主要照顧者」制度，而是以專人
（如實習生、助理托育人員或新來托育人員）來分工保育事項，例如
有人負責換尿布、有人負責餵食、有人負責洗澡等，結果導致有如工
廠流水線般快速地運作，而無與嬰幼兒親密互動之實，這也影響嬰幼
兒的發展與托育品質。

（三）對採用教保課程的迷思或問題

　　課程或制度是必須在托育機構培育與發展的，而非由外移植而來
就可存活或順利開展。因為每種課程模式都有該課程萌發的時空背
景、理論或理念，這些背景與理念指導著課程與教學實務，如果要移
植到其他環境的托育中心，未必是合適或立即可用的。在引入現成或
外來課程時，一定要先檢視與本托育機構的教育目標是否相近？其後

在認同、理解該課程理念（知道為什麼）與熟悉其教學設計（知道要怎麼做）下，必須於托育環境中實施一段時間後，再根據嬰幼兒表現調修原課程，以育成符合本托育機構嬰幼兒需求的適性課程。然而一般托育機構多持有只要購買或實施坊間現成課程，就能合宜地教保，通常沒有檢視教育目標是否相近，而且也沒有在全園認同下進行該課程的專業成長，就直接推動與實施，結果形成表面、皮毛似的課程，喪失原課程精神，此種現象實需審慎以對。

　　另外一種迷思是傾向大雜燴課程，也就是憑著直覺或粗淺理解，將不同課程模式的內涵加以混合，形成該托育機構的教保課程。其實每一種課程模式都有其遵奉的教育哲學或理念，而理念影響其教學實務，並不是所有的教學方法或策略都可以參雜混合，必須考量相容性問題，亦即必須對欲混合的課程模式深度了解，思考其可否相容、如何相容？舉例而言，採用蒙特梭利模式的托育中心，嬰幼兒在多數時段都在操作有固定步驟的教具，若托育中心又想融入瑞吉歐的一百種語言多樣表徵，是有相當挑戰的，因為嬰幼兒習於固定順序的操作方式，很難立刻轉換到多樣的創意表徵。

（四）對實施教保課程的迷思或問題

　　實施教保課程的迷思或問題顯現與四項適性發展核心實踐有些距離，茲說明如下。

1. 著重保育缺乏課程

　　根據腦科學研究，5 歲前是嬰幼兒發展上的關鍵期，提供豐富優質的經驗是非常必要的。然而坊間有一種迷思或問題是，照護嬰幼兒只要做好保育工作，即照顧吃喝拉撒睡，讓嬰幼兒身體健康地成長即可，因此完全無延伸的或結構性的課程與活動；也很少有玩教具可操

作，保育活動室內更無區角可言，幾乎是家徒四壁，這是筆者訪視時見到一些托育機構的現象。這樣的迷思或現象是完全輕忽嬰幼兒階段在人生里程碑上的重要性！也完全悖離適性發展實踐！其實保育與教育根本無法分割，保育生活中就有很多可學習的，可加以延伸或設計成課程活動，即「保育作息即課程」也。

2. 過分重視認知領域

根據筆者的訪視經驗顯示，有課程的托育機構多數過分重視認知領域，尤其是低層次的認知如記憶、背誦、認字等，忽略較高層次的認知如運用、創造等，更是很少以主題統整嬰幼兒的學習，沒有做到「均衡適性的課程」的核心實踐，這是非常普遍的現象。亦即相對而言，其他領域似乎較少被關注，而且也是不得宜地關注，例如語文領域多以閃示卡要求認字，很少在保育作息時刻與嬰幼兒親密地對話互動；情緒社會領域顯然忽略教保共通原則與整個適性發展實踐的基礎——與嬰幼兒建立關係；體能動作領域則過於保護，輕忽戶外探索活動，如第五項標題與內容所示。

3. 過度仰賴團體教學

坊間托育中心的教保活動時段，仍然顯現以全班大團體活動為主，師教生聽的傳統教學型態，悖離嬰幼兒的發展與遊戲／探索特性，甚是可惜。筆者訪視托育中心時，常見一大群嬰幼兒分二、三排歪頭斜腦地坐在幫寶椅上，而托育人員則在前面滔滔不絕地唸著小小的繪本，唸完後，不時地以閃示卡唸著上面物品的名字。筆者以為，在此情境中嬰幼兒之所以會歪頭斜腦，主要是因為年齡段太小，無法完全挺直身體；另一個原因是，教保活動無法吸引嬰幼兒興趣，所以很無力地坐著。這樣的大團體教學對嬰幼兒而言，尤其小年齡段的嬰幼兒，不僅完全無法達到教保活動的目的，反而是個痛苦無聊甚而戕

害身體的經驗。

4. 強勢主導誤用鷹架

可能是嬰幼兒的脆弱樣態與能力，致使一般托育人員經常顯現很強的主導性，例如以強有力、毫不尊重姿態，將嬰幼兒抱來抱去，有時感覺好像是搬動物體般，很用力地擺弄也無事先知會；再且互動中通常是下指令、示範、請嬰幼兒照做、幫嬰幼兒完成等主導方式。雖然適度地示範、請嬰幼兒練習是必要的，合理的搭構鷹架協助嬰幼兒也是必須的，但是托育人員可能分不清楚協助、支持嬰幼兒使提升潛能的鷹架引導與掌控、主宰嬰幼兒的灌輸主導。例如當嬰幼兒無法將有握柄的拼圖放入底盤內，托育人員問一聲「要幫忙嗎？」後，隨即走過來找出正確一塊拼入底盤，這樣的主導方式，反而讓嬰幼兒錯失學習機會，無法顯現「鷹架嬰幼兒學習」的核心實踐。讓人在意的是在強勢主導下，嬰幼兒鮮少有機會思考、探究或解決生活與遊戲中問題，無法培育符應未來時代所需能力的公民，實頗值吾人省思。

5. 輕忽戶外探索與生活自理活動

坊間經常有迷思，認為為確保安全、健康，天候不佳如颱風、下雨或冬天時，盡量讓嬰幼兒待在室內不外出，以免感冒、生病或發生意外事件，如此過度保護之舉，反而並非嬰幼兒福祉。其實，托育機構與托育人員每天要提供外出機會，讓嬰幼兒與大自然相處，不僅可呼吸新鮮空氣並伸展運動，實有益身體健康，而且有許多機會學習如何照顧與保護自己。重要的是，大自然提供無盡的遊戲／探究或方案探究機會（Mendoza & Katz, 2020），可滿足嬰幼兒的遊戲／探究需求，對認知發展大有裨益。筆者一向認為，無菌的環境培養無法適應環境的病人，「以最小的危險換取最大的安全」，培養嬰幼兒自我保護與環境調適能力，才是教保嬰幼兒的上策。此外，過度保護現象還

包括不重視生活自理能力的培養，總認為嬰幼兒年齡小做不到，或者是為了講求效率與減省麻煩，就代替嬰幼兒為之如餵食、穿脫衣物等，實頗值吾人深思。

（五）對規劃遊戲／探索環境的迷思或問題

　　嬰幼兒的教保課程有賴戶內、外遊戲／探索環境，加以落實。在環境規劃方面一般顯現的迷思或問題是：以高大尚過度裝潢的華麗空間吸引家長目光，殊不知安全、健康，具如家般的溫馨氛圍與視覺協調的美感，讓嬰幼兒不僅在心理上感受親密關係，而且也在硬體上感受溫馨質感，充滿安全、信任與舒適感，才是重要的。另一迷思或問題是，以醫院般布置的冰冷空間，顯示專業度，托育人員甚至天天戴著口罩；筆者以為衛生保健雖然很重要，但是安全、溫馨、美感，以及有利嬰幼兒正常發展與學習的適性空間，更形重要。職是之故，整體環境顯現安全（含清潔保健）、溫馨、美感的，即使是小而美的適性空間亦可。

　　其實從發展與學習視角言，保育活動室內最重要的是規劃有內涵豐富的多元區角，讓嬰幼兒可以自由探索，以回應其個別差異性。可惜的是，有些托育機構，玩教具少得可憐；甚至如同早教中心般，沒有固定的探索區角，玩教具是托育人員在固定時間一盒盒拿出，平日嬰幼兒根本無法自由探索或接觸這些玩教具，無法顯現「遊戲／探索即課程」的核心實踐。至於戶外遊戲／探索空間，受限於都會地區很難有實質空間，但是托育機構可援用社區公共花園或公園，予以補足，筆者以為，最主要的問題還是在於過分保護、輕忽戶外探索活動的迷思。

二、因應實然之貌的建議

　　根據以上所述的嬰幼兒教保課程實然之貌，筆者提出幾個層面對應的相關建議，期望能提升嬰幼兒教保課程相關實務的品質，分別敘述如下。

（一）法令政策方面

　　依據法令，目前托育人員照護 2 歲以下嬰幼兒的比例為 1：5，確實有些高，留不住托育人員，宜修訂法條至 1：4 的照顧比例，聽聞衛福部社家署正在研議中，令人欣慰；在法令通過前後，各托育機構也要秉持嬰幼兒福祉至上的態度，竭誠地為嬰幼兒服務。其次，在各縣市托育機構訪視制度上，在本著協助精神下，不能失卻嚴謹度，建議在訪視次數上盡量做滿，並嚴格地追蹤上一次訪視的問題，希冀儘速改善，以謀嬰幼兒最大福祉。此外，建議政府有關部門也能發布以主題整合各領域活動的嬰幼兒教保課程，以供托育機構參考及滿足現實所需。

（二）專業發展系統方面

　　對於教保課程相關實務，以上本書提出的幾項迷思或問題，可作為培育托育人員的關注重點，期望幼兒保育學系、幼兒教育學系及其他相關培育體系（含職前與在職），能在相關課程與實習中刻意消弭這些迷思。特別是針對教保課程實施的迷思或問題，例如著重保育缺乏課程、過分重視認知領域、輕忽戶外探索與生活自理活動、過度仰賴團體教學、強勢主導誤用鷹架等，建議透過托育課程與教學實例或案例的研討，來強化均衡適性的課程、遊戲／探索即課程、保育作息即課程、鷹架嬰幼兒學習等核心實踐的理念，並消除以上的迷思與問

題。其次，嬰幼兒發展是教保課程的關注重點，課程設計的依歸，建議加重其學分比重，並且透過理論與實務的連結，如教保課程案例、見習和實習省思日誌的撰寫，深刻思考教保實務和理論間的關係，以強化嬰幼兒發展專業知識。

（三）托育機構方面

　　針對托育人員與工作的迷思與問題，建議托育機構能看重托育人員與其付出，大力改善與優化人事福利制度，並尊重專業實施主要照顧者制度，以留住優秀托育人員。對採用教保課程的迷思或問題，無論是自訂或實施坊間課程，建議托育機構對所採用的課程能進行全園專業成長，以理解其課程理念與實務；並讓所實施的課程，在園調整與發展成更符合園內嬰幼兒所需的適性課程。這就有賴專業成長機制、評量措施、課程與教學研討等制度，而且托育機構在人事福利制度上也要實質地反映相關托育人員的付出。最後也是很重要的是，私立托育機構宜規劃安全、溫馨、美感的適性托育環境，尤其是保育活動室內的多元區角與玩教具，環境不必華麗高級或顯現醫務專業，重在安全、溫馨、美感的適性要求，宜將經費多挹注於有趣且有益思考與創造的玩教具方面。

（四）托育人員自身方面

　　對於托育人員自身，首先建議要看重自己的價值與專業，即具有自信，境由心生，看重自己才能讓自己覺得快樂，對托育工作才會充滿熱情；當然在合理範圍內爭取應有權益，也是必要的。不過，針對上述所提到的一些教保課程實施上的迷思或問題，則要警惕自己是否有相同的狀況，無論如何，都要透過各種專業成長方式，例如平日教保課程省思、優秀托育人員觀摩、托育實務研討、教保課程與教學研

討、嬰幼兒發展閱讀、在職進修課程參與等方式，以消除這些迷思或
問題，務實地增進專業發展，尤其是在嬰幼兒發展與學習方面的知
能，最終落實年齡合宜、個別合宜與文化合宜的適性發展課程。

參考文獻

中文部分

王珮玲（2013）。幼兒發展評量與輔導（第五版）。心理。

內政部兒童局（2007）。托嬰中心嬰幼兒適性發展活動實務指引。https://www-ws.gov.taipei/Download.ashx?u=LzAwMS9VcGxvYWQvMzU4L3JlbGGvbGUvMTc5NTAvMzE3MTEyNS9mNjRkOTAzMi0xYTIyLTRmMzQ-tOWIwZS1lYTdkkNTYyY2E2MGMucGRm&n=5omY5ayw5Lit5b％2BD5ayw5bm85YWS6YGp5oCn55m85bGV5rS75YuV5a％2Bm5YuZ5oyH5byVLnBkZg%3D%3D&icon=..pdf

林美珍、黃世琤、柯華葳（2007）。人類發展。心理。

周淑惠（2002）。幼兒教材教法：統整性課程取向。心理。

周淑惠（2006）。幼兒園課程與教學：探究取向之主題課程。心理。

周淑惠（2008）。幼兒學習環境規劃：以幼兒園為例。新學林。

周淑惠（2013）。遊戲 VS. 課程：幼兒遊戲定位與實施。心理。

周淑惠（譯）（2014）。A. Clare 著。嬰幼兒教保環境與互動實務（*Creating a learning environment for babies & toddlers*）。心理。

周淑惠（2017）。面向 21 世紀的幼兒教育：探究取向主題課程。心理。

周淑惠（2018）。嬰幼兒 STEM 教育與教保實務。心理。

周淑惠（2020）。幼兒 STEM 教育：課程與教學指引。心理。

周淑惠（2022）。幼兒科學教育：邁向 STEM 新趨勢。心理。

康學慧（譯）（2022）。B. D. Perry & O. Winfrey 著。你發生過什麼事？創傷如何影響大腦與行為，以及我們能如何療癒自己（*What happened to you? Conversation on trauma, resilience, and healing*）。悅知文化。

葉郁菁、施嘉慧、鄭伊恬（2016）。幼兒發展與保育。五南。

歐用生（1993）。課程發展的基本原理。復文。

衛服部（2017）。托嬰中心教保活動指引。https://www.sfaa.gov.tw/SFAA/Pages/Detail.aspx?nodeid=970&pid=9441

龔美娟、陳姣伶、李德芬、游淑芬、華紹昌（編著）（2012）。嬰幼兒發展與輔導。群英。

英文部分

Adamson, L. B., Bakeman, R., & Deckner, D. F. (2004). The development of symbol-infused joint engagement. *Child Development, 75*(4), 1171- 1187. https://doi.org/10.1111/j.1467-8624.2004.00732.x

Adolph, K. E., Cole, W. G., Komati, M., Garciaguirre, J. S., Badaly, D., Lingeman, J. M., Chan, G. L., & Sotsky, R. B. (2012). How do you learn to walk? Thousands of steps and dozens of falls per day. *Psychological Science, 23*(11), 1387-1394. https://doi.org/10.1177/0956797612446346

Australian Government Department of Education, Skills and Employment. (2019). *Belonging, being and becoming, the early years learning framework for Australia.* https://www.dese.gov.au/national-quality-framework-early-childhood-education-and-care/resources/belonging-being-becoming-early-years-learning-framework-australia

Barbre, J. (2013). *Activities for responsive caregiving: Infant, toddlers, and twos*. Readleaf Press.

Bate, P., & Thelen, E. (2003). Development of turning and reaching. In M. Latash, & M. F. Levin (Eds.), *Progress in motor control III: Effects of age, disorder and rehabilitation* (Vol. 3) (pp. 55-79). Human Kinetics Publishers.

Beane, J. (1997). *Curriculum integration: Designing the core of democratic education.* Teachers College.

Berk, L. E. (2001). *Awakening children's minds: How parents and teachers can make a difference.* Oxford University Press.

Berk, L. E. (2013). *Child development* (9th ed.). Pearson.

Berk, L. E., & Winsler, A. (1995). *Scaffolding children's learning: Vygotsky and early childhood education.* NAEYC.

Bodrova, E., & Leong, D. J. (2007). *Tool of the mind: The Vygotskian approach to early childhood education* (2nd ed.). Prentice- Hall.

Bredekamp, S. (1987). *Developmentally appropriate practice in early childhood programs: Serving children from birth through age 8* (3rd ed.). NAEYC.

Bredekamp, S. (2017). *Effective practices in early childhood education: Building a foundation* (3rd ed.). Pearson.

Bredekamp, S., & Rosegrant, T. (Eds.). (1995). *Reaching potentials: Transforming early childhood curriculum and assessment* (Vol. 2). NAEYC.

Bronfenbrenner, U. (1979). *The ecology of human development: Experiments by nature and design.* Harvard University Press.

Brownlee, P. (2017). *Dance with me in the heart: The adults' guide to great infant-parent partnerships.* Good Egg Books.

Bruner, J., & Haste, H. (1987). Introduction. In J. Bruner, & H. Haste (Eds.), *Making sense: The child construction of the world.* Routledge.

Bussis, A. M., Chittenden, F. A., & Amarel, M. (1976). *Beyond surface curriculum: An interview study of teachers' understandings.* Westview Press.

Cecil, L. M., Gray, M. M., Thornburg, K. R., & Ispa, J. (1985). Curiosity-exploration-play-creativity: The early childhood mosaic. *Early Child Development and Care, 19,* 199-217.

Cooper, S. (2010). Lighting up the brain with songs and stories. *General Music Today, 23*(2), 24-30. https://doi.org/10.1177/1048371309353289

Copple, C., & Bredekamp, S. (Eds.). (2009). *Developmentally appropriate practice in early childhood programs: Serving children from birth through age 8* (3rd ed.). NAEYC.

Copple, C., Bredekamp, S., & Gonzalez-Mena, J. (2011). *Basics of developmentally appropriate practice.* NAEYC.

Copple, C., Bredekamp, S., Koralek, D., & Charner, K. (Eds.). (2013). *Developmentally appropriate practice: Focus on infants and toddlers.* NAEYC.

Corbeil, M., Trehub, S. E., & Peretz, I. (2015). Singing delays the onset of infant distress. *Infancy, 21*(3), 373-391. https://doi.org/10.1111/infa.12114

Daniel, G. (2011). Family-school partnerships: Towards sustainable pedagogical practice. *Asia-Pacific Journal of Teacher Education, 39*(2), 165-176.

Day, D. E. (1983). *Early childhood curriculum: A human ecological approach.* Scott, Foresman and Company.

Edwards, S., Cutter-Mackenzie, A., & Hunt, E. (2010). Framing play for learning: Professional reflections on the role of open-ended play in early childhood education. In L. Brooker, & S. Edwards (Eds.), *Engaging play* (pp. 137-151). Open University Press.

Edwards, C., Gandini, L. A., & Forman, G. (Eds.). (2012). *The hundred languages of children: The Reggio Emilia experience in transformation* (3rd ed.). Praeger.

Fein, G. G., & Schwartz, S. S. (1986). The social coordination of pretense in preschool children. In G. G. Fein, & M. Rivkin (Eds.), *The Young child at play: Review of research* (Vol. 4) (pp. 95-112). NAEYC.

Feldman, R. S. (2012). *Child development* (6th ed.). Pearson.

Fleer, M. (1993). Science education in child care. *Science Education, 77*(6), 561-573.

Fleer, M. (2010). Conceptual and contextual intersubjectivity for affording concept formation in children's play. In L. Brooker, & S. Edwards (Eds.), *Engaging play* (pp. 68-79). Open University Press.

Fletcher, K. L., & Finch, W. H. (2015). The role of book familiarity and book type on mothers' reading strategies and toddlers' responsiveness. *Journal of Early Childhood Literacy, 15*(1), 73-96. https://doi.org/10. 1177/1468798414523026

Gonzalez-Mena, J., & Eyer, D. W. (2018). *Infants, toddlers, and caregivers: A curriculum of respectful, responsive, relationship-based care and education* (11st ed.). McGraw-Hill Education.

Gershkoff-Stowe, L., & Hahn, E. R. (2007). Fast mapping skills in the developing lexicon. *Journal of Speech, Language, and Hearing Research, 50*(3), 682-697. https://doi. org/10.1044/1092-4388(2007/048)

Honig, A. S. (2015). *Experiencing nature with young children: Awakening delight, curiosity, and a sense of stewardship*. NAEYC.

Isenberg, J. P., & Jalongo, M. R. (1997). *Creative expression and play in early childhood*. Prentice-Hall.

Kostelnik, M., Soderman, A., & Whiren, A. (1993). *Developmentally appropriate practice in early childhood education*. Merrill.

Kovach, B., & Ros-Voseles, D. D. (2008). *Being with babies: Understanding and responding to the infants in your care*. Gryphon House.

Krogh, S. L., & Morehouse, P. (2014). *The early childhood curriculum: Inquiry learning through integration* (2nd ed.). Routledge.

Meltzoff, A. N. (2011). Social cognition and the origins of imitation, empathy, and theory of mind. In U. Goswami (Ed.), *The Wiley-Blackwell handbook of childhood cognitive development* (pp. 49-75). Wiley-Blackwell.

Mendoza, J. A., & Katz, L. G. (2020). Nature education and project approach. In D. Meier, & S. Sisk-Hilton (Eds.), *Nature education with young children: Integrating inquiry and practice* (2nd ed.) (pp. 141-157). Routledge.

National Association for the Education of Young Children [NAEYC]. (2009). *NAEYC standards for early childhood professional preparation programs.* https://www.naeyc.org/files/naeyc/file/positions/ProfPrepStandards09.pdf

National Association for the Education of Young Children [NAEYC]. (2020). *Developmentally appropriate practice.* https://www.naeyc.org/sites/default/files/globally-shared/downloads/PDFs/resources/position-statements/dap-statement_0.pdf

National Science Teacher Association [NSTA]. (2014). *NSTA position statement: Early childhood science education.* http://www.nsta.org/about/positions/earlychildhood.aspx

National Scientific Council on the Developing Child. (2004). *Young children develop in an environment of relationships: Working Paper No. 1.* www.developingchild.harvard.edu

National Scientific Council on the Developing Child. (2007). *The science of early childhood development* (in brief). www.developingchild.harvard.edu.

Newman, R. S., Rowe, M. L., & Ratner, N. (2015). Input and uptake at 7 months predicts toddler vocabulary: The role of child-directed speech and infant processing skills in language development. *Journal of Child Language, 1*(5), 1-16. https://doi.org/10.1017/S0305000915000446

Newton, E. K., Thompson, R. A., & Goodman, M. (2016). Individual differences in toddlers' prosociality: Experiences in early relationships explain variability in prosocial behavior. *Child Development, 87*(6), 1715-1726. https://doi.org/10.1111/cdev.12631.

Ornstein, A. C., & Hunkins, F. P. (2017). *Curriculum: Foundations, principles, and issues* (7th ed.). Pearson.

Rivkin, M. (1995). *The great outdoors: Restoring children's right to play outside.*

NAEYC.

Rowe, M. L. (2012). A longitudinal investigation of the role of quantity and quality of child-directed speech in vocabulary development. *Child Development, 83*(5), 1762-1774. https://doi.org/10.1111/j.1467-8624. 2012.01805.x

Scully, P. A., Barbour, C., & Roberts-King, H. (2015). *Families, schools and communities: Building partnerships for educating children* (6th ed). Pearson.

Shonkoff, J. P, & Phillips, D. A. (2000). *From neurons to neighborhoods: The science of early childhood development.* National Academies Press. https://nap.nationalacademies.org/read/9824/chapter/1

Smilansky, S., & Shefatya, L. (1990). *Facilitating play: A medium for promoting cognitive, socio-emotional, and academic development in young children.* Psychological and Educational Publications.

Stahl, A. E., & Feigenson, L. (2015). Observing the unexpected enhances infants' learning and exploration. *Science, 348*(6230), 91-94. https://www.researchgate.net/publication/274389716_Observing_the_unexpected_enhances_infants'_learning_and_exploration

Thelen, E. (1995). Motor development: A new synthesis. *American Psychologist, 50*(2), 79-95. https://doi.org/10.1037/0003-066X.50.2.79

Thelen, E., & Smith, L. B. (2006). Dynamic systems theories. In R. M. Lerner, & W. Damon (Eds.), *Handbook of child psychology: Theoretical models of human development* (pp. 258-312). John Wiley & Sons Inc.

UK Department for Education. (2021a). *Statutory framework for the early years foundation stage: Setting the standards for learning, development, and care for children from birth to five.* https://www.gov.uk/government/publications/early-years-foundation-stageframework--2

UK Department for Education. (2021b). *Development matters.* https://www.gov.uk/government/publications/development-matters--2

US Department of Education. (2016). *STEM 2026: A vision for innovation in STEM education.* https://events.development.asia/system/files/materials/2019/05/201905-stem-2026-vision-innovation-stem-education.pdf

US Deapartment of Health and Human Service. (2016). *Let's talk, read and sing about STEM!* https://www.acf.hhs.gov/ecd/learning-about-stem

Vygotsky, L. S. (1978). *Mind in society: The development of higher psychological processes*. Harvard University Press.

Vygotsky, L. S. (1991). *Thought and language* (5th ed.). The MIT Press.

Whitehurst, G. J., Zevenbergen, A. A., Crone, D. A., Schultz, M. D., Velting, O. N., & Fischel, J. E. (1999). Outcomes of an emergent literacy intervention from head start through second grade. *Journal of Educational Psychology, 91*(2), 261-272. https://doi.org/10.1037/0022-0663. 91.2.261

Wittmer, D. S., & Petersen, S. H. (2018). *Infant and toddler development and responsive program planning: A relationship-based approach* (4th ed.). Pearson.

Wood, D. J., Bruner, J. S., & Ross, G. (1976). The role of tutoring in problem solving. *Journal of Child Psychology and Psychiatry, 17*, 89-100.

Wood, E., & Attfield, J. (2006). *Play, learning and the early childhood curriculum* (2nd ed.). Paul Chapman Publishing.

Zuckerman, G. A., Chudinova, E. V., & Khavkin, E. E. (1998). Inquiry as a pivotal element of knowledge acquisition within the Vygotskian paradigm: Building a science curriculum for the elementary school. *Cognition and Instruction, 16*(2), 201-233.

國家圖書館出版品預行編目（CIP）資料

0 至 3 歲教保課程：適性發展實踐觀點／周淑惠著.
--初版.--新北市：心理出版社股份有限公司, 2023.06
面；　公分.--（幼兒教育系列；51228）
ISBN 978-626-7178-56-0（平裝）

1.CST：學前教育 2.CST：幼兒保育 3.CST：學前課程

523.23　　　　　　　　　　　　112005929

幼兒教育系列 51228

0 至 3 歲教保課程：適性發展實踐觀點

作　　者：周淑惠
執行編輯：高碧嶸
總 編 輯：林敬堯
發 行 人：洪有義
出 版 者：心理出版社股份有限公司
地　　址：231026 新北市新店區光明街 288 號 7 樓
電　　話：(02) 29150566
傳　　真：(02) 29152928
郵撥帳號：19293172　心理出版社股份有限公司
網　　址：https://www.psy.com.tw
電子信箱：psychoco@ms15.hinet.net
排 版 者：辰皓國際出版製作有限公司
印 刷 者：辰皓國際出版製作有限公司
初版一刷：2023 年 6 月
Ｉ Ｓ Ｂ Ｎ：978-626-7178-56-0
定　　價：新台幣 550 元